JN269056

文化人類学
キーワード

[改訂版]

有斐閣双書
KEYWORD
SERIES

山下晋司
船曳建夫
[編]

CULTURAL
ANTHROPOLOGY

本書のコピー，スキャン，デジタル化等の無断複製は著作権法上での例外を除き禁じられています。本書を代行業者等の第三者に依頼してスキャンやデジタル化することは，たとえ個人や家庭内での利用でも著作権法違反です。

改訂版によせて

　本書は1997年に刊行された『文化人類学キーワード』の改訂版である。旧版は，簡便な用語解説集として，この10年ばかりの間に，さまざまな大学の講義などで用いられ，今日までに刷数は15刷に達した。この種の本としてはかなりヒットした部類だと思う。

　ところで，わたしたちは，旧版のまえがきに，学問について，社会の変動とともにつねにヴァージョン・アップする必要に迫られる，と書いた。事実，この10年ばかりの間に，社会も学問も絶え間なく変化し，ついに旧版をヴァージョン・アップする必要性を強く感じるようになった。そこで，100の項目のうち1割程度を削除し，「日本人論」や「人権」といった新たな項目を立てて書き下ろした。キーワードの取り方も「人種」と「民族」を統合して「人種と民族」にしたり，「グローバル・カルチャー」を「グローバリゼーション」に変更したりした。変更しなかった項目についても，事情に応じて情報や議論をアップデートした。

　本も生き物である。時代とともに成長し，進化する。進化（退化でないことを信じたい）の果実を少しでもご賞味いただけることを願って，改訂版のまえがきとしたい。

　2008年1月

山　下　晋　司
船　曳　建　夫

この本を手にした人へ

　本書は，専門的に勉強するわけではないが，文化人類学とはどんな学問なのか，ちょっとのぞいてみたい，かじってみたい，と思っている大学生あるいは一般人を対象にして作られたものである。

　「のぞいていみたい」「かじってみたい」と言ったが，専門的に勉強することをかならずしも前提としていないので，本書はふつうの教科書のように文化人類学という学問をはじめから体系的に教える，あるいは学ぶというかたちをとっていない。ここで文化人類学をのぞく窓，かじる切り口は100のキーワードである。「文化の概念」とか「民族」とか，「アニミズム」とか「グローバル・カルチャー」とか，あるいは「日本の文化人類学」はどうなっているのかと，ちょっと気になる言葉や事柄があったら，そのキーワードから入っていただければよい。また，各キーワードの解説の末尾には，「見よ項目」（⇨）があり，関連キーワード（1～100番までのキーワード番号で表示）と参照文献（巻末の参照文献一覧の番号で表示）があがっているのでこちらの方もおおいに活用していただきたい。

　こういうわけだから，この本はどこから読み始めてもかまわない。料理にたとえれば，これはコース料理ではなく，つまみ食いのための本である。その意味では，文化人類学を学ぶ際の副読本としてお使いいただくのがもっともよいだろう。

　といっても，コース料理としてみるならば，本書に収録された100のキーワードは，第1章「文化人類学の技法とディスクール」，第2章「人間の多様性」，第3章「文化のダイナミズム」，第4章「社会のコンプレクシティ」，第5章「現代の民族誌」，という章立てのもとに体系的に並んでいる。だから，はじめから読みすすんでゆけば，文化人類学の方法と学説が紹介された後，研究対象の3つの柱である「人間」「文化」「社会」の諸テ

ーマに対して文化人類学に特徴的なアプローチのしかたが説かれ，最後に従来の文化人類学の教科書などではあまり取り上げられてこなかった「現代の民族誌」が取り上げられるという構成になっていることがおわかりだろう。最後の「現代の民族誌」はこれからの文化人類学においてますます重要になる研究分野と思われる。

　文化人類学はいま大きな変化の過程にある。学問もひからびた真実ではなく，社会の変動とともに変わっていく生き物なのだ。だから，今日の真実が明日の真実であるとはかぎらず，つねにヴァージョン・アップする必要に迫られる。この本にもやがてその必要がでてこよう。が，さしあたり最も鮮度が高いヴァージョンと私たちが考えるものをここにお届けする次第である。

　1997 年 8 月

山　下　晋　司
船　曳　建　夫

目　　次

1章　文化人類学の技法とディスクール

- *1* フィールドワーク　2
- *2* 民族誌　4
- *3* 通時と共時　6
- *4* エミックとエティック　8
- *5* 通文化的比較研究　10
- *6* 進化主義と新進化主義　12
- *7* 伝播主義と文化圏説　14
- *8* 機能主義　16
- *9* 文化の型　18
- *10* 構造主義　20
- *11* 認識人類学　22
- *12* 象徴人類学と解釈人類学　24
- *13* 生態人類学　26
- *14* 経済人類学　28
- *15* 応用・実践人類学　30
- *16* 医療人類学　32
- *17* 文化を書く　34
- *18* 研究倫理　36
- *19* 世界の人類学　38
- *20* 日本の人類学　40

2章　人間の多様性

- *21* 人間の概念　44
- *22* 人種と民族　46

- *23* 日本民族の起源 48
- *24* 日本人論 50
- *25* 狩猟採集民 52
- *26* 牧　畜 54
- *27* 農　耕 56
- *28* 工業化 58
- *29* ジェンダーとセクシュアリティ 60
- *30* インセスト・タブー 62
- *31* 子　供 64
- *32* 若　者 66
- *33* 異　人 68
- *34* 身体技法 70
- *35* 病気と死 72
- *36* 衣 74
- *37* 食 76
- *38* 住 78

3章　文化のダイナミズム

- *39* 文化の概念 82
- *40* 文化相対主義 84
- *41* 未開と文明 86
- *42* 声と文字 88
- *43* 言語と文化 90
- *44* 分類と秩序 92
- *45* 時　間 94
- *46* 聖と俗 96
- *47* 儀　礼 98
- *48* 神　話 100
- *49* コスモロジー 102
- *50* 象徴と解釈 104

- *51* 二項対立 106
- *52* 呪　術 108
- *53* シャマニズム 110
- *54* アニミズム 112
- *55* トーテミズム 114
- *56* タブー 116
- *57* コミュニタス 118
- *58* 巡　礼 120
- *59* モノ，文化，芸術 122
- *60* 科学技術 124
- *61* 土着主義運動 126
- *62* 新興宗教 128
- *63* 文化の変化 130
- *64* 文明の衝突 132

4章　社会のコンプレクシティ

- *65* 家　族 136
- *66* 出自集団 138
- *67* 母系制と母権制 140
- *68* 外婚と内婚 142
- *69* 交叉イトコ婚と縁組理論 144
- *70* 親族名称 146
- *71* 社会構造 148
- *72* 冗談関係 150
- *73* ネットワーク 152
- *74* 法と慣習 154
- *75* 贈与と互酬性 156
- *76* クラとポトラッチ 158
- *77* 分節リネージ・システム 160
- *78* ビッグマンと首長 162

79　王　権　164
　80　秘密結社　166
　81　都　市　168
　82　国　家　170
　83　戦　争　172

5章　現代のエスノグラフィー

　84　世界システム　176
　85　植民地主義　178
　86　ナショナリズム　180
　87　教　育　182
　88　開　発　184
　89　伝統の創造　186
　90　民族文化の語り方　188
　91　観　光　190
　92　スポーツ　192
　93　先住民　194
　94　移　民　196
　95　難　民　198
　96　国際結婚　200
　97　ファンダメンタリズム　202
　98　エスニシティと民族問題　204
　99　人　権　206
　100　グローバリゼーション　208

☆　参照文献一覧　211
☆　事項索引　229
☆　人名索引　236

☆ 執筆者紹介(五十音順)と執筆分担(キーワードの番号)　＊印編者

大塚　和夫(おおつか　かずお)　　*28, 45, 57, 58, 61, 64, 73,*
元・東京外国語大学アジア・アフリ　*84, 85, 97*
カ言語文化研究所長

葛野　浩昭(くずの　ひろあき)　　*23, 25, 31, 32, 36, 37, 38,*
立教大学観光学部教授　　　　　　　*43, 59, 93*

栗田　博之(くりた　ひろゆき)　　*6, 7, 10, 27, 55, 60, 65, 66,*
東京外国語大学名誉教授　　　　　　*68, 69*

栗本　英世(くりもと　えいせい)　*11, 13, 18, 22, 26, 82, 83,*
人間文化研究機構理事　　　　　　　*88, 95, 98*

小泉　潤二(こいずみ　じゅんじ)　*1, 4, 8, 9, 12, 14, 15, 16,*
人間文化研究機構監事，大阪大学名　*17, 19*
誉教授

須藤　健一(すどう　けんいち)　　*29, 67, 70, 72, 75, 76, 77,*
堺市博物館長，国立民族学博物館名　*78, 94, 96*
誉教授

関　　一敏(せき　かずとし)　　　*3, 34, 35, 42, 46, 56, 62, 74,*
九州大学名誉教授　　　　　　　　　*87, 92*

浜本　　満(はまもと　みつる)　　*2, 39, 40, 44, 47, 49, 50, 51,*
九州大学名誉教授　　　　　　　　　*52, 53*

＊船曳　建夫(ふなびき　たけお)　*5, 20, 21, 24, 30, 33, 41, 71,*
東京大学名誉教授　　　　　　　　　*79, 80*

＊山下　晋司(やました　しんじ)　*48, 54, 63, 81, 86, 89, 90,*
東京大学名誉教授　　　　　　　　　*91, 99, 100*

1章▶文化人類学の技法
とディスクール

この章では，文化人類学の方法と課題，これまでの学説と理論，そして研究を進めるうえでの倫理を学ぶ。

フィールドワーク中にヤム小屋の写真を撮る
文化人類学者(トロブリアンド諸島)

> *1* フィールドワーク──フィールドワークという経験は，文化人類学の方法であるとともに学問的アイデンティティの一部でもある

❖フィールドワークという方法

　フィールドワークとは，フィールドでの研究，つまり研究者自身が現地に赴いて行う実地調査のことである。フィールドワークを行うこと自体は，文化人類学に限らない。地質学者や動植物学者ばかりでなく，社会学者や政治学者もフィールドワークをすることがある。ただ，文化人類学的フィールドワークには，いくつか独特なところがある。調査者は単独で，1年から2年あるいはそれ以上にわたって現地に住み込み，その間現地言語の習得に努めることが普通である。フィールドノートに記録される資料は，現地の人々の行動の直接の観察や，インフォーマント，つまり人類学者に話をしてくれる人々の話が中心である。このような資料収集の方法は，参与観察，つまり参加による観察と呼ばれ，調査者自身が現地の「生活にとけ込み」，ラポール，つまり現地の人々との間に信頼感ある親密な関係を生み出すことが強調される。

　「とにかく現地で暮らす」ことが文化人類学特有の「方法」かもしれないが，それによってどのような資料が収集されるかには曖昧なところがある。事前に調査票や質問紙が用意されることは少なく，人類学者がさまざまな質問を繰り返すのは当然として，むしろ人々の自発的な言葉を重視する傾向がある。あるいは，調査の対象や課題はおおむね定まっているにしても，調査の枠組みが事前に設定されていないことも多い。そのような場合，調査が進行していく中で，収集資料と分析概念の間の往復運動により枠組みが定まっていくことになる。

❖マリノフスキーとフィールドワーク

　このような，現地主義的で経験主義的な方法は，近代人類学の父 B. マリノフスキーにより確立された。マリノフスキーはニューギニア東端のトロブリアンド諸島でフィールドワークを行い，文化人類学の古典『西太平洋の遠洋航海者』を著した。儀礼的なクラ交換の体系を描いたこの民族誌とそれを生んだフィールドワークは，現在でも必ず参照される原点である。

これ以前にフィールドワークが行われなかったわけではない。ただマリノフスキーは，資料収集作業としてのフィールドワークを，「書かれたもの」としての民族誌の中に完全に組み込み，文化人類学の中核の，取り外すことのできないところに位置づけた。他の学問領域から資料や方法や理論によって原理的に区別することが困難な文化人類学という領域では，フィールドワーク経験が学問的アイデンティティの一部になっている。

グァテマラの農村でのフィールドワーク

❖ 人類学の本質としてのフィールドワーク

フィールドワークにより得られる資料は，結局は人類学者自身の現地での「経験」にある。遠隔地での長期のフィールドワークは，そこにあるもの，つまり珍しい鳥や岩石標本の類いを得るためでは必ずしもない。「人類学者は村を研究するのではなく，村で研究する」という言い方もある。それぞれの人類学者が実際に出かけていくフィールドは，(未開であれ都会であれ)ある意味ではどこでもよいが，これはそれぞれの歴史学者が選んで描く歴史が，どの地域のどの時代でもかまわないのにも似ている。ただ，人類学者自身が抱く世界についての理解によれば，眼前で展開される人々の生が不可解と見え，そこに自分が自明として理解するものとは異なる自明性と常識の世界があると思われれば，そこがフィールドになる。

フィールドワークに関して，最近は「危機」が語られることも多い。人類学者に異文化理解の特権があるか，調査者と被調査者の非対称的な権力関係を意識化すべきではないか，人類学は過去だけでなく現在においても植民地主義を必然的に内包していないか，オリエンタリズム的な人類学的認識の枠組み自体を相対化すべきではないか，などである。こうした批判は深刻であり，人類学者が調査することばかりでなく，民族誌を書くことも以前より難しくなった感がある。しかし，資料がフィールドワークで収集され，理論の大半がフィールドワークを通じて着想され検討され展開される，つまりフィールドワークが人類学の核心にあるという状況に，当分の間は変化はないように思われる。

⇒ **2, 8, 17, 85** 参照文献 86, 88, 145, 252 (小泉)

2 民族誌──文化的他者を表象することをめぐる諸問題

❖民族誌とは

　文化人類学が自らの活動の中心と考えるものが，フィールドワークとそれに基づいた民族誌記述である。人類学者は自らの住む社会とは別の，しばしば遠く離れた社会に赴き，そこで彼（彼女）を待ち受ける文化的・社会的現実を直接把握しようとする。しばしば数年間にもわたる期間を経て，人類学者はともかくも何かをつかんで帰ってくる。その結果を書いたものが民族誌である。結局それは単なる調査の報告書だということになるのだろうか。そうだとすれば，話はおそろしく簡単になるだろう。

❖単なる報告書か

　人類学がその最も初期の段階では，諸社会の比較を通じて，壮大な人類史の構築を，そして社会や人間性の普遍的な法則性の理解を目指す思弁から出発したことはよく知られている。その材料は旅行家や現地の行政官，冒険家や宣教師らによってもたらされたものだった。フィールドワークと民族誌記述が，こうした理論化の材料を人類学者自らの手によって調達することによって，その基礎をより確実で体系的なものにしようという意図から始まったという側面は否定できない。その場合，民族誌は，まさにある社会についての正確な「報告書」であればよかった。しかし民族誌は，すぐに単なる報告書である以上の，1つの独自のジャンルとして成立していくことになった。

　民族誌の現在の位置は，歴史学において歴史記述が今日占めている位置にかなり近いとも言える。歴史記述が，歴史についての一般理論や人間社会の時間的変化の法則性を発見するための材料にすぎないと考える人は，今日ではそう多くはないだろう。歴史学者の活動の中心はまさに個別の歴史そのものを書くことである。「通文化的比較」を通じての普遍性や法則性の探求は，長期にわたって人類学の表看板の1つであったし，今日でもなお一部には通用している。しかし，こうしたうたい文句とは裏腹に，民族誌記述の現実が，もっぱら個別社会や文化の独自性や多様性を提示する

ことに専念してきていたという事実は，注目に値する。ある社会の民族誌が書かれることによって，別の民族誌が必要とされなくなるということなど一度としてなかった。人類学者が対象とするいかなる社会や文化も，他には還元できない個性を持った１つの全体であり，人類社会の多様性の総目録は，永遠に完成することはないとでもいうかのようである。人類学者が自らのフィールドにおいて多かれ少なかれ体系的に注意深く集めた情報を，個別の社会的・文化的現実の全体性を表象するものとして，いかに首尾よく提示するかが，それ自体として目的となったのである。それは西洋社会という「自己」に還元しえない文化的「他者」についての十全な表象を提出する企てであった。

❖民族誌記述とその問題点

それぞれの文化は独自なものであり，他の文化の基準によっては推し測れないとする文化相対主義の考え方が，この企ての背後にあるのを見て取るのはたやすい。そして文化の諸要素は互いに関係しあって全体を作り上げているという機能主義理論が，この企てに最も手頃な記述の枠組みを提供したことも。この２点は，しかし，最近になって人類学内部・外部からの厳しい批判的検討の対象となった。民族誌のテクストがそれが表象する対象に対していかなる意味で「正しい」記述となりえているか，という古くからの問題もさることながら，今日明らかになりつつあるのは，それとはさらに別の問題系である。

民族誌の実践を支えてきた前提自体が疑われている。対象を１つの閉じた独自の個性を持った全体として扱うことで，かえって相手をわれわれにとって異質な他者として固定してしまうのではないかという懸念が表明されている。こうした表象行為が，特定の社会内部での社会的な実践であることが自覚されるにつれ，それが内蔵する政治性にも今や無自覚ではいられなくなった。民族誌の実践を，表象を産出する社会と表象される社会のあいだの政治的，経済的，文化的権力関係のなかで捉え直す必要が生じている（オリエンタリズム批判）のである。今日の民族誌は，まさにこうした諸問題を考え直す実践の場としても生まれ変わりつつある。

⇒ *1, 5, 17, 100*　参照文献　96, 243, 95　　　　　　　　　　　　（浜本）

3 通時と共時——歴史をはなれて，社会や文化を輪切りにしたシステムを考えることはできるだろうか

❖チェスゲームと馬のひづめ

 ごく一般には，通時＝歴史的，共時＝非歴史的（すなわち歴史をある時点で輪切りにしたもの）という意味あいで用いる。文化人類学的な問いの立て方をすれば，「体系と時間」あるいは「構造と歴史」であるが，もともとは F. ソシュールによる構造言語学の用語である。20 世紀初頭の『一般言語学講義（手稿）』ではチェスの例を引いて説明している。チェスの駒の価値はその駒そのもののもつ価値ではなく，条件の束としての体系から生まれる。このゲームがペルシャ起源であることも，駒が象牙か木製かということも体系にとっては外的な事実でしかなく，ナイトという駒の持つ体系内の価値とはかかわりがない。極端にいえば駒は A なら A という符号でよいのであり，チェスの歴史や駒の素材はその記号性とはかかわりがないのである（非関与的）。これに対して駒のはたらきや動き方，盤の目の数などを変更すれば，それはゲームの体系そのものにかかわってくる（関与的）。こうした駒の原理の抽出は，共時的な体系のあることを想定してなされるのであり，駒の起源や発達史は通時的な領域に属する。

 これとよく似た考え方は，1920 年代の機能主義人類学にもあった。機能主義の基本は，社会を 1 つの有機体とみなして，個々の器官にそれぞれの役割があるように，個々の風習や制度のになう役割（機能）に注目する立場である。禁忌や冗談関係といった一見すると奇異なあり方も，その社会全体にとってはなんらかの実用的・象徴的な意味があり，巨視的に社会的不安・葛藤の解消とか社会的統合の機能などを考えれば，それらはたんに風変わりな奇習ではない。この機能主義が 19 世紀的な進化主義を批判したのは，それが確かなデータによらない「推測の歴史」を組み立てていることだった。例えば A.R. ラドクリフ-ブラウンは馬のひづめの例をあげた。進化主義はひづめの起源をたずねることで馬を理解したと考えるが，この進化史的事実は現在の馬のひづめを理解するには役立たない。あくまでひづめが今の馬にとってどういう機能をもつかを調べること，すな

わち馬（＝社会）という一全体を共時的にとらえた上で，そこでのひづめ（＝個々の制度や風習）のはたらきをみる立場であり，ファンクション（function）は「機能」であると同時に「関数」でもある。

❖ラングとパロールの文化人類学

　機能主義も記号論も，ある全体的システムを想定して，現在という刻限でこれを輪切りにするこころみである。ところが社会にはすでに最初の機能を失いながら残存する遺風や，あらたに生まれる生々流転の側面があり，必ずしも共時的な全体性が保証されるわけではない。婚姻規則や法体系などの一部の領域をのぞけば，社会システムの想定はあまりに実態とかけはなれた空論のおそれがある。むしろ，対象社会に見出される，かくあるべしという体系志向のイデオロギーと実際に行われる現場のいとなみとのズレに注目する必要があり，その場合，全体調和の有機体モデルは捨てざるをえないのである。また記号論的分析も，例えば婚姻規則や動物分類，衣服の体系のように一定の限られた範囲をテクスト化できる対象には有効であるが，これを越えて社会や文化の全体に適用することはできない。ソシュール自身も，ラング（言語体系）という言葉で現存するフランス語そのものではなく，人が話すパロール（発話）を可能にする規則の総体を考えていた。よってラングという共時的体系は，語彙にこめられた言語史的蓄積や，発話にこめられる話者の生活史・発話状況などを剝ぎとった抽象体であって，われわれがフランス語とよぶ具象体ではない。丸山圭三郎は，テクスト解読にみられる静的な「解明のための記号論」のほかに，詩やアナグラムの実践にみられる動的な「乗り超えのための記号論」があるとする。後者はパロールからラングへと環流する道すじを模索する，いわば「出来事としての言葉」の力を甦生させるこころみである。

　人類学がこれまで積み重ねてきたのは，言語にたとえれば，現地での雑多なパロールの集積をいかに文化的表出としてまとめるか（民族誌），あるいはそこから比較可能な抽象体としてのラングを体系化するか（構造論）の2つだった。そこでは構造と歴史や，構造と出来事が問われてきたのだが，現在はもう1つ，歴史と出来事の問いが浮上している。

⇒ **2, 8, 10**　参照文献　225, 289, 304　　　　　　　　　　　　　　（関）

4 エミックとエティック──言語研究における概念を文化研究に援用し,「内側」の視点と「外側」の視点を対比する

❖パイクの対比概念

　エミック (emic) とエティック (etic) という概念の対比は,アメリカの言語学者 K. パイクの 1954 年の著作に由来し,音素的な記述と音声的な分析の対比に基づいている。音素論 (phonemics) は,人間の言語における音を,特定言語の内部において果たす機能によって分類する。一方,音声学 (phonetics) は,音を聴覚的属性そのものによって分類する。

　言い換えれば,前者の音素的 (phonemic) な記述は,個別言語の内部で意味を持つ単位,すなわち機能的に区別される単位に基づいている。ごく身近な例をあげれば,日本語では l と r の音は区別されず,新大陸のスペイン語では日本語で区別される〈ヤ〉と〈ジャ〉が区別されないというように,どのような音素的対比が機能的な意味を持つかは個別言語により異なる。しかし,区別されないにしても物理的属性は異なるから,(「破裂音」のような) 調音法と (「軟口蓋音」のような) 調音点という 2 つの要素の系列によって音の属性を体系化し,記述を一般化することが可能である。これが後者の音声的 (phonetic) な記述であり,こうした体系化の代表的なものとして国際音声字母がある。

　このように音素論は,言語を「内側から」見て意味ある構造を探すのに対し,音声学は言語を「外側から」見て構造的な体系化を試みる。この音素的 (phon*emic*) な分析と音声的 (phon*etic*) な分析の対比から,その語尾による「エミック」と「エティック」という対概念が作られた。言語研究から文化研究一般に拡大されたこの概念は,きわめて広く用いられるようになっている。エミックな視点からの文化研究は,個別文化の内側から見て意味ある概念を見出そうとし,エティックな視点からは,どのような文化についても適用できるような概念を研究者が体系化しようとする。だから,エミックは「内側」からの視点,エティックは「外側」からの視点,と (あまりに) 簡単に要約されることもある。

❖ ヒンドゥー教徒と雄牛の死

アメリカで最もよく知られた人類学者の1人で日本語の訳書も多く，エミックとエティックの対比を好んで用いる M. ハリスはこんな例をあげている。南インドのケララ州の一地方でフィールドワークをしたとき，ヒンドゥー教徒たちに牛の死因について尋ねると，答えは例外なく，神聖な牛を殺したり飢えさせたりすることは絶対ない，というものであった。しかしハリスが調べると，雄の死亡率は雌の2倍であり，1歳以下の牛については雌の数が雄より 67 倍から 100 倍も多い。明らかに餌を雌に優先して与えて雄を餓死させることにより，雌雄の比率が調整されている。そしてこの調整は，この地域で役牛の需要が存在しないから行われるのであり，したがって雌牛の生存を優先することは所与の生態学的経済学的条件に合致した合理的な選択であるという。「牛を殺さない」が南インドのエミックで，「雌牛を優先して育て雄牛を死なせる（という合理的な選択を行う）」が，研究者のエティックだというのである。

❖ エミックとは何か

「lとrは同じだ」が日本語におけるフォネミックで，「lとrは属性において異なる」が言語学者のフォネティックだ，という対比にそのまま重なり合うハリスの例は，行為者のエミックと研究者のエティックとを向かい合わせる点でたいへんわかりやすい。しかしこの実例は，かなり素朴で，粗野でさえある。行為者と研究者，内側と外側をこのように対置すれば，それが「主観的なもの」と「客観的なもの」の対置にすりかわり，ひいては「表面的（誤）認識」と「学問的真実」にすりかわって，後者が有利になりやすい。

しかし文化人類学における「エミック」は，「人々が言うこと」や「人々の主観」と同じではない。むしろ問題は「人々が言うことが何を意味するか」である。エミックとエティックという明快な対比は，「エミック」が結局何を意味するか，そして内側の，現地の「住民の視点から」ものを見るとはどういうことか，ということ自体を問題としていかない限り，文化の分析にとって障害になる可能性がある。

⇨ *1, 5, 11, 12, 43*　参照文献　86, 212, 358　　　　　　　　　（小泉）

5 通文化的比較研究——文化を比較するときは差異や相似を相対的に見る方法が必要

❖複数の文化を比較すること

 ある文化を理解するのには他の文化との比較が有効である。その意味では，すべての文化人類学の研究は比較という方法を用いている。

 しかし，この学問で通文化的比較研究というと，もっと限定された，はっきりとした目的と方法を持つものを指す。それは，進化主義の考え方のもとに L. モルガンなどが行った，ある文化段階においては，複数の文化要素がはっきりとした直接的因果関係を持って相関する要素として現れる，という議論に始まる。これは複数の文化の間の質的な差異を見ることを目的としていた。また，複数の文化の比較は，文化圏や伝播などを考える場合にも文化の間の質的な相似点を見ることを目的として使われてきた。

 このような比較の方法を有効に働かせるために，19世紀から統計的にデータを処理することが E. タイラーなどによって行われていた。G. マードックが中心となって，アメリカのエール大学において1925年頃から開始された，HRAF（Human Relations Area Files）と呼ばれるシステムはその最も発達した大がかりなものである。

❖ HRAF

 それは世界中の社会や民族集団についての文献を網羅的に集め，その文献の中に収められているデータの細部をばらして，あらかじめ作られている分類の該当するところにファイルしたものである。その分類とは，地域・民族別による分類と，人間のあらゆる行動様式を図書分類のように，3桁の数字と小数点以下2桁の数字に割り振った項目によって分けたものの2つからなる。例えばいま新たに現代日本の東京における「婚約指輪の交換」という行為に関する資料のファイルを作成するとすれば，まず日本の東京と地域分類したのち，「584 婚姻成立までの諸習慣」の「.09 婚約」のところに入れられる。またそれは「675 契約」や他の該当する場所にも収められることになるだろう。

 現在ではこのファイルは，マイクロフィッシュから，CD-ROM となり，

```
58 MARRIAGE                          635 Provinces
   581 Basis of Marriage             636 Dependencies
   582 Regulation of Marriage     64 STATE
   583 Mode of Marriage              641 Citizenship
   584 Arranging a Marriage          642 Constitution
   585 Nuptials                      643 Chief Executive
   586 Termination of Marriage       644 Executive Household
   587 Secondary Marriages           645 Cabinet
   588 Irregular Unions              646 Parliament
   589 Celibacy                      647 Administrative Agencies
                                     648 International Relations
59 FAMILY
   591 Residence                  65 GOVERNMENT ACTIVITIES
   592 Household                     651 Taxation and Public Income
   593 Family Relationships          652 Public Finance
```

HRAFの分類項目の例

現在ではonline化されている。このデータを基礎として,通文化的比較研究はより正確な結果が得られるようになった。日本では,国立民族学博物館に最もよく整備されて所蔵されている。

しかしこのような統計的処理による比較という方法につきまとう大きな問題もある。すなわち,それぞれの文化要素は,ある社会や民族集団の中で意味を持っているのであって,それから切り離されて別の社会の,それと「同じような」要素と「同じ」ものとして扱えるのかどうか,という初歩的なしかし根本的な疑問である。この問題に未だ決着はついていない。

❖文化の三角測量

こういった通文化的な比較とはやや趣を異にして,文化間の差異と相似を比較するということは,日本人論をはじめとして常に多くの人々によって行われている。しかし,それはしばしば,例えば日本人とユダヤ人を比べたりするときにみられるように,その差異や類似を強調し過ぎる結果に陥る場合がある。それは論者の注意力の問題というよりは,ただ2つの文化を並べて比較することから,その2つの間の距離,すなわち差異と相似がどれほどのものであるかを測り損ねるという原理的な難しさによると思われる。そのことを克服するために,川田順造の提唱する「文化の三角測量」という方法は有効である。例えば,日本文化を理解するのに,欧米の社会を1つ持ってきて差異や相似を指摘するのでなく,もう1つ,例えば日本と文化的に離れているアフリカの社会の1つを第3点として持ってきて,相互の差異や相似の度合い,その角度を測る,という方法である。

⇒ **6, 7, 9, 39** 参照文献 81, 354, 355 (船曳)

6 進化主義と新進化主義——はたして人間の文化・社会は進化してきたといえるのだろうか

　文化人類学が学問の一分野として体裁を整えはじめた19世紀後半，当時のヨーロッパでは18世紀以来の生物進化の思想が一世を風靡していた。その進化思想は後にC.ダーウィンの生物進化論に結実したが，一方でこの進化の考え方を人間の文化・社会に適用し，世界各地の諸民族を人類進化史上に位置付けようと試みる文化・社会進化論も盛んに唱えられた。これが今日進化主義あるいは古典的進化主義と呼ばれる考え方である。

❖進化主義

　草創期の文化人類学者たちは次のような前提を共有していた。人間の心は皆同じであるから，どの民族も同じ進化の道を歩むはずである（単系進化）。しかし，民族ごとにその進化の速度は異なっており，早い者も遅い者もある。そこで，さまざまな民族の文化・社会を比較して，発展段階を設定し，それぞれがどの段階まで進化してきたかを見ていけばよい。しかし，進化の途上で以前の慣習が進化せずにそのまま残ってしまう（これを「残存」と呼ぶ）こともある。当然，進化の頂点，最も「進んだ」段階にあるのは「われわれ」西欧の文化・社会である。さまざまな「未開」民族はそこに未だ到達していない「遅れた」者であり「彼ら」の中で最も「遅れた」者こそ人間の原初的な姿そのものを表している。こうして，あの誤謬にみちた「未開」＝「原始的」という見方が定着してしまったのである。

　このような前提のもとに進化主義者たちは次々に独自の発展図式を発表していった。例えば，J.バハオーフェンは社会組織に関して「乱婚制→母権制→父権制」という発展図式を考えた。宗教に関しては，E.タイラーが「アニミズム→多神教→一神教」という発展図式を，J.フレーザーが「呪術→宗教→科学」という発展図式を考えた。また，L.モルガンは「野蛮→未開→文明」という包括的な社会の発展図式を考えた。このモルガンの主著『古代社会』を種本にして，F.エンゲルスが後にマルクス主義唯物史観の典拠となる『家族・私有財産および国家の起源』を著したのである。

❖進化主義に対する批判

20世紀に入ると，進化主義は批判の嵐にさらされる。人類進化史の再構成は不確実な資料に基づいた全くの憶測にすぎず，非科学的である。すべての民族が同じ進化の道を歩むという前提はおかしい。文化・社会が相互に影響し合うという点が無視されている。悪しき要素主義，西欧を頂点においた自民族中心主義の典型である，等々といった批判である。こうした激しい批判をかわすことができずに，進化主義は文化人類学の表舞台から去っていった。現在，文化人類学では，古典的進化主義者の主張はその多くが誤りであるとするのが常識である。一例を挙げれば，原始乱婚制や母権制などの存在は完全に否定されているのである。

❖2つの新進化主義とその統合

1940年代に入ると，L. ホワイトとJ. スチュワードという2人のアメリカの文化人類学者によって進化主義の再構築が試みられた。2人の主張は一般に新進化主義の名で呼ばれている。ホワイトは古典的進化主義の欠点の1つである非科学性を乗り越えるべく，年間1人当りの捕捉エネルギーの量とそれを用いる技術の積という客観的な指標を用いて進化の段階を測定しようとした（普遍進化，一般進化）。一方，スチュワードは古典的進化主義の単系進化という考え方に無理があるとして，環境や技術によって進化の道筋は変わってくるだろうと考えた（多系進化，特殊進化）。この両者の主張の統合を試みたのがE. サーヴィスとM. サーリンズである。彼らは一般進化と特殊進化が相互補完的なものであると考え，「バンド社会→部族社会→首長制社会→国家社会→産業社会」という社会文化的統合の発展図式を提出した。この図式は今日では広く受け入れられている。

しかし，現代文化人類学では，テクノロジーの分野など，進化の度合いを測定するある程度客観的な基準が確立されている場合を除いて，進化を論じることは難しいと考えられている。例えば，いったいどのような基準からある宗教が別の宗教より進化していると言うことができるのであろうか。古典的進化主義の過ちを繰り返さないためにも，客観的な基準を設定した上でなければ，進化を論じることはできないのである。

⇒ **3, 7, 41**　参照文献　123, 133, 232, 268　　　　　　　　　　（栗田）

7 伝播主義と文化圏説──文化の起源を探る壮大なる試み。さまざまな文化の故郷はどこにあるのか

19世紀後半に全盛であった古典的進化主義に対する批判としてとりわけ問題にされたのが、文化間の影響関係を全く無視しているという点であった。古典的進化主義は単系進化という前提に立っていたために、異なった民族に同じ文化要素が見られた場合、それはそれぞれの民族で独立に発生し進化したものとみなされた。しかし、隣接する民族の間で一方が他方の影響を受けて、その文化を取り込んだことが明らかな場合が多数存在する。文化要素は民族から民族へと伝わっていく、つまり伝播していくのである。この伝播 (diffusion) という観点から世界各地の諸民族の文化を歴史的に再構成しようという試みが20世紀に入ると盛んに行われるようになった。これが今日、伝播主義と呼ばれる考え方である。

❖ **イギリス伝播主義**

イギリスのE.スミスはエジプトのミイラの研究から、古代エジプトが世界各地の諸民族の文化の源泉であるという汎エジプト説を唱えた。この説はW.ペリーによって更に発展され、メラネシア諸社会の歴史的再構成を試みたW.リヴァーズにも影響を与えた。しかし、あまりにも極端な主張であり、激しい批判を浴びて早々と表舞台から消えていった。

❖ **ドイツ・オーストリア伝播主義あるいは文化圏説**

19世紀末ドイツのL.フロベニウスによって文化圏という概念が提出された。人間生活の主要な文化要素が一定地域に同時的に見出される場合、それを伝播によるものと考え、そのような文化複合の広がりを文化圏と呼んだのである。この概念を受けて、ドイツのF.グレープナーは伝播の過程で文化圏同士が重なり合うと、その歴史的前後関係から2つの文化圏の層位関係が表れると考え、それを文化層と呼んだ。こうして、幾つかの文化圏の重なり合いとして世界各地の諸民族の文化を文化史的に再構成する手法が確立されたのである。この手法に基づいて全世界的な人類文化史の復元作業を体系的に行ったのがドイツのW.シュミットである。その後、彼の主導のもとに、弟子のW.コッパースのいたウィーン大学が文化圏説

の中心地となった。文化圏説は1930年代に全盛を迎えたが,その後全世界規模の壮大な文化史復元の試みは次第に衰微していき,より限定された地域内での伝播の研究が中心となっていった。このような作業に対しては歴史民族学という名称が一般的に用いられる。この歴史民族学の手法は,岡正雄,石田英一郎,大林太良など日本文化の起源に関心を持つ日本の文化人類学者に大きな影響を与えた。

❖伝播主義への批判

アメリカの文化人類学者F. ボアズは多くの優秀な弟子を育成し20世紀初頭のアメリカ文化人類学を主導したが,その立場は伝播主義ないし歴史主義的であった。しかし,一方でボアズは実証性に欠けた文化圏説を痛烈に批判した。

また,イギリスで1920年代に登場した機能主義も文化圏説に対して激しい攻撃を加えた。伝播主義は進化主義と同じく要素主義の典型であり,文化要素間の機能的連関を軽視している。機能主義者が自らのフィールドワークで得た資料をもとに実証的な研究を進めるのに対し,文化圏説の場合は進化主義の場合と同じく宣教師や探検家・旅行家によって世界各地から送られてくる信頼性の低い資料を学者たちが机上で整理・分析しただけのものにすぎず,極めて実証性に欠けている,等々と批判したのである。そして,現存する文化を共時的に分析することが文化人類学の任務であるとした機能主義者の主張が伝播主義にとどめを刺すことになった。伝播主義的な研究によってある文化の起源がどこにあるのか,それが歴史的にどのように成立してきたかを説明できたとしても,その文化が現在どのように働いているかを説明できないではないかというわけである。この一撃によって,伝播主義は文化人類学の表舞台から退かざるをえなくなった。

しかし,現代文化人類学では,機能主義の歴史の軽視に対する反省から,文化相互の歴史的な影響関係を知ることは重要であり,やはり文化圏・文明圏といったものを考えざるをえないとされている。ただし,それが単なる推測・憶測でなく,歴史的に実証される場合に限っての話ではあるが。

⇒ **6, 8, 23**　参照文献　5, 129, 139, 295　　　　　　　　　　　（栗田）

> 8 機能主義──社会を有機体として捉え，それが維持される上での「機能」を分析する。生物学的アナロジーによる社会と文化の研究

❖**機能主義の2つの源**

　文化人類学の機能主義には A. R. ラドクリフ-ブラウンと B. マリノフスキーという2つの源泉がある。一方はインド東の，他方はニューギニア東の孤島で先駆的なフィールドワークを行い，ともに 1922 年にその成果を出版した。ラドクリフ-ブラウンの『アンダマン島民』とマリノフスキーの『西太平洋の遠洋航海者』であり，ここに機能主義の時代が始まる。

　機能主義が人類学に受け容れられた背景には，19 世紀的な進化主義と伝播主義が当時支配的だったことがある。文化と社会の壮大な進化の歴史をたどるにしても，文化の要素の広大な伝播の歴史を描くにしても，それは「安楽椅子」での思弁により「残存」などの概念を都合よく用いて，断片的資料を巨大な演繹的図式にはめこむだけだと批判された。それに代わるのが，経験的なフィールドワークと参与観察によって，制度や慣習や文化要素相互の機能的連関を理解しようとする，機能主義の立場である。

❖**ラドクリフ-ブラウンとマリノフスキーの機能主義**

　機能主義として一括できるとはいっても，ラドクリフ-ブラウンとマリノフスキーの機能主義には大きな違いがある。

　ラドクリフ-ブラウンによれば，社会という一全体を構成する部分は「関係のセット」としての社会構造をつくり，部分単位の「生命過程」が全体の継続性を維持するという。ここには社会と生物の間に明白な類比(アナロジー)がある。社会は有機体なのであり，生物研究における「形態学」と「生理学」の対比が，社会研究における「構造分析」と「機能分析」の対比に移し替えられている。制裁や葬礼や通婚などの社会的事象は，免疫や代謝や生殖にも似て，社会的有機体による自己維持のプロセスになる。人間社会についての自然科学の実現に向けて，社会構造の比較による一般原理や法則の抽出が試みられ，さまざまな親族システムや政治システムの類型化が行われた。しかし結局は E. R. リーチによって，「蝶の蒐集」により「青い蝶」の類型化を行っても人類学的理解には役に立たないかもしれない，

という強烈な断罪を受けたことはよく知られている。

こうしたラドクリフ-ブラウンの立場が「構造機能主義」とも呼ばれるのに対し、マリノフスキーの機能主義は社会構造という概念には依拠せず、充足されるべき欲求や必要を持つ存在としての個人を重視した。マリノフスキーの説明は、制度というものは社会を構成する諸個人の生物学的・心理学的欲求や社会的必要を充足するから存在する、という目的論である。マリノフスキーにとっては、制度や慣習や文化要素は何らかの機能を果たすために存在するのであり、意味のないものは存在しないはずだった。

❖機能主義のその後

機能主義は、人類学では1950年代以降に衰えたといわれる。しかし「機能主義的」と呼ぶべきものは、現在でも広くみられる。例えば、M.ハリスの「文化唯物論」のように、食物のタブーや嬰児殺しなど、一見して不可解な慣習を社会集団の存続に有用として理解しようとする立場は、マリノフスキー的な機能主義の一面を推し進めたものとみてよいし、イギリスのマンチェスター学派の一部にみられるような、ある種の紛争が社会の存続にとって「順機能的」(つまり有用)であるとするような立場は、ラドクリフ-ブラウン的な機能主義の一面を推し進めたものと考えてよい。有機体としての社会のアナロジーは、表面に現れることも背後に隠れることもあるが、統合に対する貢献という機能をもって説明の終着点とするような分析は、現在も文化人類学に限らず数多い。ラドクリフ-ブラウン自身は、「社会システムの機能的統合という考え方は、言うまでもなく作業仮説である」と書いたが、そのような仮説が何をもって検証されたことになるのかは明らかでない。そうである以上、社会を有機体として捉えるアプローチは、方法や仮説と言うよりは、分析を開始するところであらかじめ前提とされていた公理であると言うべきかもしれない。

⇒ *1, 3, 71* 参照文献 252, 289, 294, 361 (小泉)

9 文化の型──個別の文化特有のかたちを，「アポロ型」など「型」の概念で捉えようとするベネディクトのアプローチ

❖ルース・ベネディクト

「文化の型」(patterns of culture) は，日本文化論の一大古典として知られる『菊と刀』を著した特異な人類学者，R. ベネディクトが，その古典的著作『文化の型』で論じたものである。同書は文化人類学の領域を越えたベストセラーとなり，当時のアメリカの知識人の間では，ある文化がどの「型」であるかを語ることが流行したという。現在の人類学で，「文化の型」について直接議論することはあまりない。しかし，文化の分析の一モデルを明快に示す上記2冊（つまりベネディクトの著書のすべて）は，現在でも広く読み継がれる人類学の古典である。

「日本文化の型」という副題がつけられた『菊と刀』で，ベネディクトが日本文化を「恥の文化」と捉え，「罪の文化」としてのアメリカ文化と対比したのは周知のことであるが，それに10年あまり先立つ『文化の型』でベネディクトが用いたのは，「アポロ」「ディオニソス」そして「パラノイア」という概念であった。

❖文化の型

「アポロ型」と「ディオニソス型」はニーチェのギリシャ悲劇論に由来し，実例はともにアメリカ・インディアンから引かれている。アポロ型とされたのはアメリカ・ニューメキシコのズニであり，ベネディクトによれば温和で穏やかで秩序を尊び，感情を抑制し競争を好まず中庸を生活原理としている。一方ディオニソス型とされたのは平原インディアン，また北西部海岸のクワキウトルである。この人々は情熱的で誇大妄想的で興奮と恍惚に価値を置き，荒々しく闘争的で他人に優越することを最高の美徳とするという。もう1つ取り上げられた「パラノイア型」は精神病理学の用語に由来し，実例は東ニューギニアのドブ島民である。ここでは恨みや敵意を助長するような制度が発達し，見せかけの友情や協力関係の背後には裏切りがひそみ，警戒心と猜疑心の強いパラノイア的な性向が特徴的であるという。

このような「文化の型」という分析道具により，ベネディクトは「ライトモチーフ」によってまとまる個別文化の「統合形態」(configuration) を，なかばゲシュタルト心理学的に捉えようとした。文化相対主義的傾向を強く持つベネディクトは，人間の行為がとり得る潜在的に可能な形式を巨大な円弧に喩え，特定の文化はその円弧の中の限られた部分を望ましいものとして助長し他の部分を抑制し，こうして文化のなかの個人は自らの文化が助長する部分を受容するというのである。このようにベネディクトには，個人次元のパーソナリティ体系と社会次元の心理的特徴を同型のものとして想定するところがある。文化の全体が有する統一性を所与のものとし，その統一性と個人が成長の過程で内化する文化とを密着させるこのようなアプローチは，1960年以前の「文化とパーソナリティ論」に共通するものであり，後に強い批判を招くことになる。

❖「文化の型」でよいか

　「型(パターン)」という概念装置によってズニやクワキウトルやドブや日本の文化を語れば，確かに見えてくるものは多い。しかしそこでの大きな問題は，アポロ型やディオニソス型の文化を，ズニ〈の〉文化やクワキウトル〈の〉文化として，大々的に，包括的に，そしてその人々の文化の本質として選択の余地がない固定的なものとして語らざるをえなくなるという点にある。ズニ〈の〉文化と言うとき，その〈の〉に負わされた意味はあまりに重い。

　このようなアプローチによって文化というものが，より「現実的な」社会的プロセスが展開される背後の風景，ないしは，より重大な政治や経済のドラマが演じられる際の舞台背景として見えることになる。文化には土地ごとに異なる「型」がある，文化は静的で安定的で変わるとしてもごく緩やかにしか変わらず，急速に展開する政治現象や経済現象のための基礎条件を文化が提供する，という想定である。しかし，むしろ今後必要になるのは，文化を「型」のような所与の固定性としてよりは，「柔らかい」ものとして捉える視点である。文化現象が変動性とダイナミズムを欠く整合的で全体的なものであるとする見方は，単なる独断であるのかもしれない。

⇒ **2, 39, 40**　参照文献　233, 234, 258　　　　　　　　　　（小泉）

10 構造主義──構造主義の流行は過去のものとなったが，文化人類学において構造主義が持つ意味は大きい

　構造主義が最先端の思想として流行したのは一昔前のことである。この流行の発信者の1人がフランスの民族学者C.レヴィ=ストロースであった。彼の唱えた構造主義の手法は，その主著『親族の基本構造』が1949年に発表されて以来，多くの文化人類学者に影響を与えてきた。このような流れを文化人類学における構造主義と呼ぶ。レヴィ=ストロース流の構造分析は民族誌的に検証することができないという批判があるものの，現代の文化人類学に対する貢献を無視することはできない。

❖構造分析の方法

　レヴィ=ストロースはE.デュルケームからM.モースへと受け継がれてきたフランス社会学・民族学の伝統の後継者を自負する。しかし，彼の構造主義の手法の直接の源泉となったのはF.ソシュールを始祖とする構造言語学，とくにその音韻論の考え方であった。彼はそれをR.ヤコブソンを通して学び，その分析方法を文化人類学の研究に応用しようと考えた。

　構造言語学の音韻論では，言語音（音素と呼ぶ）を独立した実体として考えるのではなく，他の言語音との相互関係においてのみ意味を持つもの，音韻構造全体の中に組み込まれてはじめて意味を持つものと考える。われわれは言語音というものが実在するかのように考えているが，それはあくまで表面的な現象であり，その背後には隠れた構造が存在し，その構造が個々の言語音を支えているというわけである（右上図参照）。レヴィ=ストロースはこのような発想の転換を音韻論上の革命と呼ぶ。そして，「実体」としての個々の要素でなく要素と要素の「関係」に注目し，隠れた構造を発見することによって，これまで文化人類学が扱ってきたさまざまな文化・社会現象の分析に革命を起こそうと考えたのである。

❖親族の構造，思考の構造，神話の構造

　レヴィ=ストロースは構造分析の対象として，親族，未開の思考，神話など，さまざまな問題を取り上げた。親族の分析に関しては，従来のように「実体」としての親族集団に注目するのでなく，モースに習って女性の

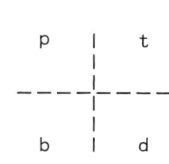

> **構造主義**
>
> ```
> p     t
>   |
> --+--
>   |
> b     d
> ```
>
> 「p」「b」「t」「d」という言語音がそれぞれ独立した実体として存在するのではなく、「p」と「b」、「t」と「d」はそれぞれ無声・有声（声帯が震えないか、震えるか）という弁別特性（示差的特徴）で対立し、「p」と「t」、「b」と「d」はそれぞれ両唇音・歯茎音（唇の所で音を出すか、歯茎の所で音を出すか）という弁別特性で対立することによって存在している。つまり、これらの言語音は他の言語音とどう違っているかということによってのみ存在しているのであり、この対立が音韻構造を作り上げているのである。

交換，つまり集団と集団の婚姻「関係」の方に注目し，集団間で婚姻関係が結ばれるのでなく，婚姻関係の方がまず存在し，それを通して集団が表れてくるという視点を打ち出した。

未開思考に関しては，従来「未開民族」の知能が劣ったものとみなされてきたのは，彼らの論理がわれわれの論理とは異なることを認識しなかったためであるとし，彼らはわれわれのように抽象的概念を創り出して考えるのではなく，既存の材料（例えば動植物）をうまく組み合わせて用いながら（「ブリコラージュ＝器用仕事」），彼ら自身の論理に基づいて思考する（「野生の思考」「具体の科学」など）ということを明らかにした。

神話に関しては，「実体」としての神話の筋立てを追うのでなく，神話を構成単位（神話素）に分解し，その構成単位を対立とか媒介といった相互の「関係」によって配列し直せば，そこには神話の隠れた構造，つまり生と死，男性と女性，自然と文化といった人間生活の基本となるさまざまな対立を調停するような構造が表れてくるということを明らかにした。

❖ **レヴィ=ストロースの影響**

L. デュモンをはじめとして，現代フランスの民族学者でレヴィ=ストロースの影響を受けていない者はいない。E. R. リーチ，R. ニーダム，V. ターナーなどのイギリスの社会人類学者たちも，レヴィ=ストロースの業績を積極的に評価し，親族，儀礼，象徴的分類の分析などに構造主義の手法を導入して，機能主義を乗り越えようとした。現在では，多くの人類学者によって構造主義自体を乗り越えようとする試みが行われている。

⇒ ***30, 55, 69***　参照文献　196, 285, 291, 301, 304, 305　　　　　（栗田）

11 認識人類学——分類の体系から個別文化の論理を検証し，人間精神の普遍性を探る

❖認識と言語

　人間は言語によって思考し，認識する。もし，森羅万象が名づけられていなければ，私たちは世界を知ることはできないだろう。事象を名づけ，分類することは，人間精神の普遍的な営みであるといえる。逆に言えば，名づけられた事象を手がかりに，私たちが世界をどう認識しているかを知ることができるだろう。認識人類学は，それぞれの文化において，人々がいかなる言語カテゴリーを用いて，いかに世界を分節化し，認識しているかを明らかにすることを第1の目的としている。

　主としてアメリカで発展した認識人類学の背景には，言語人類学の影響がある。とりわけ，個別の言語と文化の密接なかかわりを強調した E. サピアと B. ウォーフの理論は強い影響力を及ぼした。2人は，「ある言語は，それを使用する人々の世界の見方を規定している」という仮説を提唱した。この仮説は，文化相対主義の理論的支柱になるとともに，個別言語における認識体系の研究をうながしたのである。私たちは，母語以外の新しい言語を学ぶことは，新しい文化と世界の見方を学ぶことでもあることを経験的に知っている。こうした経験のレベルからすると，サピア=ウォーフの仮説は十分な説得力を持っている。そこで次に，認識人類学が，言語と文化の関連性という主題と，具体的にどう取り組んできたのかを見てみよう。

❖民俗分類の世界

　1950年代以降の展開を見るとき，H. コンクリンの業績は出発点であると同時に，1つの到達点を示していると言える。フィリピン・ミンドロ島のハヌノオ族の詳細な民族誌的調査を行ったコンクリンは，彼らが西欧とは異なる独自の仕方で色彩を認知・分類していることや，1600種類以上の植物を精緻に分類していることを解明した。さらに，詩歌などの修辞的な言語表現において，植物名が多様で豊かな意味合いを担って，比喩的に用いられていることを明らかにした。つまり，ハヌノオがすぐれた植物学者であり，植物が思考に適した素材であること (good to think) を，コン

クリンは実証したのである。

　土着の分類体系に注目する研究は,「民俗分類学」(フォーク・タクソノミー) と呼ばれる。同様の研究が, 世界の各文化で, 植物や昆虫から哺乳類に至る動物から, 色彩, 身体, 病気, 地形や空間, 親族名称などの分類について行われた。各分野は民族植物学 (エスノ・ボタニー) や民族動物学 (エスノ・ズーオロジー) などと呼ばれ, 民族科学 (エスノ・サイエンス) と総称される。これらの研究によって, 西欧近代科学とは異なる土着の科学, あるいは「野生の思考」が, 体系的に明らかにされたのであった。

❖検証可能性と普遍性

　民俗分類学の特徴の1つは, 言語学から援用した厳密な方法論にある。採集された方名 (現地語の名称) に, 語彙の基礎単位を抽出する語彙素分析を行い, 方名の体系の階層性を客観的に明らかにする。この方法は, 誰が調査を行っても同じ結果がでるはずであるという意味で, 検証可能である。さらに, 動植物の場合は, 生物学の分類を参照することによって, 対象の同定が可能である。一般的に, 人類学における調査対象の選定と, 分析や解釈の過程には, 調査者の主観的判断や恣意性が入り込みがちである。民俗分類学が, 客観的で検証可能な方法論を確立することによって, この陥穽の克服に貢献したことは特筆されてよい。

　民俗分類学の方法は, 厳密にコントロールされた比較研究を可能にする。その結果, 普遍性の追究を志向する研究もさかんである。色彩語彙が一定の法則に従って増加する, あるいは分類体系には普遍的なモデルが存在するという仮説が提唱されている。この意味で, 認識人類学は構造人類学と相通じるところがある。

❖言語から文化へ

　個別の分類体系は, より広い文化の文脈の中に位置づけられる必要がある。例えば,「思考に適した素材」としての動植物が, 象徴的な言語表現や儀礼行為で果たしている役割などが, 課題として考えられる。認識という人間精神の営みのなかで, 民俗分類を捉えることが大事である。

⇨ *4, 10, 12, 44, 51, 70*　参照文献　120, 224, 225, 245, 246　　　(栗本)

12 象徴人類学と解釈人類学——象徴と意味の概念の導入が，人類学研究に新しい根源的視野を開く

❖象徴研究と人類学

　心理人類学や政治人類学の場合,「心理学や政治学と人類学との学際領域」というだけで内容を表現できる。象徴人類学は違う。象徴研究との隣接領域というよりは,「象徴 (symbol)」という概念が何らかの重い役割を果たすような人類学的研究が, 広くその名で呼ばれる傾向がある。最も広い文脈では, 象徴的な人類学は生物学的な（あるいは科学主義的な）人類学と対比される。アメリカの人類学部が「象徴」側と非象徴側に分割されるというかたちで, 人類学に通底するこうした対比が発現することもある。

　象徴への関心は 1970 年代以降に強まった。これには C. ギアツの影響が大きい。ギアツ自身は, 象徴の意味や解釈を強調する「解釈人類学 (interpretive anthropology)」という語を使うが, S. ランガー流の「象徴」に中心的位置を与えている。1970 年にプリンストン高等研究所に移って間もなく, V. ターナー, M. ロザルドウ, R. ロザルドウらを 1 年間招き, 象徴研究をテーマとして共同で（かつ独立して）研究を進めた。この年の議論がその後の展開に大きな影響を与えたといわれている。

❖象徴人類学の系譜

　「象徴人類学」という語彙を広める上では, J. ドルギンらが編纂した『象徴人類学』という論集（1977）の力があった。ここでは, 親族と社会組織, 絵画と音楽芸術, 空間認識や色彩認識, 儀礼と神話, イデオロギー, 歴史と時間, 言語とコード, そして〈人〉の概念など, ほとんど雑然とした諸主題が取り上げられ, そこにマルクスの商品の物神化論やルフェーヴルのマルクス分析, マルクーゼの産業社会論や K. ポラニーの貨幣論, シュッツの社会現象学やメルロ-ポンティのセザンヌ論, さらにメルヴィルの『白鯨』の一節が織りまぜられている。

　「象徴」への関心は, 以前から人類学の深いところにあった。経済行動や社会組織, 政治関係や宗教現象を人類学的に研究しようとすれば, 象徴的思考や象徴的行為の問題から離れることはむしろ難しい。

象徴人類学に系譜的につながる研究は20世紀の初めに溯るものも多い。例えばS.フロイトの心理主義やE.デュルケームの反心理主義，またJ.フレーザーの『金枝篇』などはこの分野に全般的影響を与えているし，A.ファン・ヘネップの儀礼分析やA.ホカートの王権論，またM.モースの贈与・交換論やR.エルツの象徴的分類論は個別的影響を与えている。

❖象徴人類学が生んだもの

　機能主義的理論を批判する象徴人類学の代表的成果には，イギリスの，あるいはイギリス出身の研究者による批判精神に溢れた個性的な議論が目につく。

　例えばE.R.リーチは，文化事象を「伝達形式のシステム」として捉え，高地ビルマの政治体系の動態的分析，聖書の構造分析などで大きな成果を上げた。M.ダグラスは，現実世界の混沌を分類的な認識体系のうちに捉える際のカテゴリー境界の余剰部分を，両義的ゆえに「汚れた」ものとして捉える人間思考の一般性を指摘した。R.ニーダムは親族理論や象徴的分類や人類学的概念の曖昧さ等々について，構造主義的で懐疑論的色彩の濃い批判を展開した。V.ターナーはファン・ヘネップ流の3段階の儀礼理論から出発し，象徴や祝祭が人を動かす力の研究について広く演劇論的な影響を与えた。このほか，フランス構造主義の代名詞C.レヴィ-ストロースによる象徴操作の論理分析，アメリカのD.シュナイダーの親族研究，N.マンの図像や時間の研究なども，この分野の主要業績である。

❖ギアツと解釈人類学

　象徴人類学という言葉自体は，最近使われることが少なくなった。しかし，自らが紡ぎ出した意味の網の目に支えられた動物が人間で，そのような意味を運ぶのが象徴だというギアツの解釈人類学におけるウェーバー流の定式が，その潜在性を十分に発揮できる形で理解されてきたとは思えない。行動や組織，関係や現象，そして学問や科学を「象徴」という観点から社会的構築物として分析すべきであるという根源的な問題提起は，2006年に逝去したギアツが残した最大の学問的遺産の1つである。

⇨ ***10, 17, 39, 47, 49, 50, 57*** 参照文献　84, 85, 87, 150, 155, 190, 232, 304, 330

（小泉）

13 生態人類学──人間と自然の多様な関係を探り，今日の環境・エネルギー・人口などの問題を考える

❖自然と人間

　生態人類学は，人間と自然との相互関係を扱う人類学の一分野である。人間は，周囲の自然に働きかけて食料を獲得し，衣料や住居の材料，生活用具の材料を得る。産業革命以前の社会では，人間と自然との関係はより直接的で密接であり，それによって人間の生存そのものが支えられていたのである。食料獲得の手段は，狩猟，採集，農耕，牧畜の4つからなり，生業様式と総称される。数百万年前の人類の誕生から1万年ほど前まで，人間の生存を支えていたのは狩猟採集であった。野生の動植物を食料とするこの生業様式は，自然との最も直接的な関係の上に成り立っている。1万年から数千年前に，人類史上における一大革命が起こり，農耕と牧畜が誕生した。人間は，栽培植物と家畜という「飼い慣らされた自然」を手にし，食料を生産するようになったのである。

　生態人類学は，世界各地の狩猟採集民，農耕民，牧畜民の生業活動を研究してきた。食料の獲得，分配と消費がどのような集団を単位に行われるのか，人口の構造と繁殖（再生産）の様式がどうなっているかは，主要な研究課題である。したがって，家族・親族関係や婚姻規制といった，社会・文化的側面も生態人類学の射程に含まれるのである。

❖生態人類学の位相

　適応と進化は，生態人類学の2つのキーワードである。極地，高山，熱帯雨林，サバンナ，砂漠など多様な自然環境で集団がいかに生活しているかを説明する概念の1つが適応である。この概念を使用するとき，生態人類学は機能主義的な性格を帯びる。また，生態人類学はその出発点において，進化主義的な発想を持っていた。狩猟採集民の単純な技術と社会から複雑なものへと段階的に発展していく過程を検証しようという考え方である。さらに，生産手段や生産関係といった「下部構造」に注目する点で，生態人類学はマルクス主義に近い地点に立つということもできる。方法論に関しては，生態人類学は自然科学的な，客観的で定量的なアプローチを

重視する。こうしたさまざまな位相のなかに生態人類学は定位しているといえる。

❖ **実証主義的立場**

徹底した直接観察に基づく実証的データの収集は，生態人類学の伝統である。食物のレパートリー，栄養の摂取量，労働のエネルギー収支，土地の人口支持力などについて，データが蓄積されてきた。例えば，「ブッシュマン（サン）」と呼ばれる南部アフリカの狩猟採集民は，1日当たりわずか2～4時間の労働で，1人当たり2000キロカロリーの栄養を得ており，その4分の3は植物性食物に由来することが明らかになっている。これは，肉食中心で貧しいその日暮らしという，狩猟採集民の従来のイメージを打破するものであった。アメリカの人類学者M.サーリンズが唱えた「始源の豊かな社会」は，こうした知見に基づいている。

乾季になり水かさが減ると，川にヤナを建設し，モンドリを仕掛けて魚を獲る。南部スーダン・パリ人。

❖ **歴史と変容**

しかし，狩猟採集民を楽園に暮らす自然人とロマン化して捉えることは，問題の認識を誤る危険を孕んでいる。現代の狩猟採集民，農耕民，牧畜民は，世界システムや国家システムに組み込まれてすでに久しい。しかもシステムの中で政治経済的に周辺化され，森林破壊，開発の浸透，人口増加など，劣化する自然・社会環境の下で，生存の基盤が脅かされている。歴史的な時間軸を踏まえたうえで，現代の諸問題とどう取り組んでいくのか，生態人類学の新たな展開に期待が寄せられている。

⇒ ***14, 25, 26, 27, 37, 88*** 参照文献　5, 121, 159, 160, 161　　　　（栗本）

14 経済人類学——個人の経済行動と社会の経済制度について人類学的に比較する。西洋的な市場経済は相対化される

❖経済人類学の歴史

　経済人類学は，人間の経済行動と経済制度についての比較研究であるとされる。しかし，経済的側面を扱う人類学は多少とも経済人類学的であり，その意味での経済人類学の始まりは人類学の始まりに一致する。20世紀半ばまでの成果で，今日でも意味を失わないものもある。B.マリノフスキーの『西太平洋の遠洋航海者』(1922) やM.モースの『贈与論』(1925) であり，このほかにも，R.ファースの『ポリネシアの原始経済』(1939)，M.ハースコヴィッツの『経済人類学』(1952)，またS.タックスの『小銭の資本主義(キャピタリズム)』(1953) などをあげることができる。

❖ポラニーと経済人類学

　経済人類学が分野として成立するのは1950年代から60年代にかけてであるが，その際大きな原動力となったのは，経済史家カール・ポラニーである。

　ポラニーは「経済的(エコノミック)」という概念が含む歴史性に敏感であり，相互に無関係な2つの意味がそこに複合していることを指摘した。一方は形式的(フォーマル)な意味であり，これは「経済的にする(エコノマイズ)」，あるいは「経済性を考える(エコノミカル)」というときのような，目的と手段の合理的結合，つまり，人間（個人）が限られた手段で最大の利益を追求する形式を指す。他方は実体的(サブスタンティヴ)（実在的）な意味で，人間（社会）が自らを維持する上で環境との間に相互関係を持つこと，つまり人間が生存のための物質的要求を満たす上での制度的過程を指す。ポラニーは，これら2つの異なった意味を〈経済〉として1つに溶接することは市場社会のもとでは正当化されるにしても，市場社会は近代西欧に特殊的に成立するものである以上，経済人類学的な非市場社会の比較研究は後者の，実体的な意味で行われるべきであるとした。

　ポラニーと彼に従う人々は自らを実体主義者(サブスタンティヴィスト)と呼び，限られた手段をもって利益を極大化する合理的な「経済人(ホモエコノミクス)」のモデルや，このモデルに基づく理論や概念による非市場経済の分析を否定した。一方，いわゆる

形式主義者(フォーマリスト)は，非市場経済の分析における新古典派的な経済モデルの有効性を正面から主張した。両者の間で，主に 1960 年代に続けられた応酬は実体主義−形式主義論争（形式−実在論争）と呼ばれ，人類学における議論として，（切れ味はともかく）最もよく知られるものの 1 つである。

❖西洋経済の相対化

実体主義者の標語は，「経済は社会に埋め込まれている」というものであった。そして社会に埋め込まれた，制度化された過程としての経済を分析するためにポラニーが提唱したのは，互酬性（相互性），再分配，市場交換という 3 類型である。このように市場交換という経済制度を歴史の中に位置づけて相対化する実体主義には，強い文化相対主義的傾向がみられる。確かにそれによって，市場経済を歴史現象として見る視点，また経済現象を独立し自律的な社会現象としては見ない視点が得られた。ただ，物財の安定供給を保証するさまざまな個別制度を，互酬性・再分配・市場交換という，人類一般に適用可能であるにしても図式的でダイナミズムを欠き，また分配の側面に限定し生産の側面を視野に入れない静的モデルの中に押し込めることによって，何が明らかになったのかはあまり明らかでない。

❖そ の 後

人類学特有の，ミクロ的で非定量的で分析枠組みを柔軟に保ち，社会的政治的要因を変数として重視するアプローチは，農村経済の変容や，資本主義経済の浸透や，狩猟採集経済の実態や，インフォーマル経済の発生等々についての多様な個別研究を世界各地から生み出してきた。一般化への志向性の強いものの中には，何らかの意味でマルクス主義的なものが目につく。C. メイヤスーの家族制共同体論，M. タウシッグの商品の物神化論，M. ゴドリエのアジア的生産様式論，また E. ウルフの彼独自の生産様式論などである。また，世界資本主義の展開のプロセスという問題や，少なくとも部分的にはその裏側としての，開発現象や開発計画や開発言説をどのように分析するかという問題は，現在の主要なトピックになりつつあるように見える。

⇨ **13, 15, 84, 88**　参照文献　110, 121, 240, 359　　　　　　　　（小泉）

15 応用・実践人類学——人類学をどのように応用するか。人類学的な研究は，実践的な問題とどのように結びつくか

❖基礎研究と応用研究

　学問研究では一般に，基礎研究と応用研究とが対比されることが多い。基礎物理に対する応用物理，基礎医学に対する臨床医学，というようにである。前者は研究の目的を基礎的な知識の獲得や拡大自体に置き，後者は，その知識をより直接的な目的に利用する可能性を追求する。

　「応用人類学」（applied anthropology）は，この対比を人類学に適用したときに生まれる。概念の誕生は20世紀初めにさかのぼり，A. R. ラドクリフ＝ブラウンが1930年の論文のタイトルに用いた頃から流布するが，制度的にも学問的にも確立するのは1941年にアメリカで応用人類学会が発足し，『応用人類学』（現在は『人間の組織』〔Human Organization〕と改称）という学術誌が公刊されるようになってからである。

　以前のアメリカでは，研究者が特定の政策やプロジェクトのために助言するというかたちの応用人類学が多かった。しかし，1970年代半ば以降，大学や研究所を離れた職業的専門家として実務に従事する，「実践する人類学者」が急速に増加した。そこには研究教育職の不足という事情があると言われるが，さまざまな批判はあっても現在のアメリカの応用人類学は，少なくとも量的に最も急速に拡大している分野である。一方，現時点の日本では，訓練を受けた人類学者が自分の専門に密接に関連する実務に従事する例はきわめて限られている。潜在的可能性が実現されていないと言うべきであろう。

❖応用の分野

　アメリカの応用人類学において，最も長い伝統があり最も重要な役割を果たしてきたのは，医療と教育と開発の3分野である。このうち医療人類学と教育人類学は独自性を持った領域として確立しているし，開発や援助や国際協力に関わる研究も，開発人類学などの名で呼ばれることが多くなった。これら以外にも応用の分野は，アメリカやヨーロッパにおいて急速に多様化しつつある。途上国や先進国における医療や保健衛生，多文化的

状況における教育，農村開発や国際技術協力などに加えて，産業，ビジネス，労働，福祉，都市問題，住宅問題，災害，エネルギー，環境，土地，人口，高齢化，人権，難民，再定住，文化保存，マスメディア，宗教などの分野があげられており，応用により何が実現されるかはともかく，社会生活のあらゆる局面が含まれるようになりつつある感がある。

❖応用するということの理解

多様な実践分野で人類学を応用すると言えばわかりやすいが，それではそこで応用されているものが何なのかは，人類学の性格上わかりにくい。人間を研究対象とする人類学を「使う」場合，医学や物理学を使うのとは異なり，何のために，そして誰のために使うのかが困難な問題を提起する。目的と手段の関係が一言で言って複雑なのであり，「応用」とは結局どのようなことかを理解すること自体が問題になる。

例えば，人類学の応用の歴史について常に言われることは，人間の多様性を知ろうとする人類学という学問が，植民地支配の遂行において実用的価値を持ったということである。応用人類学の最初の拡大期は第 2 次世界大戦と一致するし，日本文化研究の記念碑である R. ベネディクトの『菊と刀』(1946) も，敵国の精神の分析を試みる戦時情報局のプロジェクトの産物だったことがしばしば指摘されている。

要するに，少なくとも人類学の場合，応用の価値は応用自体にはない。R. バスティードは名著『応用人類学』の中で，「目的の科学というものはない，あるのは手段の科学だけだ」という L. レヴィ-ブリュールの言葉を引用している。手段としての「民族誌的方法」，つまり精密に現実に即し地域住民の視点を重視する深いミクロ的調査法の価値は強調されているが，応用によって望むべきものは結局何なのかについての，人類学内部での合意や人類学固有の答えは生まれていない。

E. チェインバースなどが言うように，こうした問題については応用人類学と解釈人類学との間に，一見したところより深いつながりがある。「ともに理論と実践の関係についてのよりよい理解を求めるとともに，不確かさと道徳的曖昧さをあえて受け入れようとしている」からである。

⇨ *12, 16, 87, 88* 参照文献　324, 328, 332, 335, 368　　　　　　（小泉）

16 医療人類学──病気や健康や身体の問題を文化的文脈の中に位置づける試み。医療は文化的次元と生物学的次元の双方にまたがる

❖ 医療の文化的次元

その背後に死を見え隠れさせながら襲う「病い」という存在は、個人また社会にとって最も根源的かつ執拗な脅威であり、人にとっての最大の関心事の1つである。この事実は、文化というものが地域や集団によって一見したところよりはるかに大きく異なるものであるにしても、変わらない。

ただ、そのような病いを、どのような文脈のもとに理解し、どのような因果論のうちに捉え、どのような対処を試み（可能なところまで）克服しようとするかという問題は、文化の中に深く埋め込まれている。L. ロマヌッチ-ロスらが言うように、病いを理解し対処しようとする医療というものには2本の足があり、1本は文化の中に立っている。「医療は人類の文化的次元と生物学的次元の双方に跨っている」のである。

❖「医療」人類学

病いという問題、そしてそれをめぐって健康や治療や予防、また身体や老化や死の問題を扱う医療人類学の歴史は比較的新しい。その名が使われるようになったのは1960年代前半と言われるし、拡大が始まったのは70年代以降である。ただ現在では、医療人類学の中心地アメリカにおいてこの分野は急速に発展し、医療人類学会の会員数もきわめて多い。

「医療人類学」と訳されるといっても、原語の medical anthropology が示す medicine という概念は、日本語の「医療」よりはるかに広い。「医療」はもっぱら公的で制度的な、近代医学の専門家による病院や診療所での医療を指すのに対し、medicine は肉体や精神の不調に関わることがらを、薬や祈りなどを含めて広く指す。だから、医療人類学の対象は医療ではない、という逆説的な言い方もされる。

❖ 医療人類学の4つの源泉

G. フォスターらによれば、医療人類学の起源は4方向にたどられる。第1は形質人類学であり、比較解剖学や遺伝学を含むような人間の身体に対する生物人類学的関心である。第2は民族医学であり、文化により異な

る病気や治療の知識・技術・実践に対する民族誌的関心である。病気観や治療行為に関わる宗教や世界観、また儀礼や象徴が中心になる点で象徴人類学的である。第3は文化精神医学ないし文化とパーソナリティ論であり、これは20世紀前半の精神医学と人類学の学際研究の系譜を引き、強い心理学的モーメンタムを持つ。第4は第2次大戦後に始まる国際公衆衛生への人類学の関与である。国際医療協力により途上国へ近代医学を導入する上で、地域固有の医療知識や実践を知る人類学の有効性が認められたという。この面での医療人類学はきわめて直接的な応用学としての性格を持つ。実際「応用人類学」と呼ばれるような人類学の実践的利用を試みる分野において、医療と保健の場での応用は教育の場と並んで最も早くに始まった。最近では先進国における臨床での応用も重要な位置を占めつつある。

これら4つの流れが、アメリカの社会史を背景として部分的に収斂し、医療人類学と呼ばれる分野を形成してきた。それぞれの源を反映するさまざまな研究や、医療における政治や経済など新しい方向での研究も行われており、医療人類学はきわめて雑多であると形容される。

❖ 相　対　化

雑多であるのは、人類学の常である。同時に、相対化の力を持つことも人類学の常である。医療人類学の場合の相対化の対象は、われわれ自身には自明であるような類いの疾病・治療・身体の観念、そしてそれに基づく行為の体系である。したがってそこでは、欧米に由来する臨床生体医学(生物医学)もまた、多様な社会的文化的文脈の中に生起する一現象として理解される。焦点を身体の生物学的現象に厳密に絞り、そのような現象を特定の病因に還元しながら解決を目指す生物学としての医学の発展は、その普遍的な拡大現象や治療技術としての効果を別として、やはり歴史の中の一過程としての社会・文化的側面を持つ。したがって、医学におけるイデオロギー、病院内の社会構造や儀礼、医療体系と他の制度との政治的関係、あるいは精神医学と文化規範の結びつきなども、医療人類学とその周辺で研究の対象となる。

⇒ ***12, 15, 35***　参照文献　27, 94, 189, 219, 313　　　　　　　　(小泉)

17 文化を書く――文化について研究することと文化について書くこととは，どのような関係にあるか

❖**人類学研究と民族誌**

"Writing Culture"は，アメリカの人類学者J.クリフォードとG.マーカスが編纂し，1986年に出版した論文集のタイトルである。副題を「民族誌の詩学(ポエティクス)と政治学(ポリティクス)」とするこの論集では，編者のクリフォードとマーカスのほか，V.クラパンザーノ，R.ロザルドウ，T.アサド，M.フィッシャー，P.ラビノーらが，文化を書く，つまり「民族誌というテクストをつくる」ことについてさまざまな角度から論じている。

このトピックがきわめて重要な問題を含むことを示したこの論集の表紙では，寄稿者の1人S.タイラーが，フィールドでインフォーマントと思われる人々が肩越しにながめるなか，何かを一心に書きつけている。この写真のメッセージは明らかである。フィールドワークをする人類学者は，町を歩き，家を訪ね，儀礼に参加し，人と話す。しかしそれと同時に，必ず何かを書く。そして民族誌を書く段になると，現地調査を伴わない研究を「安楽椅子学派」と揶揄してきた人類学者も，安楽椅子ではないにしても椅子に座るのである。

フィールドワークが人類学という学問的営為の本質部分に非常に近いところにあることは，20世紀前半からの常識だった。しかしその人類学において，「書く」こともまた単に文章の巧拙や修辞の効果や説得力の有無の問題ではなく，やはり人類学という営為の中核部分に関わることが意識されるようになったのは，比較的新しい。

❖**事実としての文化**

以前の民族誌は，フィールドワークの対象地を何らかの意味で弁別しうる単位として捉え，その単位について，まず生態や経済，そして社会組織や政治，そして宗教，というように順序よく全体論的(ホーリスティック)に描きとるというものだった。そのような，博物学ないし自然誌にも似た，未踏の地を精密に描き報告するという種類の民族誌を書くことが不可能になったわけではない。しかし「そこにあるものを描きとる」素朴なリアリズムの時代は終わ

ったようにみえる。

　人類学者は，文化が何であるかについては合意しないが，それを研究対象とすることについては合意する。その文化というものが，「そこにある事実」なのかどうかは難しい問題である。フィールドワークをする地質学者によって見出される地層にも喩えられるような「文化」を，フィールドワークをする人類学者が見出し，あとは戻ってそれについて報告するだけというわけでは必ずしもない。そうではないことは，とりわけ古典的とされる民族誌の名作について顕著である。書くという行為は，フィールドワークの後に自動的に続く表現の技術ではなく，書くこと自体が（誤解の多い表現であるが）「つくられたもの」(フィクション)としての何かを生む。民族誌の詩学である。また書くこと自体が，オリエンタリズムにせよ何にせよ，実践としての社会的政治的意味を持たざるをえない。民族誌の政治学である。

❖**手段となる言語と構築する言語**

　言語については，知識や情報を伝える手段としての側面と，構造を創る側面，いわば「言語の劇場」を構成するものとしての側面とを対比することができる。前者の手段的側面は科学的言説において強調され，後者の構築的側面は文学的言説において優勢になる。

　人類学的言説は，科学的言説と文学的言説の中間にある。そして人類学が，自分の母方の馬についてしゃべるばかりで自分の父親がロバであることについては黙して語らぬ北アフリカのラバに似ていると言ったのは，C. ギアツである。科学と文学の間に生まれる人類学というラバは，母について誇り父について口をつぐむ。「科学的」であることは，いつも望ましく思われるのである。しかしそれによって人類学の中のロバの血が消えるわけではない。文化の研究が書くという行為にどのように結びつくかという問題――ロバの血筋の問題――は，人類学が文化という，そこにあることが自明のように見えていつでも指の間をすり抜けていくように感じられる疑似的存在を主題とし，それについて書きつけていこうとする限り，合意の得られないまま重要性を増していくように思われる。

⇨ ***1, 2, 12, 90***　参照文献　84, 88, 96, 243　　　　　　　　　（小泉）

18 研究倫理——人類学者が，自らが属する社会と調査対象の社会に対して負っている責任は何か

❖人類学の特殊性

　研究倫理という問題を考えるとき，人類学には他の人文・社会科学とは異なる特殊な事情がある。まず，人類学はフィールドワークという手法を通じて，生きた人間と対面的にかかわる。しかも，参与観察という，相手の生活領域に，いわば土足で踏み込むような調査方法をとる。調査対象の人々とのかかわりというレベルにおける研究者の倫理のあり方が，より直接的，具体的に問われるのは当然である。

　第2に，欧米の人類学が調査の主要な対象にしてきたのは，ヨーロッパ以外の地域の社会である。日本の人類学もこの伝統を踏襲しており，研究者はアジア，オセアニア，アフリカなどに出かけていく。そこで人類学者は，第三世界，あるいは開発途上諸国と，先進諸国との歴史的・政治的な関係，経済的な格差を，身をもって体験することになる。

　2番目の問題と関連するが，第3に，人類学が背負っている歴史的な過去の遺産の問題がある。人類学は，近代においてヨーロッパ諸国が非ヨーロッパ世界を征服し，支配する過程で生まれた学問であり，植民地統治と密接なかかわりを持っていた。明治以降，ヨーロッパ諸国の後を追いかける道を歩んだ日本の人類学も，同様の過去を背負っている。真に問題なのは，対象の人々を，「文明化」された自分たちとは異なる「未開」の他者とみなす，人類学的な認識に深く根ざしたまなざしであるといってよい。

❖調査対象の人々との関係

　「なぜ人類学に興味をもったのですか」，「どうしてわざわざ遠くて不便なところへ出かけるのですか」と尋ねられたときに，私たちはどう答えるだろうか。「面白いから」「異郷の異文化にロマンティックな憧れを抱いていたから」といった素朴な動機を，私は否定しない。むしろ，学問的に理論武装した答えよりは正直であると思う。しかし，こちらの動機や目的は，相手にとっては無意味，無関係であることが多い。

　ひと口に第三世界といっても，その経済発展のあり方には大きな地域差

がある。けれども，現代日本から調査に行き，村に住み込むと，いやおうなく私たちの豊かさと彼らの貧しさを認識させられる。社会によっては，絶え間のない金品の要求に悩まされることもある。調査の謝礼を支払うべきか，いくらぐらいが適当かも，難しく微妙な問題である。

「郷に入れば郷に従え」という言葉がある。基本的には正しいが，現地では日本に居るときとは異なる行動や倫理のコードを採用し，カメレオン的に変身する調査者を，私は信用することができない。論文を書く資料を集めるためだけに，功利主義的に人と接触するような態度は論外としても，あるべき関係を一般的に述べるのは難しいし，そのためのマニュアルはない。調査者は，置かれた状況の中で，望ましい信頼関係を気長に構築していくしかないだろう。そうした経験のすべてが，人類学的な営為であることは確かである。

❖人類学の社会的責任

調査の成果は現地に還元しなければならないと，よくいわれる。正当な認識だが，「現地」は私たちが考えるほど一元的ではない。まず，調査の許可や便宜を与える政府機関，研究機関と，調査対象の社会を分けて考える必要がある。民族・経済的な階層化が発達した国では，両者は全く別個の存在であることが多い。調査の成果をレポートや論文にまとめ，公表することは，最も基本的で重要な責任の果たし方である。その場合，日本語だけでなく現地の国語や公用語で書く必要があることは言うまでもない。しかし，調査対象の人々が，先住民，民族紛争，開発などの問題の当事者になり，情報化が進展した現代の世界では，人類学者の書いたものが思わぬところで政治的に利用されることもある。私たちは，このことにもっと自覚的であるべきである。

人類学を志す者は，自分がなぜ，何のために，誰のために調査研究を行うのかを，明確な自己批判の意識を持って，不断に問いかけていく必要があるだろう。絶えざる自己認識の変革は，すぐれて人類学的な営みであるはずである。

⇒ *1, 15, 40, 85, 88, 90, 99* 参照文献 77, 97, 242, 272 （栗本）

19 世界の人類学——単数の「人類学」と複数の「人類学」。人類学を複数化するとはどういうことか

❖ 単数形の世界人類学

「世界人類学（world anthropologies）」はごく新しい概念である。単数の「世界人類学（world anthropology）」なら，ずいぶん前からあった。とくに際立つのは，1975 - 1980 年に出版された World Anthropology シリーズである。これは1973年にシカゴで開催された国際人類民族科学連合 (IUAES) 第9回大会の発表論文を集めたもので，いま再び全巻のタイトルを眺めてみると，その雑然とした風景が興味深い。

健康，農業，麻薬，学校，家族，青年期，女性，コミュニケーション，人口，戦争，開発，移民，都市化，多国籍企業，人種，政治，植民地主義，プロレタリアート，マルクス，衣料，「経験のかたち」，口承文芸，視覚芸術，舞踊，シャーマニズム，アンデス考古学，栽培の起源，社会進化，古人類，霊長類，人類学の歴史，「未来の文化」。全部で100巻近いというすさまじさである。ときどき東アフリカやヒマラヤなどの地名も出てくる。まさに世界の人類学である。

ここで世界人類学というときの「世界」は，「世界にいろいろある文化についてさまざまに研究している人類学」を意味している。これほど茫漠たる領域の人類学も単数でありえた，というより単数を志向しても，なんら問題はなかった。文化的，言語学的，考古学的，生物学的人類学という人類学の4本柱は，依然として有効な求心力を保っていたようである。

❖ 複数形の世界人類学

複数形の「世界人類学（world anthropologies）」は，「世界にはいろいろな文化がある」ことより「世界にはいろいろな人類学がある」ことを指す。世界人類学ネットワーク（WAN: World Anthropologies Network）においてこの語が使われたが，これは，開発言説の研究で知られる A. エスコバルら，中南米の人類学者を中心にサイバー上に設けられたネットワークである。また，ウェンナー・グレン財団の支援で2003年に開かれた国際会議の成果は，論集『世界人類学——権力システムの内部における学問の変

容』として出版された。編者の1人G.L.ヒベイロは2004年に再び同財団の支援を受けて，母国ブラジルのレシフェで国際会議を開催した。「世界人類学——人類学という学問の国際組織と有効性を強化する」という会議であり，招待されたほぼ全員が全世界の主な人類学会の会長だった。ここで設立が決定されたのが，人類学会世界協議会（WCAA: World Council of Anthropological Associations）である。

❖人類学会世界協議会（WCAA）

WCAAは，文字通り全世界の人類学の連携協力と多様化のための組織である。「人類学研究を国際的に発展させ，世界の人類学者の間で協働関係を進め情報を共有し，科学的議論や研究協力によって人類学的知識を広める」ために，アメリカ人類学会（AAA）や日本文化人類学会（JASCA）のほか，イギリス，フランス，カナダ，オーストラリア，ロシア，ブラジルなどの国別学会，ヨーロッパ社会人類学会（EASA），ラテンアメリカ人類学会（ALA），パンアフリカ人類学会（PAAA）など地域学会のほか，国際人類民族科学連合（IUAES）など14学会により設立された。

初代の代表幹事ヒベイロの後，小泉が代表幹事・会長を2009年まで務めた。設立後にニュージーランド，イタリア，スペイン，ドイツ，メキシコなどが加わって組織は急速に拡大し，2014年現在で46学会がメンバーである。これまでイギリスと南アフリカで「人類学の公的イメージ」，アメリカで「世界人類学における差異と（不）平等」についてのワークショップを開催するなど，全世界で活発に活動している。

2007年にはアメリカ人類学会が世界人類学委員会を設置した。学術誌『協働人類学』（Collaborative Anthropologies）も創刊され，人類学複数化への流れは一気に強まった。さまざまな人類学の間の協力関係の確立，人類学の多様な「声」が相互に理解される状況をもたらすこと，人類学における中心と周辺の形成の問題化，人類学を単数形で再生産する力についての研究，そしてグローバル化する現実世界に人類学が働きかける方策を検討すること，これらが複数形の世界人類学の課題となる。

⇒ ***17, 84, 100***　参照文献　36, 130, 141, 362　　　　　　　　（小泉）

20 日本の人類学——日本の「国際化」と文化人類学の成立には切っても切れない関係がある

❖民族学としての出発

　日本の文化人類学の制度的な始まりは、明治以来、考古学者、東洋史学者、宗教学者、民俗学者たちによって行われていた研究が、1934年に日本民族学会という名の下に1つの学派として立ち上がったときである。翌35年からは『民族学研究』という学会誌が発刊され、2004年には学会名が日本文化人類学会となり、学会誌も『日本文化人類学』と改まり、現在に至っている。

　学会設立以前の活動で目を引くのは鳥居龍蔵と柳田國男の活躍である。鳥居龍蔵（1870-1953）は、日本で最初の民族学者と呼ぶべき人であり、殆ど独学で自分の学問を作り上げ、南は台湾、北は北千島まで踏査し、中国大陸でも西南部、モンゴルの調査を行った天性の調査者でもあった。柳田國男（1875-1962）は民俗学者として知られているが、彼の研究は民族学と重なることが多く、2つのミンゾクガクが共に新しく、社会的には認められなかった時代に、彼の存在は直接・間接に民族学にも力となっていた。

❖戦前の民族学、戦後の文化人類学

　戦前の日本の民族学は、日本および当時の日本の植民地、もしくは政治的な影響下にあった、台湾、朝鮮半島、中国東北部の研究を行っていた。またこの学問内容は、太平洋戦争の開始前後、近隣の民族に関する知識を得ることの必要を強く感じていた政府、軍部などにとって、いわゆる国策に沿うものと考えられ、1943年に文部省直轄という形で民族研究所が設立されると共に、数多くの調査団がそれらの地域に送られた。

　戦後の出発は、これらの調査によって形成された学者集団が、国際的な学界の新しい動向を取り入れ、「文化人類学」という名の下に活動を開始したことに始まる。新たに南山大学、東京大学、都立大学などに文化（社会）人類学の名を冠した学科や教育コースが作られ、独学ではなく、学問的制度の下に研究者が育っていった。1975年の国立民族学博物館の誕生は、民族研究所の消滅以来の学問基盤の確立という悲願の達成といえる。

岡　　正雄 　　　　　石田　英一郎

　この時期の学者を代表するのは岡正雄と石田英一郎である。2人は時期を異にするが共にウィーン大学に学んだ。岡は，日本の民族文化形成論に関して大きな影響力を持つ理論を立てた。石田は，文化を人類普遍の見地からとらえるさまざまな著作を著し，戦後の文化人類学の普及に大きな貢献を行った。

❖現代の文化人類学

　戦後は戦前のドイツ・オーストリアの民族学の影響から離れ，イギリスの社会人類学やアメリカの総合人類学，1960年代以降はフランスの構造主義などの流れを汲んだ研究が行われた。調査地も世界に広がった。それは戦後の日本社会が戦前の歴史的所業への反省から，国際的なるもの，普遍的なるものに価値を置くようになったことと軌を一にしている。それは欧米の人類学と同じことをすることで追いつこうとする試みでもあった。

　異論はあるかもしれないが，一国の文化人類学としては，1970年代に欧米の水準と，量と質において同じ地点に立ったといえよう。しかしそれは欧米と同じになったことであり，「日本の」文化人類学ができたことではない。しかし，1980年代以降，国際的な文化人類学において，文化人類学の調査・研究とは，誰が何の資格で，誰のために，何を生産したのか？　という問いかけが盛んに行われてきている。まさにこの学問自体の「危機」において，わが国の文化人類学も問題意識のところで同じ地点に立ち，新たな展開のための方法の模索において「日本の」と言えるものを提出する可能性を今や手にしている。

⇒ **17, 23, 86**　参照文献　4, 22, 66, 176, 183, 269　　　　　　　　（船曳）

2章▶人間の多様性

> この章では，人間，人種，民族の概念，また狩猟採集から工業社会までの生業形態，さらに男女，人の一生，衣食住など人類の基本的生活のあり方を学ぶ。

学校帰りの子供たち(トロブリアンド諸島)

21 人間の概念——人間と人間でないものの区別はむずかしい。すべては「人間のようなもの」?

いま「人間」, というと何まではいるのか。もちろん私もあなたも人間だが, 例えば, 胎児は人間か。人間だとしたら, その人間を中絶という名の行為で殺してもよいのはなぜか。殺されても文句の言えない, 誰もとがめないような「それ」は何か。人間であるような, ないような存在, それを「人間のようなもの」と名付けて, 他にも見てみよう。

❖サルの DNA は何本足りないか

人間とサルの DNA は 2 ％しか違わない。進化の過程で私たちがチンパンジーのような霊長類と分かれたのはおよそ 500 万年前。近年, チンパンジーに文化, とくに「言語」を教える試みが霊長類学者によって盛んである。その中でも日本の京大霊長類学研究所のアイちゃん (女) とアメリカのヤーキーズ研究所のカンジ君 (男) はスーパーチンパンジーの双璧である。アイちゃんの方は, 漢字のような記号パターンを組み合わせて言葉をつづる。カンジ君は英語の聞き取りが巧みで, 幼児ではうまくこなせない使役動詞 (make someone 〜) などを聞いても混乱しない。普通の日本人ならば, カンジ君の勉学ぶりを収めたビデオを見ていて, カンジ君が英語で「向こうの部屋の冷蔵庫からリンゴを取って来て」と言われ, 彼が走っていってリンゴを持ち帰ったとき, 内心焦ってしまうだろう。「今の英語聞き取れなかった！」。

そんなこと聞かされても, だからなんだ, という人がいるだろう。同じくらい頭の良いイルカだっているぞ。そうなのである。幼児や, 脳に機能障害を持った人より複雑なことを理解する動物はいるのだ。むしろどうしてそのような動物は「人間」ではないのか。それは動物だから, では答えにならない。人間らしさの源が知性であるとしたら, どうしてそのような知性を持った存在を, 人間並に扱わないのか。ましてや, 人とチンパンジーが交配されて,「チンプマン」ができたら, それは人間だろうか？ 倫理的問題は別として実験の成功する可能性はあるのである。彼 (彼女) は少なくとも「人間のようなもの」と言われる資格はありそうである。

❖ **共に生きるコンピュータ**

　人間のようなものといえば，映画「2001年宇宙の旅」に出て来るハルと呼ばれる意思を持ってしまったコンピュータがいる。そのようなSFがいつ現実化するのかはわからないが，今でも私たちはもうコンピュータなしでは暮らせない。それは自動車や冷蔵庫とは違い，私たちの人間らしさのみなもと，「知性」の部分を助けてくれている。その度合いは次第に増し，私たちはコンピュータと共に生きている。そのような形を，コンピュータが「人間のようなもの」であるのではなく，私たちの方が，コンピュータと共に生きる「人間のようなもの」であるのだ，と考えてはどうか。

❖ **人でない人――フランケンシュタイン**

　胎児についてはすでに述べた。私たちは，受精によって発生する存在だとしたら，そのような「人間のようなもの」として，次第に人間らしくなって，この世に生まれてくるのだ，と考えられる。ではそのままずっと人間かというと，いつかは「病人」になって，死んでいく。例えば，脳死状態の人を「植物人間」と呼んだりするが，それはその言葉が示すように，「人間のようなもの」といえる。病気をもっているということ自体，私たちを，人間であることからずらしてしまうのかもしれない。

　では，健常者と呼ばれる人間は，正真正銘の人間なのか。私たちが病気ではないとは，単に病人と呼ばれていないということを意味するのだとしたら，私たちは，日常生活で，常に「風邪をひいて」いたりするように，100％純粋な人間ではないことになる。

　このことは何か不都合だろうか。むしろ私たちはいつも「人間のようなもの」だ，と考えることで，すでに挙げたような多くの「人間のようなもの」との重なり合いを自然のこととして再認識することができる。

　映画に出て来るフランケンシュタインは「優しい心」を持った怪物である。私たちはすでに「人間のようなもの」という意味では「怪物」なのかもしれない。ただ，優しい心を持っているかどうかは保証できない。

⇒ ***22, 33, 35***　参照文献　154, 199, 238　　　　　　　　　　　　（船曳）

22 人種と民族——人間の基本的分類法の自明性を問い，歴史性と政治性を考える

❖人類の多様性と分類カテゴリーとしての人種と民族

人類は多様である。社会・文化的だけでなく，身体的形質の面でも，きわめて多種多様な人々から構成されている。人種（レイス）と民族（ネーション）は，こうした多様な人類を分類する際の基本的カテゴリーであり，日常言語でも使用されている。日本語では，人種と民族に加えて，種族，民族集団（エスニック・グループ），部族（トライブ）などの用語も使用されている。また，ネーションの訳語としては民族の他に国民がある。これらの用語の境界は曖昧であり，用法はしばしば混乱している。

一見すると，人種と民族というカテゴリーは，疑問の余地のない自明のものに思えるかもしれない。いわく「人種は生物学的な概念であり，人類は，白色人種（コーカソイド），黄色人種（モンゴロイド），黒色人種（ネグロイド）の三大人種から構成されている」「民族は社会・文化的な概念であり，言語や宗教，歴史的伝統を共有する人々の集団を指す。日本人が民族であるのと同様に，中国人や韓国・朝鮮人，あるいはフランス人も民族である」といった具合である。しかし，ことはそれほど単純ではない。

❖人種と民族の曖昧さ

近年のDNA研究を中心とする遺伝学の成果に基づいて，生物学的人類学や自然人類学では，科学的概念としての人種は否定され使用されなくなっている。人種と呼ばれてきた集団内における遺伝的変異がきわめて多様であり，他の人種と明確に区別しうる集合を形成しているわけではないことが明らかになったからである。

民族はふつう，言語，出自，文化，宗教，領土などの諸要素の1つ，あるいは複数が共有されていることをもって定義される。しかし，民族ごとに諸要素の共有の度合いはさまざまであり，結局のところは，すべての事例に適用可能な客観的基準は存在せず，「われわれは1つの民族である」という主観的な意識が，民族が成立する拠り所であるとされている。

ここで問題になるのは，人種と民族を曖昧で流動的，状況依存的な概念

とみなすこうした自然・社会科学における理解と，ふつうの人びとの理解とのあいだに，大きなギャップがあることである。多くの人にとって，自分が属する人種や民族も，他者が属する別の人種と民族も，「血」の共有に基づいて，歴史的に継続する確固とした実体として，本質主義的に認識されている。なぜこのようなギャップが生じるに至ったのだろうか。

❖人種と民族の歴史性と政治性

　古今東西，どの社会にも人種や民族に相当する概念は存在したと考えられる。しかし，人類を分類するこの2つの概念は，近代ヨーロッパにおいて特殊な政治的意味合いを帯びるようになり，人種主義（レイシズム）と民族主義（ナショナリズム）として世界中に広まった。

　白人を最も優越した人種とし，黄色人種と黒色人種を劣等とみなす人種観（人種主義）は，文明と未開・野蛮の区分とも重なって，奴隷制度や植民地支配を正当化するイデオロギーとなり，20世紀にはナチがおこなったユダヤ人に対するジェノサイド（ホロコースト）を生み出した。民族主義は，国民国家（ネーション・ステイト）の建設と植民地支配からの民族解放に，歴史上大きな役割を果たしたが，同時に正統な国民＝民族とはみなされない人々に対する差別と抑圧や，外国人・移民に対する排外主義的傾向の根拠ともなった。人種主義と民族主義のいずれにおいても，混血といった所属が曖昧で分類の境界線上に存在する人々は，とくに忌避された。

　ポスト近代と呼ばれる21世紀を生きるわれわれの心性にも，以上のような近代のイデオロギー的な人類の分類法は，いまだに存続している。これが，自然・社会科学的理解と，人々の理解とのあいだにギャップが存在する理由である。文化人類学の存在理由の1つは近代批判である。したがって，この学問の役割は，少数者の差別・抑圧や排除につながる，固定的で本質主義的な人種と民族の認識を，つねに批判し，脱構築することであるといえる。

⇒ ***23, 82, 86, 98***　参照文献　82, 83, 138, 152, 235　　　　　　（栗本）

23 日本民族の起源——日本民族の起源論の軌跡は単一民族論の克服の歴史であり，民族の起源を語ることの意味を問うてもいる

❖「民族の起源を論ずる」ということ

　日本民族の起源・形成史に関しては，明治初期以来，さまざまな学問分野で独自に，また，学問分野の垣根を越えて学際的に研究が積み重ねられてきている。これらの研究が明らかにしているのは，「和人」や「大和民族」と呼ばれる狭義の日本人やその文化・社会に限定してみても，それが時代を違えて周辺地域から日本列島へ渡来したさまざまな人々や，彼らが持ち込んださまざまな文化・社会的要素が混ざり合ってできあがっているということ，そして，その混血や混淆の痕跡が，現在なお身体上あるいは文化・社会上の地域的差異として，この日本列島上に確認できるということである。このような混淆性・多様性の発見の最大の成果は，起源論を語ることについて慎重になることを教えた点にある。民族の起源論とは学問上の問題であると同時に，社会・政治思想的な問題だからである。

❖明治という国民国家と日本民族の起源研究の始まり

　日本民族の起源や形成史についての議論は，明治の初期，日本に先んじて国民（民族）国家の理念が創り上げられていた欧米の研究者である E. モースや A. シーボルト，E. ベルツらによって始められた。まもなく，コロボックル（アイヌの伝説で語られた「蕗の下の人」）を日本の石器時代の担い手＝原日本人と考える坪井正五郎らと，これをアイヌと考える小金井良精らの間に激しい「コロボックル論争」が起き，社会の注目を浴びた。それは広く日本人が自らの人種・民族的起源に関心を持ち始めたことの反映であり，その背景には明治政府による国民国家理念の普及があった。

　ただし，すでにベルツが日本人の中に「薩摩タイプ」と「長州タイプ」との2類型を見出していたことは注目してよい。ちなみに，最近の形質人類学は，7種類もの人々（単純に二分すると，旧モンゴロイド＝南方系と新モンゴロイド＝北方系）が時代を違えて渡来したことを想定している。

❖敗戦と座談会「日本民族の起源」（1948年）

　敗戦後まもなく，石田英一郎・岡正雄・江上波夫・八幡一郎の4氏によ

って「日本民族の起源」という座談会が開かれ，日本民族の起源を周辺の諸民族文化との比較という視点から多元的に検討した点で注目された。ここで岡は，後に「母系的・陸稲栽培・狩猟民文化」「男性的・年齢階梯的・水稲栽培・漁撈民文化」「父権的・ウジ族的・支配者文化」等と呼ばれることになる複数の文化複合を日本文化の基層として設定した。

この座談会の中で，江上によって「騎馬民族征服王朝説」が発表される。王朝（天皇）をも含めて日本民族の起源が多元的に論ぜられ，それに日本人全体が大きな関心を寄せるに至ったことは画期的である。

❖フィールドワーク時代の民族起源論

高度経済成長期以降，アジア諸地域を現地調査する研究者が増え，日本民族・文化・社会の単一性への疑いは，実証的にも強まってゆく。まずそれは，アジア各地を踏査した栽培植物学者の中尾佐助らによる「照葉樹林文化論」として現れる。水稲耕作文化の伝来に先立ち，東南アジア大陸部に由来する焼畑雑穀栽培文化，すなわち「照葉樹林文化」が西日本に分布していたことが説かれ，現在では，これと並んで東北アジアに由来する「ナラ林文化」が東日本に分布していたことも想定されている。

現代の日本民族の起源研究は，生業の形態や技術，シャマニズム，住居，音楽・芸能，社会構造，神話や民間伝承，言語，身体（遺伝子等も含む）等，さまざまな要素について，日本と周辺地域とを丹念に比較しており，それぞれに日本と周辺地域との多様な繋がりを解きほぐしつつある。

❖単一性への信仰から多様性の実証的認識へ

日本民族の起源の研究は，「国民は（１つの）民族である」あるいは逆に「民族は国民に優先する」といった政治的イデオロギーを宣伝するためのものではない。それは（日本）民族そのもの（すら）が単一・純粋なものではないことを教え，日本人やその文化・社会の独自性・均質性をむやみに信じることを戒めるものである。その意味で日本民族の起源の研究は，アイヌ等の異なる民族をも抱え込んで成立している国民というものを，あらためて捉え直すための作業の第一歩でもある。

⇨ **22, 86**　参照文献　9, 21, 65, 116, 175, 202　　　　　　（葛野）

24 日本人論——日本人論とは，近代において日本が「西洋」の中で持った孤立感を説明・解消するもの

❖日本人論とは何か

「日本人論」とは，日本の近代において，現在に至るまで断続的に現れる，日本人の性質，日本文化，日本社会に関する，ある種の議論の総称である。しかし，どのような議論が「日本人論」であり，何がそうではないか，をはっきりさせることは難しい。日本人について論じていても，それが日本人・論ではあっても，「日本人論」でない場合もあるのだ。

ただ，これまで日本人論とくくられてきた議論には，2つの明らかな特徴がある。(1)著者が意識的であれ無意識的であれ，「日本人は他のほとんどいかなる『〇〇人』とも，ある点において異なる」との主張がなされることである。そして，(2)その相異は，本質的であって，少なくとも当面は変わることがなく，それら相異点は日本人の人間関係，価値観，言動の中に広く見られる，と，しばしば具体的に例示されることである。

いくつかの日本人論を挙げれば，新渡戸稲造『武士道』(1899年刊)，R.ベネディクト『菊と刀』(1946年刊)，I.ベンダサン『日本人とユダヤ人』(1970年刊)，土井健郎『甘えの構造』(1971年刊)等々がある。

もちろん日本人論とみなされている著作の中には，人によって，それを日本人論とはみなさないものもある。また，著者自身の意図に反して日本人論と呼ばれているものもある。それは1つに「日本人論」が曖昧なジャンルであることからくる。しかし，もう1つ，大きな理由がある。それは，書かれた意図にかかわらず，読む方がある著作を「日本人論」として読みとることである。先に挙げた「日本人論」の2つの特徴は，日本人論がどのように「書かれているか」を示す。しかし，「日本人論」には，いかにそれが「読まれるか」にかかわるもう1つの特徴があるのだ。

❖日本人論が読まれる理由

なぜある議論が「日本人論」として「読まれるか」，という観点から見ると，「日本人論」は，近代の中に生きる日本人のアイデンティティの不安を，日本人とは何かを説明することで取り除こうとする性格を持つ，と

わかる。不安を持つのは、日本が、「近代」を生み出した西洋の地域的歴史に属さない社会であることに由来する。その、日本がいわゆる「西洋」近代に対して外部のものであることは歴史的な事実であり、変えることはできない。それゆえ、その外部性にアイデンティティの不十分さを感じる限り、不安は繰り返しやってくる。よって、日本のアイデンティティの「不安」が高まるときには、その不安の個別性をよりよく説明する「日本人論」が探し出され、読まれ、時にベストセラーとなるのである。ただ、この「不安」とは、決して『武士道』の日清・日露戦争間の綱渡り的時期や『菊と刀』の敗戦時のように、「日本」が危機となったときにだけ増大し、「日本人論」が読まれるのではない。『甘えの構造』や『日本人とユダヤ人』のように、国運が隆盛のときもまた、その「成功」に確信が持てないため「不安」が生まれ、「日本人論」が求められるのだ。

❖日本人論の今後

かくして、日本人論は、日本が「西洋」近代に対して持つ外部性にアイデンティティの不十分さを感じ取る限り、「読まれる」ことになる。逆にいえば、日本人が近代の中で、その歴史的外部性に、事実認識以上の「不安」を持たなければ読まれなくなることを意味する。現代の日本人は、次第に、そうした「西洋人」でないことの不安は薄らいでいるように思える。ことに、西洋の外部から近代に参入し、成功するようになった人々が、日本以外に例えば近隣の韓国や中国にも出て来るにしたがい、「西洋人」でないことも、また「西洋近代」そのものも相対化されてきたともいえよう。

しかし、ここに新たなアイロニーとして、日本人はそうした近隣のアジア人に対して、新たなアイデンティティの不安を持ち始めている。「西洋化」されたと感じている日本人が、アジア人であることに不安を感じているのではないか、と思われる。最近の「アジアへ」のかけ声は、むしろその不安を感じているからこそ、高く、大きいのではないか。そう仮定すると、今後、アジアとの対比から生まれるアイデンティティの不安を払拭するために、新たな日本人論が「読まれる」可能性がある。

⇒ *9, 23, 63, 86*　参照文献　3, 228　　　　　　　　　　　　（船曳）

25 狩猟採集民——狩猟採集民の生業活動の多様性を知り，この現代に狩猟採集を続けることの文化・社会的意味についても考えよう

❖狩猟採集活動の多様性

　野生動植物の採集・狩猟・漁撈活動，すなわち植物栽培や牧畜ではない採捕活動によって食料を獲得する人々を狩猟採集民という。極地から赤道付近に至るまで，地球上すべての大陸に狩猟採集民が広く分布していることは，人類が農耕・牧畜の発生以前に，均しく狩猟採集民としての長い歴史を共有していたことを物語っている。

　ただし，同じ狩猟採集民でも，北極圏と赤道付近とでは，また，海岸部と内陸部とでは，採捕活動の内容に大きな違いがある。イヌイトや「エスキモー」(ロシアやアラスカの「エスキモー」は自らをイヌイトと呼ばない)は海獣やカリブー等の狩猟への依存度が高く，また，トリンギット等の北西海岸インディアン諸民族の場合はサケやマスの漁撈への依存度がきわめて高い。しかし，これら高緯度の狩猟採集民を除く大方の狩猟採集民にとっては，狩猟活動よりも植物性食料の採集活動の方が重要である。

❖季節的遊動とバンド

　多くの狩猟採集民の採捕活動は，恒常的あるいは季節的遊動(nomadism)によって支えられている。ただし，前述の北西海岸インディアンのように定住性の高い例外もある。特定の場所に留まることは狩猟採集活動の効率を悪くするし，また，採集植物や狩猟動物の資源を将来にわたって利用し続けることを困難にもするからである。

　この遊動の社会集団をバンド(band)と呼ぶ。その集団規模は動植物資源の種類や多寡によって異なるし，また，同じ人々が夏と冬とで異なった規模のバンドを形成することも多い。イヌイトの場合，冬にはいくつもの家族が集ま

58の狩猟採集民の緯度別に見た主生業

緯度	主生業			
(北緯・南緯)	採集	狩猟	漁撈	計
60度以上	-	6	2	8
50〜59度	-	1	9	10
40〜49度	4	3	5	12
30〜39度	9	-	-	9
20〜29度	7	-	1	8
10〜19度	5	-	1	6
0〜9度	4	1	-	5
世界	29	11	18	58

(出所) Lee and Devore (1968), *Man the Hunter* より。

世界の狩猟採集民

(注) 民族名称などは原著のまま。
(出所) Campbell 1983より。

って数十人から100人を越える集団を形成し，夏にはそれが2，3の家族からなる10人前後の小集団へと分裂する例が多かった。加えて，このバンドの離合集散は，必ずしも特定の家族の組合せを前提とするものでもなかった。バンドの成員の流動性は高く，バンドの離合集散は人間関係の再編成の機会でもある。このように離合集散を繰り返し，成員の流動性の高いバンド社会では，身分制や世襲制の権力者は育ちにくい。

❖文化・社会の生存戦略としての狩猟活動

天然資源の開発や農耕民・牧畜民による開拓等により，現在，地球上のどの地域でも，狩猟採集活動の維持は困難になりつつある。また，イヌイトがスノーモービルを使い，ブッシュマン（サン）がイヌやウマを使うように，狩猟活動の方法自体も急激に変化しつつある。そして，イヌイトが狩猟用にスノーモービルや銃を購入しようとすれば，相当の現金収入が必要になる。彼らは賃金労働に出て，その収入を狩猟活動の維持に当てているともいえる。しかし，なぜ，そこまでして狩猟を続けるのか。

1つは，自らの狩猟採集民としてのアイデンティティや文化を守るためである。この動機は，すでに一部地域で，スノーモービルの意識的な排除，イヌ橇猟の復活にさえ繋がっている。そして，もう1つは，獲物を分配するためである。食物の分配すなわち互酬性を前提に成り立ってきたバンド社会の原理を維持し，再確認するためにも，狩猟は続けられる。

⇒ ***13, 75, 88***　参照文献　158, 201, 210, 327, 347　　　　　　　　（葛野）

26 牧畜——動物という自然を飼い慣らすことで成立した牧畜。その意味を考える

❖世界の牧畜

　牧畜は，狩猟採集や農耕とともに，産業革命以前の人類が依存してきた主要な生計手段の1つである。人類の移動と拡散の歴史において，牧畜が果たした役割は大きい。しかし，モンゴル人など世界帝国を建設した牧畜民がいるにもかかわらず，また現在でも牧畜民は世界の広い地域を占有しているにもかかわらず，牧畜は過小評価されているといえる。とくに牧畜文化の要素が希薄な日本ではその傾向が強い。

　牧畜は，群居性・草食性の有蹄類に属する野生動物を家畜化することで成立した。最も広く飼養されている家畜は，牛，山羊，羊，馬であり，アジアとアフリカの乾燥地帯ではラクダ，ユーラシアの極北ではトナカイ，チベット高原ではヤク，アンデス高地ではリャマとアルパカの牧畜がある。

❖牧畜の生態学

　牧畜は，農耕には不利な乾燥地や寒冷地における人類の生活を可能にした。草地と水場があれば，少人数で多数の家畜の群れを管理できる。家畜が人間に与えてくれる最も重要なものは，肉ではなく乳である。もちろん肉も食料になる。地域によっては，血の食料としての消費（東アフリカ），毛皮の毛織物への利用（中央アジアとアンデス），燃料として糞の利用なども行われている。さてメスは，仔を産むことによって群れを増やし，乳を出すようになる。畜群の管理には，この自然のプロセスに人為的に介入することが必要である。具体的には，生殖に不必要なオスの去勢，種オスとメスとの交配のコントロール，仔が母の乳を全部吸ってしまわないように両者を分離することなどが，管理技術の柱となっている。

　牧夫は畜群を熟知している。各個体には個体名があり，母系の系譜も知られていることが多い。こうした知識が，管理技術の基礎にあるといえる。搾った乳を，ヨーグルト，バター，チーズなどの乳製品に加工する技術体系もよく発達している。また，草と水という自然資源の分布や季節的変動に関する知識に基づいて，畜群は移動を繰り返す。移動の形態によって，

牧畜を遊牧や季節的な移牧に分類することができる。

❖家畜の社会・文化的意味

牧畜民にとって家畜は，経済的な財産であるだけでなく，社会・文化的に重要な意味を持つ。家畜は，結婚の婚資や賠償として支払われ，友人関係を固めるために贈与される。つまり，人間の社会的関係を媒介している。また，供犠の犠牲獣として殺されることによって，神と人の関係も媒介する。家畜の供犠とメタファーは，ユダヤ教，キリスト教，イスラーム教，ヒンドゥー教などの世界の大宗教や，多くの民族宗教にとって不可欠の要素となっている。そして，家畜の社会・文化的意味は，牧畜民だけでなく，半農半牧民や農耕民にも共有されており，さらに，部分的には近代世界の人々にも受け継がれているといえる。

仔牛を引き離して，母牛から搾乳する。南部スーダン・バリ人の放牧キャンプ。

❖牧畜民の現在

世界的にみると，伝統的な牧畜の生活様式は衰退しつつあり，牧畜民を取り巻く環境はきびしい。国家の視点からすれば，移動性が高く，独立心が強い彼らは最も管理しにくい人々である。定住化政策の推進や学校教育の浸透によって管理しようとすれば，生活様式の破壊につながる。牧畜民の土地に，商業的畜産や灌漑農業などの開発が及んで，紛争を引き起こすこともある。また，アフリカのサヘル地帯のように，乾燥化・砂漠化が牧畜そのものの存続を危うくしている地域もある。21世紀の牧畜民が，自らの世界を維持しつつ，どのように状況に適応していくのか，注目されるところである。

⇨ *13, 25, 27, 88*　参照文献　46, 48, 117, 118, 161, 163, 226　　　（栗本）

27 農耕——農耕による食糧生産の開始は人間の生存にどのような革命的変化をもたらしたのか

考古学者のG.チャイルドは農耕の発生を「新石器革命」と呼んだ。なぜ農耕の開始が革命的なものといえるのであろうか。その理由は農耕の開始によって食料の供給量が飛躍的に増加したことにある。

❖食糧生産革命／新石器革命

農耕を開始する以前の人類はすべて採集狩猟活動によって食糧を獲得していた。自然環境のなかから食物として利用可能なものを選び出し、さまざまな手段でそれを手に入れ、消費して生きていたのである。しかし、採集狩猟経済において人間が利用するのは自然環境の中に存在する動植物であり、それを奪い取るだけの「略奪経済」である。自然環境の中で人間が食物として利用可能なものは非常に限られているし、すべてが簡単に手に入るわけではない。そのため、採集狩猟で生計を立てていくためには非常に広大な土地を必要とし、しかもそのなかを頻繁に移動する必要がある。

しかし、農耕の開始によって、人間は自然環境の一部を食物として利用するのに都合のいい植物（農作物）のためだけに囲い込むことになる。そして、他の植物（雑草）をできる限り排除し、農作物を他の生物（害虫、害鳥、害獣）に奪われないよう工夫する。地球に降り注ぐ太陽エネルギーは自然環境のなかでさまざまな生物によって利用され、採集狩猟経済ではそのほんの一部を人間が利用するにすぎないが、農耕の開始によって、人間は耕作地に降り注いだ分を排他的に農作物に利用させ、それを人間が排他的に食物として消費することになる。「生産経済」の開始である。太陽エネルギーの利用率が高いため、狩猟採集経済に比べそれ程広大な土地は必要としない。つまり、同じ広さの土地があれば、狩猟採集に比べて圧倒的に多くの人間が生活していくことができる。しかも、比較的安定した食料の供給が可能である。また、食物を探し求める必要がないので、しょっちゅう移動する必要もなく、定住生活が可能となるのである。

❖焼畑移動耕作と常畑耕作

土地の利用方法から見て、農耕は大きく2つの種類に分けられる。1つ

は収穫後畑を放棄して，新しい土地に畑を作る焼畑移動耕作，もう1つは同じ土地を畑として繰り返し利用し続ける常畑耕作である。

　焼畑移動耕作では，森林を伐採して火入れをし，作物のための生育環境を整える。火入れをするのは主に雑草や害虫を駆除し，地面を熱して土壌を改良するためである。このような生育環境下で最初の作物の収穫は十分な量が期待できるが，その後は収穫量がどんどん落ちていく。地中の養分が次第に枯渇していくし，雑草がはびこってくるからである。そこで，収穫後畑を放棄して，新たな森林を伐採し焼畑として利用することになる。これを繰り返して，畑を次々に移動しながら耕作していくというのが焼畑移動耕作の基本原理である。土地の再利用なしに焼畑移動耕作を続けようとすれば無限に土地が必要となる。しかし，実際には一度利用した土地を休耕地としておき，一定の休耕期間をおいて再び耕地として用いるのが普通である。この休閑期間中に，休耕地は植生が次第に回復していって森林となり，土壌も養分が蓄積して元の状態に戻る。そして，その森林となった休耕地を再び焼畑として利用していけばすべてはうまくいく。一定のローテーションで利用していけば，限られた土地でも一定の収穫を確保しながら焼畑移動耕作をずっと続けていくことができるのである。

　一定のローテーション（仮に20年としよう）で焼畑移動耕作を行う場合，同じ土地を繰り返し利用する常畑耕作に比べて単純計算で土地は20倍必要となる。逆に言えば，同じ広さの土地で常畑耕作を行う場合と焼畑移動耕作を行う場合とを比べれば，常畑耕作の方が焼畑移動耕作の20倍もの数の人間を養えることになる。この点から見れば，常畑耕作は焼畑移動耕作よりも圧倒的に生産性が高い。しかし，常畑耕作で同じ収穫量の作物を繰り返し得るためには，雑草の繁茂を防ぎながら，絶えず人為的に土壌の改良を続けていかねばならない。したがって，鍬や犂を使って土地を耕したり，肥料を入れたり，灌漑を行ったりするなど，大変な人的エネルギーの投下が必要である。土壌の改良を人為的に行って生産性を高めているのが常畑耕作なのである。

⇒ **13, 25, 37**　参照文献　132, 168, 179, 211　　　　　　　　（栗田）

28 工業化——全世界的な工業化の波は、文化人類学の研究にどのような影響をもたらすのか

❖前近代社会から近代社会へ

　文化人類学は、市民革命や産業革命を経験した19世紀後半の欧米で誕生した。当時の西洋人学者は、社会進化論的立場から、自分たちが生きる「近代文明」社会のあり方とギリシャ・ローマのような「古代社会」や中世封建社会のような「伝統的社会」のあり方とを対比して論じがちであった。例えば、H.メインによれば、基本的社会関係は、生得的な「身分」関係から、個々人の自発的な意思に基づく「契約」関係へと変わっていく。また、F.テンニエスは、近代化するにしたがい、共同体的感情に基づく家族・村落などのゲマインシャフトよりも、個人の利益追求を重視するゲゼルシャフトが、重要な社会形態になると論じた。

　一方、前近代社会は、生産技術の側面から見て、農業が主要産業である「前工業」社会とも見られた。つまり、前近代社会と近代社会という対比が、農村共同体を基盤とする農業社会と大都市が重要になる工業社会とのそれと重ねて理解されがちであった。人類学は農業社会のみならず、狩猟採集や牧畜を生業とする社会も研究対象としてきたが、それにもかかわらず、この二分法の中で「前近代」社会の特徴とされたものが、ほぼそのままの形で「未開」社会のそれとも考えられがちであった。

❖ナショナリズムと工業社会

　農業（前近代）社会と工業（近代）社会との関係を総体的に論じた人類学的研究の例の1つとして、ナショナリズムとからめて農業社会と工業社会の相違にふれたE.ゲルナーの議論がある。

　ゲルナーは、ナショナリズムとは政治的な単位と文化的な単位とが一致すべきであると説く政治理論であると定義し、それは工業社会にふさわしいものであると論じる。なぜならば、農業社会は階層的で安定した不平等を前提とした社会であり、そこでの文化の果たす役割は個人がその社会の中でどのような位置にあるかを徴づけることにある。そこでは政治単位は一般的に文化単位よりも小さく、両者が一致する必然性はない。

それに対し工業社会では，文化は社会的地位の指標というよりも，社会的境界を示す指標となる。そして，経済成長や絶えざる革新による不安定性・流動性とともに，成員間の平等性が重要な社会的特徴となる。そこで初めて，政治的単位と文化的なそれとを一致させようとする運動，すなわちナショナリズムが成立する素地が生じる。その際に，中央集権的な教育システムの確立と，それによる読み書き能力の普及が重要な要素となる。

　ゲルナーの議論は総括的なだけに，細部の事実認識には問題がある。さらに，工業化の進行がグローバルな文化の同質化を招くという議論は，「文明の衝突論」などを考慮すれば，あまりにも楽観的に思える。また工業社会では経済格差が縮小するという指摘も，南北問題や南南問題（途上国内部での格差の広がり）をはじめ，1980年代から顕著になったネオリベラリズム的経済政策が地球社会に及ぼした影響などを見ると首肯しかねる。だが，社会科学一般を射程に入れた彼の視野の広い立論は貴重である。

❖流通・消費，および工業化と近代化の問題

　19世紀以来の工業化＝近代化の議論，すなわち発展主義史観（I. ウォーラーステイン）の問題点は，すでに人類学内外のさまざまな方面から指摘されている。ここでは人類学的課題として，2つの点にふれておきたい。

　農業にしても工業にしても「生産」の側面を重視する経済活動であり，そこでは「消費」や「流通」の側面に対する考慮が乏しかった。だが，グローバル化の進展によって物資の流通面に関する関心が高まり，世界各地で都市を中心に進んでいる消費社会化が人類学的研究テーマになってきている。これはポスト工業社会というテーマとも結びつき，情報産業などに対する関心の高まりとも呼応している。しかし，これらの現象は多くの場合，地球社会内における物資，貨幣，情報などの蓄積や利用可能性の地域間格差を伴っていることにも人類学者は注意を払うべきだろう。

　また，工業化は常に近代化を伴うものではない。例えばサウディアラビアは世界でも有数の石油コンビナートを持つが，政治制度，社会生活や価値観の面などでは「近代社会」とみなされないことが多い。この事実は，「近代化」という概念そのものの再考を促すことになるだろう。

⇨ ***14, 27, 84, 86***　参照文献　58, 104, 105, 195, 317, 343　　　　　　（大塚）

29 ジェンダーとセクシュアリティ——文化という装飾に左右される男と女のあいだ

❖セックスを変える文化

最近の日本の若者の間では、髪を染め、ピアスをつけ、化粧をすることが男のファッションになってきている。他方、男性性の象徴であった軍隊への女性の加入も進んでいる。個人の性別（sex）はほとんどの場合、出生時の外性器の視認によって決定され、その性別に基づいて決められる社会的役割や性自認がジェンダー（gender）である。しかし、アメリカの性科学者 J. マネーは性誤認の例を数多く報告している。「突起状の性器」を持って生まれたために「男」と認定された人は、思春期の身体的変化に気づき医者に相談した結果、実は女性であり、簡単な手術で女性の身体になることを知ったが、それまで信じてきた性のまま生きる道を選ぶものが多いという。こうした性自認と性別が一致しない状態で、医学的な診断基準に合致した状態を「性同一性障害」と呼び、性別の不一致を変更することをトランス・セクシュアルという。日本でもトランス・セクシュアルの法的整備が進み、性自認に性別を合致させる、つまりジェンダー選択の道が開かれている。

しかし、マネーの患者の中に、幼児期の男性器損傷の後に女性として育てられ、成長したが、思春期になってさらに女性としての治療を加えられようとしたとき、本人が強い違和感からその治療を拒否し男性であることを選択するという、逆のケースが生まれ、彼の説と治療に対する批判と論争が起きた。いまでは生物学的条件と文化的条件を対立的に捉え、一方のみを認める考え方は主流ではない。

❖ジェンダーの多様性

「男らしさ」「女らしさ」に象徴されるジェンダー規範は、社会によって大きく異なる。女性婚を正当な婚姻として制度化してきたアフリカの牧畜民社会、男性の儀礼的同性愛によって「真の男」が生まれるとみなすパプアニューギニア、そして男性でありながら「第三の性」に生きるインドのヒジュラなど、社会によってジェンダーのカテゴリーは多様である。同性

同士の結婚は，最近になってオランダ，スペイン，カナダ，南アフリカでは認められている。ニューギニア高地では，成人儀礼において，男性の新入者が先輩の「妻」の役割を果たすことで「一人前の男性」と認める社会もある。また，男性が非男性的領域に生きる慣行は，北米先住民のベルダージュ，オマーンのハニース，タヒチのマーフなどに見られる。インドのヒジュラは，男性であることに違和感を覚え，女装だけでなく去勢をして彼／女らだけのコミュニティに住み，宗教的な力を有するとみなされ，誕生儀礼や結婚式に芸能やパフォーマンスを行って生計を立てている。このように，個人が男性か女性かではなく，重層的なジェンダーを生きることを認める社会もある。

❖ **セクシュアリティ**

セクシュアリティ (sexuality) は，本来「有性生殖」を表す言葉であるが，19世紀後半の性科学の発展によって，快楽と結びつく性欲や性衝動をめぐる行動を指すようになった。民族誌的な研究によると，「性肯定社会」から「性否定社会」まで性行動の多様性が指摘されている。思春期の性行動を奨励する価値，規範，信念や態度を持つ「性肯定社会」として，オセアニアのトロブリアンド，クック，チューク社会など，性行動を阻止，抑制する価値や規範が強い「性否定社会」としてアイルランドのローマカトリックの社会やオセアニアのマヌス社会があげられる。その他に，日本や欧米のように性行動に対して，建前は否定的だが現実は自由という「性両義的社会」，ニューギニアのダニ族社会のように性行動に無関心な「性中性社会」の例もある。一方で，セクシュアリティの研究は，異性間の性ではなく，社会的マイノリティとしてのホモセクシュアリティ，つまり同性間の性的な行動や関係をも研究対象にしている。トランス・ジェンダー，ゲイ／レスビアンなどの研究は，男性／女性の二項対立的な枠組みやカテゴライズという「固定的」な見方を再考する，ジェンダーとセクシュアリティのあり方を追究している。どんな社会でも，男性と女性とを区別する基本的カテゴリーは存在するが，それは両極的なものではなくその意味づけや役割は重複する連続体をなしているという見方が重要である。

⇨ ***21, 32, 49***　参照文献　6, 92, 251, 257　　　　　　　　　　　（須藤）

30 インセスト・タブー──人を殺すなかれと並ぶ人類普遍の二大戒律の1つに人間社会の成立の鍵がある

❖インセスト・タブーとは何の禁止か

インセスト・タブー (incest taboo) とは，英語で，ある範囲の近親者と性的関係を持つことを禁じている規範のことである。インセストは近親相姦または近親婚と解され，タブーとはポリネシア起源の「禁止」を意味する言葉である。日本では母と息子，父と娘，姉と弟，兄と妹といった間の性的関係の禁止として考えられる。しかし，日本でイトコどうしにはこの禁止は働かないのに対し，イトコとの関係はインセストとして禁じられている社会もあり，インセスト・タブーの存在の普遍性とは別に，それぞれの社会はそれぞれ違ったインセストの範囲を持つ。

また，「性的関係」の禁止が問題なのだと説明してきたが，より正確にいえば，現在の文化人類学では，この問題は個々の近親相姦の禁止ではなく，制度としての近親婚の禁止に関することとして考えるべきだとされている。その理由の1つには，社会によってはある近親間の性的関係は非難されながらも黙認されるのに，その間の婚姻は決して許されない，という場合があること。そして2つには，社会科学の考察の対象として，個別の近親相姦についてその心理学的側面を云々するより，社会の重要な構成単位である「家族」を生み出す「婚姻」における「禁止」の問題に，より大きな意味を見出すからである。

❖インセスト・タブーのさまざまな理論

インセスト・タブーが人類にほとんど一般的にみられることに対し，さまざまな説明理論が提出された。L. モルガンは，人類の文化の初期においては乱婚状態があり，そこから現在の一夫一妻制に見られるように性的権利と子供の帰属が私有されるに至る過程でインセスト・タブーが確立した，とする。この考えの弱さは何よりも，現在を説明しやすいように仮定された「過去」に実証的な根拠がないことであるが，「私有」との関係は考察に値する。また心理学者の S. フロイトはエディプス・コンプレックスをこの禁止の核心とし，他の心理学者の中には，日常生活における近親

との親和的慣れが性的な関係を拒否させる、という説をとなえる者もいた。しかし前者の説は、多くの社会においてエディプス・コンプレックスが認められないこと、後者は、慣れという不確定のものではインセスト・タブーの「近親者」と「そうでない者」との間の厳格な範囲を説明できないことが難点といえる。このほかにも、B.マリノフスキーの、近親婚による親族関係の混乱を防ぐため、といった説などがある。だが、いずれもこうでなかったらずいぶんと困るであろう、といった種類の説明であり、社会全体がそのことに決して耐えられないとはいえない点で、この「殺すなかれ」と並ぶほどの強い規範に対する説明としては、説得力が弱い。

❖ **インセスト・タブーが社会を成立させている**

これらに対して、C.レヴィ=ストロースの提出した理論は、上で述べた諸説と表面的には同じようなレベルの説明に見えるが、その説明のもたらす意味の深さは違う。彼は、この禁止の規範の心理的側面ではなく、社会的な側面を見ようとした。まずインセスト・タブーを婚姻の問題と捉える。そして、近親の女性との婚姻の禁止は、その女性の他の集団への移動の積極的促進を意味し、その婚出によって、異なる集団間の社会関係が生じることを指摘する。言い替えれば、自らの集団の女性との婚姻を続けていれば集団はその点で閉じてしまうが、他の集団との婚姻を行うことは人間社会にとって最も重要な次世代を生み出す女性の確保と、交換を行う社会関係の成立を同時に満たしてくれるのである。

「人を殺すなかれ」が自らの社会のメンバーを失う不利な行為の禁止であるとすれば、インセスト・タブーは、社会を閉じて消滅の危険にさらす不利な行為の禁止であり、社会関係を現在の人類社会にまで発展させることを可能とした、プラスの要請であったと考えられる。その点で、インセスト・タブーが社会を成立させている、といえるのだ。近親相姦の心理的側面についての新たな説明はこれからもなされようが、この禁止の社会的意味についての包括的な説明は、このレヴィ=ストロースの理論を通らずには先に進めない。

⇨ ***10, 56, 65, 69***　参照文献　253, 305, 310　　　　　　　　（船曳）

31 子供——社会史的に見ても，通文化的に見ても，子供観は多様であるが，「近代」の〈子供〉の発見が人類学を生んだ

❖〈子供〉の誕生

P. アリエスは『〈子供〉の誕生』の中の絵画資料として，17世紀のオランダの画家ステーンが描いた「聖ニコラ祭」を大きく取り上げている。この絵の中では，おもちゃの人形を大事そうに抱えた幼女が中心に立ち，それを母や父，兄弟姉妹等が取り囲んでいる。まさに，今日の私たちが考え，実践しているクリスマス祭の原型がそこにある。

しかし，このような聖ニコラ祭は，ステーンが生きた時代になって初めて，ヨーロッパ（のオランダを含む北部）で誕生したのである。それ以前の聖ニコラ祭とは，騒々しく，時に破廉恥でさえある「共同体」的祝祭であった。それが17世紀頃に，子供を中心に凝縮した家族の，つましいけれども，ほのぼのとした祭りへと変質する。そのことは新たな子供（観），そして，その子供を中心に据えた新たな家族（観）の誕生を告げている。「聖ニコラ祭」は，ヨーロッパの「近代」の誕生の歴史的なモニュメントなのである。そして，この〈子供〉の誕生は，後に述べるように，人類学という学問にとっても，大変に重要な意味を持つ。

❖子供観と育児の通文化的比較研究

私たちの中に定着している子供観や，それを取り巻く夫婦観，育児・教育観，母性・父性観は，上のようなアナール派の社会史・心性史研究，すなわち通時的研究を通しても相対化されるが，人類学的な通文化的比較研究によっても相対化される。H. バリーらの研究は，HRAF (Human Relations Area Files) に収録された186の民族誌を資料に，世界各地の諸民族社会が少年期をどのように前期と後期に区切っているか，そして，それぞれの時期に，男児・女児に，どのようなしつけが，どのくらい厳しく行われているのかを通文化的に比較検討したものである。

その結果はまず，7歳頃で少年期前期が終わるとする社会が87 (49%)＝第1群，9歳頃で終わるとする社会が36 (20%)＝第2群，11歳もしくはそれ以降に終わるとする社会が56 (31%)＝第3群，であった。た

だし，これら3群は，いずれもが狩猟採集民族から，より複雑な生業形態や政治形態を持つ民族までを含んでいるし，何らかの地域的偏りをもって分布しているわけでもない。さらに，これら少年期の区切り方と，少年前期に厳しく行われるしつけの内容との間にも，何らの相関は認められなかった。したがって，しつけが人々の子供観を反映するものだとすれば，人類の子供観はあまりにも多様であり，また，これらの多様性の中に，生業形態や社会の構造との関係で何らかの法則性を見出すことは困難である。

人類学者たちが蓄積してきた民族誌資料は，子供の育児が親の役目とは限らず，手があいている誰かが適宜行う社会や，5，6歳の子供が育児を担う社会が少なくないことを伝えている。また，同じ狩猟採集民の中にも，幼児が自らの責任で生活技術を見様見真似で学びとってゆく社会もあれば（ヘヤー・インディアン），子供たちが9，10歳になっても一切の手伝いさえせず，ただ遊んで暮らしている社会もある（ブッシュマン〈サン〉）。

❖〈子供〉の発見と人類学

再び〈子供〉の発見の問題に戻ると，子供への関心の飛躍的増大と子供への心理的接近は，皮肉な結果として，子供の中に自分たち（親・大人）とは異質な固有の性格（ものの見方，考え方，感じ方）を発見させることになった。これが『エミール』の著者，J.-J. ルソーが主張した「子供の自然」である。それは既成の宗教的道徳・教育による型づけから子供を解き放とうとする思想であると同時に，新しい産業・経済社会が子供たちに要求する資質の枠組みからも子供を解放しようとする思想であった。それは〈子供〉の発見である以上に，〈人間〉の発見であり，それゆえに，『野生の思考』等を著したC. レヴィ-ストロースはルソーを現代人類学の生みの親と位置づけたのである。

文化とパーソナリティ研究や心理人類学といった研究分野があるからではなく，人類学という学問全体にとって，子供の問題は重要である。周知のごとく，近代ヨーロッパは〈高貴な野蛮人〉を発見し，そして，〈子供〉を発見した。その近代ヨーロッパが人類学を生んだのである。

⇨ **5, 9, 21, 29** 参照文献　11, 30, 209, 322　　　　　　　　（葛野）

32 若者──若者集団を形成する若者期は血縁や地縁をいったん相対化する時期であり，技術的知識を叡智へと変える時期でもある

❖ライフステージとしての若者

人が生まれ，成長し，死ぬまでのライフサイクルは，それぞれの社会が独自に区切り，意味づけた，いくつかのライフステージから成り立っている。若者とは子供と大人との間に挟まれた，1つのライフステージのことである（若者というライフステージを独立して見出し難い社会・時代もあるが，そのことはここでの考察の対象の外におく）。

では，子供と若者，若者と大人とを区切るものは何だろうか。ここでは，若者集団への所属としておきたい。というのも，若者集団が用意された社会では，若者が若者集団の成員として他の人々と峻別され，その上で，彼らに求められるもの，彼らに許されるもの，彼らに禁じられるものが，すべて明確になっているからである。このような社会こそ，ライフステージとしての若者とは何かを考える作業に，最も適した入口になる。

❖マサイの戦士集団

人間が集団を作る場合，その結合原理には血縁や地縁の他に，性と年齢がある。この性と年齢の原理を元に形成される社会集団を年齢集団と呼び，これが子供の集団から老人の集団に至るまで，いくつも階段状に積み重なった形で社会が構成されている制度を年齢階梯制と呼ぶ。この年齢階梯制を発達させている社会としては，東アフリカの諸民族がとくに有名である。

例えばマサイの場合，各地から集められた「少年」たちが去勢牛の生血を飲む儀礼を通して集団を作った。1, 2年後に再び集まって割礼式を受け，それで「（半人前の）青年」となる。その後，剃髪の儀礼を受けて「下級青年」となり，青年昇級式を受けて「上級青年」になるまでの数年間，自分たちの村々を出て，青年村と呼ばれる集落を作って移り住んだ。

彼らは人々の財産（ウシ）や人命の保護者であり，常に槍や楯を携帯する戦士であった。よそ者に奪われたウシを取り返すため，よそ者のウシを奪い取るため，ウシや人を襲うライオンを見つけ，それと闘うために，彼らは常にサバンナへ遠征した。髪の毛を長く伸ばし，鳥の羽根や赤の岩絵

具を用いて，親密に互いの身体を飾り合う。このように飾り上げた姿で，少女たちとの恋に浸ることもまた彼らの役目であった。ただし，青年村ではすべての食料を平等に分かち合わねばならないのと同様（1人で牛乳を飲むことが厳に戒められている），少女を奪い合ったり，独占したりすることは許されなかった。さらに，青年昇級式を受けるまでは結婚は許されないし，女性が調理した肉を食べることもタブーとされていた。

❖知識を叡智へと変える若者期

C. ハートは，子供時代の日常教育と若者が受ける成年式とを通文化的に比較して，興味深い指摘をしている。前者が家族を中心とした身近な親族や近所の者（すなわち血縁・地縁者）によって行われるのとは対照的に，後者は見知らぬ者あるいは縁の遠い者によって行われるという。そして，前者が生きてゆくための実践的技術の獲得を目的とするのに対して，後者は世界観，人間観とでも呼ぶべきものの獲得を目的としているという。また，C. ターンブルは，青年期を「たんなる知識を深い叡智に変える能力を身につける時期」だと述べている。

年齢という結合原理は，血縁や地縁の原理よりも広い射程を持ちうるし，血縁や地縁で形成される集団を横断して，集団間の関係に影響を及ぼしうる。その意味で，年齢集団とくに若者集団は，マサイの「下級青年」・戦士がそうであったように，血縁や地縁からは独立した自治的集団にならざるをえないだろうし，そうなることを血縁・地縁集団の側も求めるのであろう。そして，このようにいったん血縁や地縁から独立した自治的な集団の中で生活することで初めて，若者は手持ちの技術的知識を相対化・整理し，それを新たな世界観や人間観へとまとめ上げていけるのかもしれない。

このように考えてみると，若者というライフステージは，子供と大人とに挟まれているというより，子供と大人の対（子と親）から浮いて離れた，特別な所に位置づけた方がよいのであろう。そして，成年式が盛大に行われることが多いのは，大人になることが重要だからではなくて，むしろ若者であることが重要であるからなのかもしれない。

⇨ **31, 47** 参照文献　8, 124, 166, 342　　　　　　　　　　　　（葛野）

33 異人──私たちを訪れるもの，彼らの力は吉にもなるし凶にも変わる

❖異人とは外にいて動く存在

「異人」は，私たちが生活空間として捉えている世界の外側に位置して，私たちに対して大きな力をもたらすものである。このとき私たちとは，あるところに定住して共同体を構成している人間のことであり，それに対して，異人とはその外側を動いていて，時として私たちを訪れる人々，ある場合には想像上の存在である。

彼らが私たちを訪れるのは，私たちが定住民であるのに，彼らが移動民であるからだ。彼らは私たちの共同体にないものを外からもたらす。それはあるときは福であり，あるときは災いとなる。日本で，旅人が村を訪れたとき，その者を歓待した人々には幸福がもたらされ，冷淡にした人々には災いが舞い込んだ，という伝承はよく聞かれる。各地に残っている，弘法大師の伝説もこの種のものである。井戸を掘り当てたり清水を湧き出させる知識・力，すなわち特殊な宗教的能力を持ち，それゆえに共同体の中に留まる必要がなくその外を動く人，伝説の中の弘法大師はそのような「異人」として現れる。

❖現実の異人，想像上の異人

このような「異人」たちは伝承の中だけではなく，実際にも存在した。日本で，近代以前に，村々を訪れて宗教・芸能的活動をした巫女などの宗教的職能者や，道具を作ったり修理をして渡り歩く職人などがそれである。また広い意味で行商人などもこの異人という存在に含めることができよう。彼らは季節ごとに，また不定期に共同体を訪れて仕事を行っていた。そしてそのとき，彼らの本来の仕事だけでなく，いろいろな外の世界の話や新しいものなどの情報をもたらすこともあっただろう。訪れた彼らは共同体に受け入れられていたのであるから，そのように来訪する者たちはいわば「幸福」をもたらす存在であっただろうが，外から新しい要素を持ち込むことは，ある場合は思いもよらぬ変化，時には災いを伴っただろう。暴力や伝染病といった災厄を持ち込む「異人」もいたはずである。このよう

に，異人の大きな特徴は，外にいること，そして福にも災いにもなる両義的なその力だ，といえる。

想像の中での異人は，こうした現実の異人以上にその性格を鮮明に表している。折口信夫は季節ごとにまたは何年かごとに村々を訪れ，人々に福や力をもたらす来訪神を「まれびと」と呼んだ。このような祭りと神の存在は沖縄から東北地方の小正月に現れる「なまはげ」まで数多く見られる。

メラネシアの儀礼に現れた異人

またこのような神と儀礼は，メラネシアなどにも秘密結社の形をとったりして広く見られる。岡正雄は，日本とそれらの地域の共通性を探ることで，日本文化の基層の解明を試みた。

❖異人を必要とする私たち

社会というものが内発的に変化しうるのかどうかは議論が分かれているが，私たちの日本社会を考えてみると，それが「外圧」によってしか変わらない社会だとしばしば言われているのに気付く。日本の歴史を振り返ると，中国や西欧などの外国からの影響を受けることで文化を革新してきたのは確かであるし，地震などの天災も世を変えるきっかけとしてきたところがある。それは内部の「定住性」の高さと対応していたと思われる。

この外からの刺激や強制による変化を期待するという，この社会の体質にいま反省が生まれている。自らの内側から変化する意気込みや責任が問われている。それを軽視するということではなく，日本の文化の持っている「異人」や外側の力とのやりとりという特性も見逃してはならないだろう。

⇒ **25, 28, 58** 参照文献 66, 72, 274 　　　　　　　　　　　（船曳）

34 身体技法──身体もまた歴史と文化の産物であり，しかも言葉にできない暗黙知の領域をつくっている

❖身体技法の文化比較

　身体技法とは人がその身体を用いる伝統的な仕方のことで，M. モースによって命名された。他の技術がそうであるように，身体という生理的な存在にも，一定の方向づけと身ぶりの型（ハビトゥス）が文化的・歴史的に刻印されている。型といえば武道や芸能が見やすい例だが，そればかりでなく，泳ぎ方・歩き方・眠り方・食べ方などの日常的な身のこなしから儀礼的な所作，さらには人間同士の距離のとり方に至るまで，それぞれの社会に特徴的な身体の用い方の総体を指す言葉である。

　日常的な身体技法の例は，モースが数多くあげている。①出産の技法，②幼年期──母子の接触，ゆりかご，離乳とその後の運動，③青年期および成年期──眠り，休息，運動（走る・踊る・跳ぶ・登る・降りる・泳ぐ・投げる・つかむ），身体の手入れ（洗う，痰を吐く，用便する），消費（食べる，飲む），生殖（性行為の種類，体位），看護（按摩など）。老年期がないのは，成年期までにほぼすべての身体技法が習得されるからだが，老年期がますます長くなりつつある現代では，老いに伴う緩慢さや運動の限界が「老人文化」と呼ぶにふさわしい身体技法の領域を作りつつある。また医者固有の身体技法があるように病人にも患者としてのそれがある。病院を訪れると健康体の人間でも病人の気分になるのは，この類型的パフォーマンスに包囲されることが大きい。

　R. ベネディクト『菊と刀』には，戦前期日本人の生活がアメリカと比較しながら活写されている。日本人が風呂好きであり，たとえ混浴でも裸体を恥じないこと，驚くほど酒飲みに寛容であること，家庭の領域と性的享楽の領域をはっきりと区別すること，いかなる状況でも楽々とよく眠ることなど，なるほどと思わせる指摘がある。確かに日本人ほど電車で日中から無防備に眠りこけている例は少ない。ベネディクトは日本的身体の持つこうした享楽性とともに，もう一方の求道性にも注目している。楽しみとしての入浴には鍛錬としての冷水浴や身を清める水垢離があり，享楽的

な眠りに対しては禁欲的な不眠がある。学生や兵士がごく当然のように睡眠を犠牲にすることは，常に体力維持とのかかわりで睡眠を捉えるアメリカ的思考法からは理解しにくいことのようである。

❖暗黙知の世界

身体技法は言葉によって習得されるのではなく，見様見真似でおのずと「身につく」ものであり，母語の習得のように，日常茶飯のくり返しの中で実演され，磨かれていく。母語が日本語であるということは，日本語で思考し・話し・聞くことであって，日本語を文法的に説明できることとは別である。同じように，自転車に乗れるからといって，どうすれば乗れるかを説明できるわけではない。というよりも，乗るコツについてヒントを与えることはできても，そもそも乗る技法を言葉で伝達することは不可能である。これを「暗黙知」（M. ポラニー）の領域と呼ぶなら，身体技法はその最たるものであって，コップや卵を毀さずにつかむという微妙な力学の身体化から，伝統芸能の型の習得や武道の上達，あるいは職人芸の伝承がいかなる過程を経ているのかという大切な問いが生まれる。

近代学校教育は言葉と文字による教授法をその本質としているために，こうした暗黙知の領域についてほとんど無力だった。図工，家庭科，体育など実技にかかわる科目は，本科よりもむしろクラブ活動にゆだねられている。文化人類学のかなめであるフィールドワークも，カリキュラム上は「調査実習」で学ぶことになっているが，実際はその短期間の体験をバネにしながら各自の調査地で1人きりの試行錯誤のはてに身につけるのである。それを教育者の怠慢と批判する前に，徒弟制度のかなめが日常生活をともにすることを前提としていた点に注意すべきである。この長期にわたる生活体験が，多少とも実践しつつの「見習い」を可能にしていることを，J. レイヴと E. ウェンガーは「実践の共同体」への参入ととらえた。見ることと実践の中で技を習得する場のことである。これを可能にする仕組みを「資源の配置」と呼ぶなら，時代の変化はすなわち資源の配置の変化である。近代的軍隊・工場・学校・病院にふさわしい規律的身体の形成はそうした変化の反映であると同時に原因ともなる。

⇒ ***47, 87***　参照文献　194, 227, 234, 266, 299　　　　　　　　（関）

35 病気と死──近代医学と伝統医療の違いは，いかに病気とつきあい，いかに生き，いかに死ぬかという生死観の違いである

人は老い，時に病んでいつか死ぬ。生命にかかわるこの自明のプロセスをめぐって，宗教や哲学はそこに意味を見出し，呪術や科学（医学）はこれを回復する手だてを模索してきた。人類史はいわば病と死についてのさまざまな意味の探求と，病と死を少しでも回避する技術の蓄積からなるともいえる。病と死のとらえ方にははなはだしい地域差と文化差が見られるのだが，それでも西洋近代医学と各地の伝統医療という対比はなお有効である。伝統医療には東洋医学（漢方）をふくめて考えたい。

❖ 2つの医療＝生命観

西洋近代医学と伝統医療の根本的な違いは生命のとらえ方にある。デカルト的心身二元論に基づく身体＝機械論と，病因が身体の外からやってくるとする病原＝外因論が西洋近代医学の基本である。病原＝外因論というのは，空気や水などの衛生環境や，細菌やウイルスなどの病原菌こそが病の原因であると見て，治療においてこれを除去し，予防においてこれらから隔離するやり方である。また身体＝機械論はあたかも機械の部品のようにその一部を交換する考え方であるから，その延長上には臓器移植や人工臓器という思想が生まれてくる。部分的な医療技術の進歩は，一方で人工授精や男女の産み分けなどの生命のはじまりと，他方で延命治療や脳死問題などの生命の終わりについて，これまでにない事態を生むに至った。時代にふさわしい生命倫理の確立が必要とされるゆえんである。

こうした医学を「科学」の思想とすれば，伝統医療には「呪術」の要素が色濃く含まれている。より正確にいえば，そこには薬草や処方などの経験的な知識の積重ねとともに，多少とも神秘的で超自然的な力のはたらきに対する期待と信頼がみられる。呪医のもつ知識について，1人の呪医が死ねば図書館1つ分の実践的な薬用知識が失われるというのもあながち誇張ではない。また超自然的な力の多くは夢や啓示という非日常的な回路を経て獲得されるのであり，だれもが習得できるはずの経験的知識とおよそ対照的である。

こうした2つの医療体制は，多くの社会では濃淡をもって併存していて，クライアント（患者・相談者）はその両方を使い分けるか併用するかしている。現代日本でも，病院の医者と，鍼灸師や気功師と，民間巫者と，新宗教の病治しといった複数の選択肢があり，われわれはごく日常的にそれらの間を行き来する。これを多元的医療体制と呼び，西洋医学にも薬草知識や東洋医学などの経験的領域を見直す動きが現れている。

❖死と死後の世界

2つの医療体制の違いは死に対する考え方の違いでもある。伝統的社会では，どこで区切るというよりもゆるやかな時間経過の中で死んでいくのであり，そこには多彩な儀礼が工夫されている。人の一生を考えると，誕生や成人，結婚と同じように死もまた次の段階へと移行する節目であるから，これを通過儀礼と呼ぶことができる。死者が此岸から彼岸におもむくのと並行して，遺族らも生前の世界から死者を欠いた生活へと通過していく。脳死問題のむずかしさは，脈拍・呼吸・瞳孔といった多少とも実感を伴うこれまでの死の判断よりも早めに，しかもはっきりとした生死の区分を医師の判断で行うところにあるのだが，そこには一連の通過儀礼によるいわば緩慢な死とおよそ対照的な死生観が見られる。

日本を例にとると，仏式では49日の納骨を経て死者は墓に入り，33回忌の法要をへて祖霊へと昇華する。祀り手のない死者は無縁仏としてさまよい，生者に害をおよぼす危険があるとされる。盆の精霊棚は，先祖の霊とともに来てしまった無縁仏をほどよく歓待して帰ってもらう工夫である。柳田國男は散歩で出会った老人が「先祖になる」ことに生き甲斐を見出していることを感動的に描いているが，現代日本社会の変貌はこうした思想を風化させつつある。すでに昭和30年代にイエ意識から家族意識への重心の移動が指摘され，その後の加速的な少子化の傾向はいよいよこれまでの祀り―祀られるという生者―死者関係のあり方をむずかしくした。夫婦同墓の拒絶や他人同士の合同墓など，新しい墓制の手さぐりは，現代社会におけるそれぞれの生きがいと死にがいの新たな模索であり，生命倫理問題とともに1人ひとりが実践的に考えるべきことがらである。

⇨ ***16, 52, 53, 54***　参照文献 17, 62, 71, 180, 188　　　　　　　　（関）

36 衣——人間は身を装うことで，自らの社会的位置づけを語る。そして装いを共有することで，集団（民族さえ）を誕生させる

❖装いとしての衣

衣のそもそもの機能は，暑さや寒さ，日射や風雨，虫などから身体を護ることにある。人類は身体そのもの（皮膚や目の色，まぶたの厚さ，顔の凹凸等）を変化（進化）させることによっても環境に適応してきたが，衣という文化を介しての適応の方がはるかに効果的で重要であった。

ところが，その衣には，身体保護という機能からは説明のつかない要素があまりにも多い。例えば，北欧に住むサーミ（ラップという蔑称の方がよく知られている民族）の男性用防寒コートは，すでに毛の生え揃った1歳のトナカイの毛皮で作られる。しかし，女性のコートは当歳トナカイの毛皮，すなわち産毛を用いて作る。この例では，寒さを我慢してでも産毛の美しさを選んでおり，容姿作りの欲求の方が身体保護の欲求を上回っているといえる。このように，衣には「装い」という性格がきわめて強い。

また，人類は，環境への適応を超えた，人工的な身体変工も行ってきた。瘢痕文身（意図的に残す傷跡や入れ墨），抜歯や研歯，頭蓋骨変形，割礼，纏足などは，衣服ではないものの，装いではある。衣を装いとして捉えるならば，狭義の衣服に限定することなく，これら身体変工も合わせて考える必要がある。例えば，18世紀のヨーロッパでは，コルセットで女性の腰を極度に締めつけることが流行した。これは衣服としてのみ捉えられがちだが，胸廓（肋骨）を変形させる身体変工でもあった。

❖社会的地位を語る装い

それでは，何ゆえに人類は装うのか。まず，強力な動物の身体の一部（猛獣の牙や毛皮，猛禽類の羽根など）を身につけることによって，その力を授かろうとする呪術・宗教的動機がある。しかし，このような装いをしたのは，主に王や宗教的職能者であった。また，装いには性的なディスプレイすなわちエロス的動機もあり，前述のコルセットはその好例である（胸部と臀部を強調する）。しかし，コルセットを身につけたのも，貴族階層の女性，すなわち，貴族の社交界で性的に鑑賞された女性に限られた。

このように，装い方は装う者の社会的地位（社会的アイデンティティ）を目に見える形で如実に物語るともいえる。さらに，装い方は装う者自身の社会的地位や評価を示すことにとどまらない。例えばコルセットは，それをつけた女性のみならず，いや彼女自身以上に，彼女を連れている男性の社会的評価をこそ左右したのである。

　古代インカでは頭蓋骨変形が行われたが，頭蓋骨の形が身分を示した。先に紹介したサーミの一部では，女性の帽子の形と色が未婚者，既婚者，未亡人で異なる。日本でも，かつて衣（の色）で位階を示す制度があったし（冠位十二階の制など），今日でも，女性の和服の振袖と留袖の違いは未婚者と既婚者の違いを表現している。また，その和服の帯は元禄時代になって後ろ結びへと変わったが，それでも遊女だけは前結びのままであった。

❖民族を語る（創る）民族衣装

　さらに，ある社会集団の成員が一定の装い方，衣服を共有すると，それは集団の存在そのものを語る強力なシンボルにさえなる。だからこそ，少なからぬ人々が制服や坊主頭に固執するのである。その際，制服のデザインや色，頭髪の長さや色などは，どうでもよいことであり，皆が同じであること，そして，他の集団のそれとは差異があること（だけ）が重要である。制服論や坊主頭論とは，そもそも機能論でも衛生論でも経済論でもあるはずはなく，あくまでも精神論（アイデンティティ論）なのである。制服を作れば，社会集団が1つ誕生するといってよい。

　民族衣装も同様である。例えば歴史家H.トレヴァー-ローパーが明らかにしたように，スコットランドの民族衣装として有名なタータン柄のキルトスカートは，18世紀にスコットランドへ進出したイギリス人製鉄企業家が作業着として考案したものである。にもかかわらず，それが高地スコットランド人の民族衣装として対外的に喧伝されるや，3世紀から連綿と着続けられてきたものだという「伝統」が捏造され，神聖視されるに至る。民族衣装を創れば，民族が生まれるのである。いっそのこと民族自体を装いだと考えてしまえば，民族衣装の意味はずっとわかりやすくなるだろう。

⇨ **22, 29**　参照文献　91, 177, 223, 282　　　　　　　　　　（葛野）

37 食——人間は調理をする動物であり，共食する動物である。すなわち，食とは文化的・社会的行為である

❖何を食べてきたか——主食文化の多様性

コムギ，トウモロコシ，コメ，ジャガイモが世界の四大作物といわれるが，農耕民の主食文化はムギ文化，トウモロコシ文化，コメ文化，根栽文化（ジャガイモ，タロイモ，ヤムイモ，マニオク等）と雑穀文化（ヒエ，アワ，キビ等）の5つに分類できる。これらの主食に家畜の乳・肉食が伴わない場合には，狩猟による肉食や漁撈による魚食が動物性蛋白質を補う。

しかし，農耕民に限らず，牧畜民の場合も肉食の機会はさほど多くない。むしろ，乳の方が食物として重要なのである。また，牧畜だけでの自給自足は困難で，毛や皮革との交換で農作物を入手する必要がある。さらには，狩猟採集民の場合も，狩猟による肉よりも採集による植物性食物の方が安定していて重要である。したがって，肉食に偏った人類は，採集植物に恵まれない極北の狩猟民あるいはトナカイ牧畜民に限られる。

❖何を食べてはならないか——食物規制

極北の狩猟民等を除くと，人類にとって肉は大変に貴重なご馳走である。それゆえか，肉食にまつわるさまざまな禁忌（タブー）が発達している。

周知のごとく，ユダヤ教徒はブタやラクダを食べてはならない。ブタは蹄は分かれているが反芻をせず，ラクダは反芻はするけれども蹄が分かれていないからであり，旧約聖書（レヴィ記）がそう命じている。この点についてM.ダグラスは，ブタやラクダは偶蹄・反芻の2条件のうち，1つだけを充たしており，その意味で分類上の中間者，アノマラスな存在だと指摘している。分類すなわち世界の構造を混乱させる中間者は，神の完全性・清浄性を犯すものとして不浄視され，禁忌の対象になるという。

このユダヤ教徒のほかにも，ヒンドゥー教徒はウシを神聖視して食べないし，イスラーム教徒はラマダーン月に断食を行う。これらは，宗教の食物戒律と呼ばれるものである。しかし，食物規制は大宗教の食物戒律に限らない。例えば，トーテミズムを信じる者が自らの（トーテム集団の）トーテム動物を殺して食べることはおよそ考えられない。

世界の主食文化の四大類型と乳利用

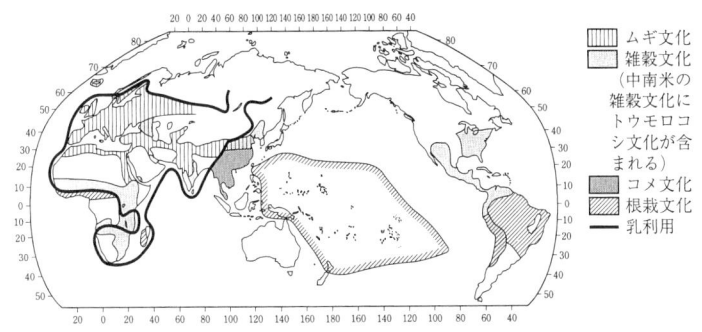

凡例:
- ムギ文化
- 雑穀文化（中南米の雑穀文化にトウモロコシ文化が含まれる）
- コメ文化
- 根栽文化
- ── 乳利用

（出所）石毛直道（編）1973より。

　さらに，東アフリカで隣接して暮らすダトーガとマサイに至っては，同じウシの肉でも，前者は煮て食べ，後者は焼いて食べる。そして，この食べ方（調理法）の違いを互いの民族的違いの1つと考えているらしい。

　何を食べてはならないか，何を食べないかは，自らがどんな文化・社会集団に属しているのかを示すための，最強のラベルの1つといえる。食べてはならないものを知らずに食べてしまい，そのことを後で知ったなら，私たちは，あたかも生理現象かのように吐き戻してしまうだろう。しかし，それは文化・社会の力が促す嘔吐である。そして，自らが食べないものを食べる者を目の前にしても，私たちは吐き気をもよおすのである。

❖どのように分けるか──食物分配

　同一の社会集団の中でも，性別や年齢で食べるものを規制する事例も多い。例えば，台湾の蘭嶼（紅頭嶼）に住むヤミは，男だけが食べる魚と男・女共に食べる魚を区別している。ブッシュマン（サン）は陸ガメを幼児と高齢者だけの食物とし，また，弓矢猟で捕った動物の目と心臓，罠猟で捕った動物の目，心臓，前脚を女性が食べることを禁じている。

　これらの規制は，結果として食物分配の機能を果たしている。規制すなわち分配が，各人が集団で占める位置を確認させ，集団内の秩序・均衡を図るとともに，集団の再生産をも図っているのである。

　人間は，文化として意味を与えられた食物を，社会という文脈の上で食べたり，食べなかったりしている。誰が，何を，どのように，誰と食べるか（食べないか）は，私たちにとって大変に重要な問題である。

⇒ **25, 26, 27, 55, 56, 75**　参照文献　19, 20, 150, 217　　　　　（葛野）

38 住──住居には性別や婚姻形態に規定された社会的構造と，小宇宙としての文化的構造とが埋め込まれている

❖性による住居空間の分離・分割

　遊動的狩猟採集民であるブッシュマン（サン）の住居は，長さ2〜3ｍの木や枝でドームの枠を作り，草を葺いただけの簡単な小屋である。彼らはこの小屋に核家族単位で住む。しかし，若い未婚の女たちは1つの小屋に集まって一緒に寝ることが多いし，若い男たちも小屋から出て外で寝ることが多い。最も単純ともいえるブッシュマンの住居においてさえ，その住み方に性や年齢や婚姻の原理が及ぼす影響を見てとることができる。

　儒教倫理をかたく守る韓国民の間では，主人の居間兼応接間である舎廊(サラン)は，婦人の居間兼寝室である内房(アンバン)や厨房(チュバン)のある棟とは別棟に作られることが望ましい。同様にニューギニア高地に住む農耕民モニの場合も，1つの家を男部屋と女部屋に分けたり，男棟と女棟の2棟を別に建てたりしている。しかし，モニと隣接して住むダニの場合は，別の形で男女の分離を図る。集落中央の広場に共有の男の家があり，幼少の子供を除く男はすべてこの男の家で寝泊まりするのである。

　住居空間を性別に分割する文化の有無は，生業形態などの文明度の高低や，定住・遊動の違いとは無関係である。中央アジアの遊牧民のテント（ユルタ）は何の仕切りもないが，入口から見て左（西）半分が男，右半分が女の居場所と定められている。アラビアの遊牧民ベドウィンのテントも，男部屋（たいてい東側）と女部屋とを精巧な文様の幕で仕切っている。

❖社会構造と住居の住人の構成

　上記の諸民族のうち，モニ，ダニ，ベドウィンは，いずれも一夫多妻婚を行う。しかし，ベドウィンの夫が妻一人一人にテントを与えることを求められ，モニが妻子の単位ごとに女部屋もしくは女棟を用意するのに対して，ダニの場合は，夫を共にする2組の妻子が1つの女の家で生活することもあれば，別の男の妻子が1つの女の家で一緒に生活することもある。このように，同様な婚姻形態の下でも，住居の住人の構成は異なりうる。ちなみに，日本の飛驒白川地方では，一夫一妻婚ではあるが，妻は婚姻後

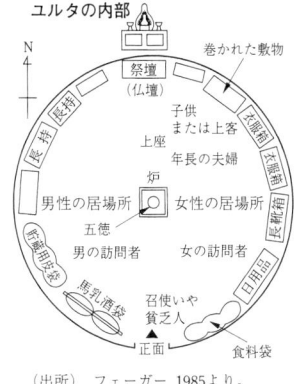

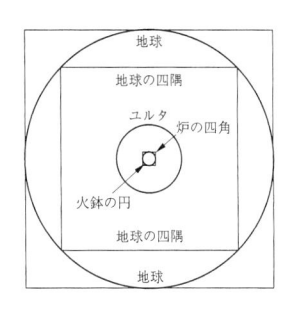

（出所）フェーガー 1985より。

も生家に留まり，夫がそれを訪問した。したがって，合掌造りとして有名な大規模な住居の中では，夫を異にする何人もの姉妹たちが，その子供たちや両親，兄弟，そして跡継ぎの「嫁」と一緒に生活していた。

また，住居の住人の顔ぶれに大きな影響を及ぼす社会構造に年齢集団制度がある。未婚の青年男子が，日本では寝宿（若者宿）と呼ばれる建物に共同生活し，生家では寝起きをしなかった。

❖コスモロジーと住居

住居は単なる寝起きの場，生活の場である以上に，宇宙そのものと考えられている場合も少なくない。例えば，前述のユルタは，中央の炉の中の火鉢の円→炉の四角→ユルタの円→地球の四隅（の四角）→地球（の円）と，円と四角とが交互に包み込んでゆく形の曼陀羅の中に位置づけられ，それ自体が小宇宙と考えられている。天井の穴は煙出しであること以上に，天と人とを繋ぐ「目」である。神聖な場所である炉は，床の「土」，炉枠の「木」，炉の中の「火」，五徳の「金」，やかんの中の「水」と，宇宙を構成する五元素が集まる場所である。

ただし，住居をコスモロジーとして考える場合には，1つの住居建築を単独で取り上げて分析したのでは十分でないことも多い。近年流行を見せている風水思想が好例であるように，集落全体が地形や方角との関係でどのように作られ，その集落の中に住居を含めたさまざまな建築・建設物がどのように配置されているか，すなわち，住居空間をセトゥルメント・パターンの全体像にまで広げて考える必要もある。

⇨ **49, 65**　参照文献　18, 23, 218, 231　　　　　　　　　（葛野）

3章▶文化のダイナミズム

この章では，言語から宗教に至るまでの文化の諸相が取り上げられ，文化の構造を分析し，文化の動態を解明する視点を学ぶ。

雪の中で御神体の到着を待つ(山形県の旧正月の神事)

39 文化の概念——個々の習慣や行動のしかたの違いの背後に何があるのか

❖「文化」の違いとして納得される違い

 他人と付き合っていると些細な違いに結構むかつくことがある。筆者がドゥルマを調査した初期のころにもそんなことがよくあった。食事時に，別に狙いすました訳でもなかろうが，通りすがりのドゥルマの客人の訪問を受ける。私の分，および同居している友人の分しか食事が用意されていないのは一目見れば明らかだ。しかし私のドゥルマの友人はためらうことなく彼らを食卓に誘い，彼らも当然のように食卓につく。遠慮のかけらもない食べっぷりだ。おまけに塩味が足りないなどと人の作った料理に文句をつける。なんて図々しい奴らなんだ，と私は内心むかついてしまう。一方私の方でも，人々が食事をしている場を運悪く訪問してしまうことがよくあった。熱心に食事を勧められるが，一見して料理の量が十分でないと見た私は，遠慮してひたすら固辞するのが常であった。私はごく自然な善意と遠慮の気持ちからそうしていたのだが，後になって「あいつはわれわれと食事をするのが嫌いなんだ」といういささか芳しくない噂を立てられていたことを聞かされた。ドゥルマの人々は食事を拒む私の態度にむかついていたのである。このような違いはどこから来るのだろうか。「文化」の違いという答えがすぐに浮かんでくる。人々の考え方や態度がわれわれと違うのは，互いの「文化」が違うからだと言えば，わかったような気にさせられる。しかしそれで本当に何かがわかったのだといえるのだろうか。

❖「文化」の概念の理論的な位置とその怪しさ

 「文化」という言葉にはいろいろな意味があるが，人類学における「文化」概念の使い方は，実は上で述べたような使い方にかなり近い。表面的な習慣の違いや，態度や行為のしかたの違いは，もっと根本的で原理的な「なにか」の違いに由来しているのかもしれない。そう考えたとき，この「なにか」を文化と呼ぶのである。違いが「文化」に由来するのだということは，さらに，その違いが，単に特定の個人の資質によるものでも，反対に生物学的な形質の違いに由来するものでもない，という主張も含んで

いる。「文化」とは単なる個々人のものではなく1つの社会の人々に共有されている「なにか」であり、さらに生まれつき備わっているものではなく、学習によって後天的に身につけられた「なにか」でもある。このあたりまでは人類学者に共通の認識であろう。しかしこの「なにか」が具体的にはどういうものであるかを述べる段になると、突然話が怪しくなる。人類学者の数だけ「文化」の定義があるなどというのは、悪い冗談にもならないが、「文化」という概念の内実は決して明確なものではない。

　「文化」が、個々の習慣や行動よりも一段抽象的なレベルの概念、諸々の習慣や行動を組織する原理のような「なにか」を指しているという点にも注意しよう。さもないと「習慣や行動の違いが互いの文化の違いに由来する」などという文は、ただの同語反復になってしまうだろう。しかしこの点もよく考えるといかがわしい。実際、人類学者が「文化」を記述するという際にも、多くはさまざまな習慣やら人々のものの考え方やらを記述しているだけであったりする。そもそも個別的な習慣や行動の相違とは別に、「文化」そのものの違いを取り出したりできるのだろうか。

❖指針としての文化概念

　人類学にとって「文化」という概念は、明確な対象を指す概念であるというよりは、その探求を方向付ける指針の役割を果たす概念だと考えたほうがよいのかもしれない。考え方や習慣の違いを「文化」の違いだと言ってわかったつもりになってしまうのは、むしろ非・人類学的である。それは他者の理解どころか、その停止にすぎない。「文化」の違いだというだけでは何も明らかにはなっていない。それは理解の終点ではなく、単なる入口である。具体的に何がどう違っていることが「文化」が違うということなのか、それが明らかにされねばならない。さまざまな習慣や行動の背景にあるものとしての文化の概念は、違いとその由来をより正確に捉えようとする探求の単なる出発点であり、どこに探求の照準を合わせるべきかの指針にすぎない。そしてそれが本当に有効な指針であったのかどうかも、もう一度検討しなおしてみる必要があるのである。

⇒ **9, 17, 40**　参照文献　54, 84, 234, 363　　　　　　　　　　（浜本）

40 文化相対主義——異なる文化を持つ人々のあいだで相互理解は可能だろうか

❖文化相対主義の前提

　文化が違っているというのはどういうことだろうか。あるいは何がどう違っていることが，文化が違っているということなのだろうか。これまで多くの人類学者にとって，文化が違うということは，現実を捉える概念体系が異なっており，また現実に対する価値判断の基準も違っているということを意味していた。これが文化相対主義の主張として知られているものである。文化が違うということは，かなり根本的なレベルで違っていることだということになる。私はこれをむしろ絶対的他者性の想定と呼んでもいいくらいだと思う。この想定は字義通りにとると，人類学にとっての悪夢である。ある人々が生きている世界を理解するのに，われわれが自らの身の回りの世界を理解する仕方がまったく通用しないとすれば，そもそも理解など可能だろうか。現実の捉え方も基準もまったく異なっている相手と，そもそも対話など成り立つだろうか。つまりそれは人類学を不可能にしてしまう想定なのである。

　もちろん人類学者は文化的な他者を理解することは可能であると考えている。それならそうした理解を可能にするはずの，人類に普遍的な概念や価値判断の基準の存在を前提とするところから出発した方が理にかなっているというものだろう。もちろんそうした方向で考える人類学者もいる。しかし多くの人類学者は普遍を前提とすることに対しては懐疑的であり，その意味で「文化相対主義」的なのである。異なる社会の人々の理解を目指す人類学が，その出発点として，原理的に理解不能な他者を想定していることの意味は何であろうか。

　異なる社会の人々と付き合っていると，当然多くの違いに目がいくし，対話を試みてもさまざまな齟齬を経験する。問題はこうした表面的な差異の背後に「文化」の違いを疑ってみることの意味である。いうまでもなくこうした差異それ自体は，還元不可能な「文化の違い」の証拠にはならない。絶対的な他者性は，単なる想定である。そしてこの想定こそが，これ

らの差異を一方の概念体系内での差異に還元してしまうことを（自分たち自身の概念体系や基準を相手に押し付けることを）思い止まらせるのである。それは同時に，分析者側の概念体系や価値基準の相対化を促す。これこそが人類学が他者理解に至る道筋なのである。他者理解は，出来合いの普遍をあれこれと調達することによってではなく，自らの概念枠組みのこうした相対化と組替えによってアド・ホックに構築された共通の理解の地平（そこに立つと両者のあいだの差異が等距離に眺められるような仮設の足場）によって到達される。その実践が「民族誌」（相手の社会をその社会に暮らす人々自身の捉え方と基準から見て首尾一貫したものとして記述し理解しようとする試み）であった。文化相対主義が，「民族誌」の営みをとおして，西欧社会の自文化中心主義に対する有効な批判であり続けることができたのも，この自己相対化のゆえにであった。

❖文化相対主義の危険

しかし裏を返せば，文化相対主義とそこに含まれる「文化」の観念には，これとは正反対の効果を導く危険な要素も含まれている。すでに触れたとおり，文化相対主義の主張は，文字どおりにとると，理解と対話の不可能性に帰結してしまう主張である。それは他者に対する理解の断念を正当化する主張にもなりうるのである。現象として見られる差異や齟齬を「文化」という，より本源的ななにかのせいにしてしまうことは，いっそう深刻な結果を伴いうる。差異や齟齬を，その由来するところを正確に捉えることなく，単に「文化が違うせいだ」という形で納得してしまうことは，差異を乗り越えようとする努力そのものの停止や対話の断念を，「文化が違うんだから仕方がない」という形で正当化してしまうかもしれない。これは他者の「異性」をそれ自身の内部に固定して押し込めてしまう「文化的アパルトヘイト」以外のなにものでもない。文化相対主義は人類学にとって両刃の剣である。それは他者の排除と孤立を正当化するスタンスにも，他者との真の共通の理解の地平を開くための方法的な戦略にも，ともになりえるのである。

⇨ ***2, 39, 100***　参照文献　137, 204, 337　　　　　　　　　　　　（浜本）

41 未開と文明──未開と文明は2つの対立する世界ではない。未開は文明自身の影である

❖「未開」を作り出したのは文明である

　文化人類学者にとって、「未開」という言葉はなじみのものであるが、学界内ではきわめて評判が悪い。人類学者は、「風変わりな未開人」の研究をしているのだと思われていることにいつもいらだっていて、そういう問いにはこう答えることになっている。「いえ、私たちは、とくにそうした変わったことに興味があるのではなく、人間一般の文化現象や社会の仕組みを調べようと思っているのであって、実際に近代的な都市に住む人々の研究なども多いのです」と。もう少し角度をつけていえば、「未開」という言葉は人間や文化に優劣をつけるものであり、そうした進化主義的な考えを是正しようとすることこそ文化人類学のしてきたことであって、19世紀の博物学者たちの異国趣味はこの学問には無縁なのだ、ということになる。

　そうだろうか。「未開」、英語で言えばprimitive、という語の持つ「未熟」「幼稚」といった語感に対し、「いわゆる未開民族」は決して未熟でも幼稚でもない、と人類学者たちが言い続けてきたことは確かだが、この、未開対文明という対立的図式を人類学者がある枠組みとして使い続けていることもまた確かなのである。それはC.レヴィ・ストロースの「冷たい社会対熱い社会」というかたちであったり、未開社会を「民俗社会」や「単純社会」と言い換える中に潜んでいる。人類学者は、自分たちの文化・社会（文明の側）を「未開」の視点で解くことを得意としてきた。

　ここにある矛盾は、文明というものをどう考えるか、という本質的なことに関わっている。つまり、文明というものを人間が生み出したより高いもの、より素晴らしいものとするならば、それが「より」優れているかどうかをはっきりさせるために、私たちは「文明でないもの」を想定しなければならなくなる。中華文明がその四囲に「東夷」「南蛮」といった「未開人」を想定したのはその例である。こういった「未開」の想定は、自分たちを文明の側に置き、その文明の高さにこそ人間の人間たるゆえんがあ

る，とするとき最もその必要性が高まる。とりわけ19世紀以来の近代文明はその意識が強く，文化人類学は，その未開対文明の図式を逆手にとっているだけで，図式自体は議論の枠組みとして使っているのである。未開は文明を意識することで作り出された，文明の影なのである。

❖「開発」の中に潜む未開と文明の図式

　文明の影，と言ったが，影をなくすことはある程度できる。影ができないように，四方八方から光を当てるのである。経済を中心とする「開発」というのは，まさに，文明の光，恩恵にすべての人があずかるように，という「未開」を開こうとする努力作業のことと考えられる。しかし，こういった影をなくそうという努力が，ある文明の単一の見方から出ていて，それがゆえに，その見方からすれば「影」にすぎないものの中にある，それぞれの文化が持つ複雑さなどが消されてしまう，という弊害も生む。

　結局，光も影も共にこの世界を作っているものであるように，文明と未開も，人間世界を形作る文化・社会の現れの違いである。ここで使われている比喩の「光と影」には優劣の意味はない。そして，「未開社会」や「文明社会」と呼ぶのは表面の現れに無理に名をつけているのであって，私たちの文明にも未開が，未開社会にも人間の「文明」があるのは当然のことである。だから「開発」が未開と文明の二元的図式の中で一方的に行われるとき，生活に密着した現場ではそれは進歩すらもたらさないだろう。

❖「未開のもの」を私たちの中に探してみよう

　未開と文明という図式自体は「いわゆる未開社会」が物理的に消えていく中で次第に使われなくなるだろう。しかし初期の人類学者たちが，それまでの多くの人の蔑視とは違った視線で「未開社会」に注目し，考えをこらしたのは，そこに私たちの文明を根底から考え直す核のようなものを発見したからであった。今，私たちが個人や社会の在り方を根源から発想し直そうとしてその出発点を探ろうとすると，それは自分たち自身の中に，また文化・社会の中に，「未開のもの」を探してみる，ということになるのではないだろうか。

⇨ *6, 40, 42, 88, 90*　参照文献　80, 304　　　　　　　　　　（船曳）

42 声と文字——文字のない世界の住人はどうやってものごとを考え，記憶し，人に伝えるのだろうか

❖もし文字がなくなったら

　私たちの生活から文字がなくなったら，どのような事態になるだろうか。例えば新聞の代わりにラジオやテレビはあっても，番組表もフローチャートも地図もなくなる。取材記者はメモをとれないし，アナウンサーも原稿なしに伝聞を記憶して伝えなければならない。分秒単位の時間割もなく，そもそも時計が読めなくなってしまう。電車もバスも時間どおりに走れないから，過密なスケジュールなど立てようがない。まして数字を交換できない経済流通など，現状の世界的規模を維持しようもない。こうしてみると文字のない生活は私たちの想像を越えた世界である。それはたんに生活の便宜にとどまらない。事実をどう認識し，それをどう人に伝えるかという，私たちがふだん何気なしに行っている知的活動とはまったく異質の努力と能力を要する世界である。

❖文字のない暮らし

　文字のない暮らしについてこれまで多くの資料を集めてきた分野が文化人類学だった。20世紀初めには，非西欧世界の比較的規模の小さい集団を対象に，彼らの思考様式がいわゆる西欧の合理的思考とは異なるのではないかという問いが出され，「未開と文明」という2つの心性をめぐる論争があった。この考え方は一種の文化相対主義でもあったが，2つの心性をあまりに極端に二分することは現実的ではないとの批判が相次いだ。またのちに口承文芸研究や認知科学のほうから，心性とか思考様式といった心や精神のつくりの違いではなく，むしろ文字という技術のあるなしこそがそれらの違いを生むのではないかという疑問が出された。

　すなわち文字は社会的コミュニケーションの媒体だが，同時に知識を貯蔵する「記録」のはたらきを持っており，これなしには口頭の「記憶」にたよるほかない。このことにいち早く関心を持ったのは口承詩研究だった。M.パリーとA.ロードは，旧ユーゴスラヴィアの吟遊詩人の記憶法と対照することで，ホメロスの作品に頻出する定型句や押韻は口承世界の産物

ではないかと考えた。吟遊詩人の膨大な記憶量とその記憶方法をたずねるうちに、彼らの記憶は文字社会の記録とは違って、一語一句を忠実になぞるのではなく、聴衆とのかけあいの中で常に流動的に詩句をそのつど組み合わせてつくること、よって文字にしたり録音したりしてみると、同じはずの1つの詩歌は部分部分がおおいに異なることがわかってきた。そこで、そのうちどの版がオリジナルかという文字社会の考え方がそこには通用せず、どれもが個性的なオリジナルだという発想の転換が強いられることになった。さらにまた、われわれが何気なく営んでいる抽象的・分析的なテクスト解釈も、文字化され固定されたテクストなしには成り立たないこと、無文字世界の住人は生活から遊離した抽象概念の操作に関心を持たないという調査結果も出された（A. ルリヤ）。口承者にとっては、文字を知ることはむしろ口承の記憶力を阻害することなのである。

❖文字の効用と第二次声の文化

　文字の効用をまとめると、①知識の貯蔵と伝達をより正確により広範囲に行うこと（文字の記録性）、②テクストによる前後自在な検討を可能にし、抽象的・分析的思考を育んだこと（文字の脱文脈性）の2点である。近代の学校教育は、この2点を訓練するところに主眼があり、その意味では文字の学習がすなわち近代教育のかなめといってもよい。また文書の山を生み出す官僚世界や、数量データと契約書を必要とする経済界、成文法に基づく近代法の世界など、およそ近代の公と私にわたる生活の根幹はこの学校教育を媒介として普及した文字の力の上に成り立っている。

　W. オングによると、現在われわれが生きているのは、ラジオやテレビなどの第二次声の文化である。第一次が文字を持たない口承世界であるのに対して、第二次声の文化はあらかじめ文字世界を前提としている。活字離れと呼ばれる現代社会の趨勢も、すでに文字化され近代化された環境内の出来事であって、声の本質的な復権とは質が異なるのである。果たして今の目から第一次声の文化というまったくの異文化を復元できるのか、という問いには、オングのあげる次の比喩がふさわしいだろう。はたして馬は車輪のない自動車であるのか？

⇒ *41, 43*　参照文献　29, 73, 93, 298　　　　　　　　　　　　　（関）

43 言語と文化——言語は文化の一要素であり，文化を象徴するものでもある。しかし言語を通して文化を理解できるのだろうか

❖文化のモデルとしての言語——差異の体系

英語の/snəu/（あるいは/snou/）は〈雪〉という意味の単位であるが，これは/s/, /n/, /ə/, /u/という4つの音の単位から構成されている。このように，ある特定の言語において他と区別される音の単位を「音素」という。1つの音素は前舌↔後舌，円唇↔非円唇，有声↔無声など，数々の示差的特徴を合わせ持った束として，音素全体の「差異の体系」の中に位置づけられるが，それが別の音素と区別されるのは，両者が特定の示差的特徴において対比的（二項対立的）だからである（例えば，/s/と/z/が区別されるのは，両者が持つ示差的特徴のうち，無声↔有声という対比によってである）。

言語の基本単位である音素がいくつかの示差的特徴の束であるという原理は，音素以外の文化要素にも適用できる。例えば，親族名称の成分分析は，親族名称の意味を世代差，性差，直系度といった示差的特徴の成分へと分析していく作業である（例えば，英語の父と母は「自分」から1世代上，直系という特徴で共通し，性という特徴で対立する）。同様に動植物名称のタクソノミー研究，さらにはC.レヴィ=ストロースによるトーテミズムや神話の構造分析なども，音素に関するモデルを適用した文化の理解法である。

❖認識・思考を規定する言語——「サピア=ウォーフの仮説」

言語によって，用いる音素は異なる。例えば，/snəu/の/ə/は日本語では音素ではない。といっても，日本語を母語とする人が，その口や舌の構造上（自然の制約として），/ə/を発音できないわけではない。言語は連続する音を独自に切り取り，音素を作っているのであって，音素は文化なのである。そして，この音素でできた名を与えられるモノやコトもまた，選択によって自然から切り取られた文化である。

例えば，カナダ・イヌイトの言語には，〈雪〉すなわち英語の/snəu/に対応する語がない。雪は〈雪〉として切り取られるのではなくて，例えば〈イグルー用に切り出した雪塊〉〈温かくするためイグルーの上や周囲におく雪〉……といった具合に，いくつものまったく別の語として切り取られ

るのである。さらにアメリカ先住民族のホピの言語の場合，例えば英語が重要視する「現在」「過去」「未来」の時制の区別を持たず，「出来事の報告」「出来事の期待」「出来事の法則化」という区別を行う。

このように，言語によってモノやコトの切り取り方は異なる。したがって，言語は私たちの経験の仕方を規定している（言語的決定論），あるいは，同一の対象を与えられても，言語的背景が異なっていれば，その認識の仕方も違ってくる（言語的相対論）とも考えられ，このような考え方を，同様な主張を繰り返し述べたアメリカの2人の言語人類学者 E. サピアと B. ウォーフの名前を借りて「サピア=ウォーフの仮説」と呼ぶ。

❖言語と人類文化の多様性の危機

言語的決定論や言語的相対論を受け止めると，人類には言語の数だけ世界の見え方があり，多様な言語の存在こそが人類文化の多様性を保証していることがわかる。ところが，ユネスコや国連環境計画等は，世界で約6000程度とされる言語の内，そのほぼ半分が消滅の危機に瀕していると発表している。生物種の多様性に関する議論からもわかるように，言語の多様性が失われることは，生き残る言語も含めて人類文化全体の力を弱めることにつながってしまう。

❖文化を理解するということ──言語を越えて

言語は文化のモデルとなる，また，言語は使用者の認識を規定する。しかし，言語の理解を通して，本当に文化の理解へと到達できるのだろうか。

例えば，英語や日本語の〈父〉は「自分から1世代上で，男で，純直系」と規定することができるし，このことを理解すれば，〈父〉という語を英語や日本語の中で正しく用いることも保証される。しかし，そのことは，アメリカ社会や日本社会で父親が持つ文化的意味や社会的機能を理解すること，さらには，父親が持つ意味や機能の歴史的変化を理解することにはつながらない。また，サーミ語の/kapa/〈輝く白のトナカイ〉を色（の対比）の問題として同定できるようになったとしても，そのことは/kapa/が持つ社会的意味（例えば，その毛皮で作ったコートを着る女性の社会的威信）や信仰的意味（幸福の象徴）まで理解することにならないだろう。

⇨ **4, 10, 11, 44, 51, 70** 参照文献 37, 120, 131, 316 （葛野）

44 分類と秩序——人は何をどのように分類するか

❖分類の不可避性

「世界について思考をめぐらし,そして世界に対して働きかけるためには,われわれはさまざまな現象をいくつものクラスに分ける必要がある」とR.ニーダムは述べている。あるいはむしろわれわれの周りの世界の事物がすでにある仕方で分類されており,そうした分類を踏まえてはじめてわれわれの社会生活が成り立っているのだと言ってもよいだろう。デパートにいきなり飛び込んで,目当ての品を探してみようという気になるのも,商品がわれわれに多かれ少なかれお馴染みの仕方で分類されているに違いないと期待できるからである。馴染みのない仕方で,例えば全商品が,それが電気釜であろうとスーツであろうとおかまいなしに,ただ仕入れた日時順だけで分類して並べてあるようなデパートを想像してみよう。それはわれわれにはほとんど無秩序の世界に見えるだろう。「秩序」という言葉で何を意味するかはともかくとして,少なくとも自分たちにお馴染みの分類の仕方を受けつけてくれるというのは,その世界が秩序を持っていると言えるための最低条件である。別に商品に限った話ではない。時間にせよ,場所にせよ,場面にせよ,出来事にせよ,われわれの身の回りのほとんどすべての事柄は,しかるべき仕方で区別され分類されており,こうした区別をわきまえた上で,それに応じて振る舞ったり,それを逆手にとったりしながら,社会生活は営まれている。

こうしたお馴染みの分類の仕方で理解したり働きかけたりできる世界が,秩序ある世界ということになる。しかし分類の仕方や基準は社会ごとに異なっている可能性がある。それを考えずに飛び込むと,上述のすっとんきょうなデパートに飛び込んだのと同じはめになる。ある社会の人々の生活を理解するためには,人々が自分たちの周囲の世界をどのように分類しているかを知ることが不可欠なのである。

幸い,それぞれの社会の言語は,それ自体が分類の体系だという側面を持っており,その社会の分類を知る上で大きな手掛かりを提供してくれる。

それはその社会の人々が，少なくとも言語を使う上で，どのような区別に注意を払い，どのような類似性に目を向けるよう仕向けられているかを，教えてくれる。また多くの社会には，さまざまな現象を，例えば「陽」か「陰」かといった2クラスに分けてとらえる二元論や，3つのクラスに分ける三元論などがあるが，これらも分類の一種である。これらは「象徴的分類」とも呼ばれ，古くからの文化人類学のテーマの1つになっている。

❖分類の2つのやり方

さまざまな現象をクラスに分ける際に，2つの原理が使われている。1つは，共通の特性を持ったものが1つのクラスにまとめられるという，よく知られたやり方である。同じ特徴を持ったものが同じ名前で呼ばれ，逆に，同じ名前で呼ばれるものには共通の特徴があるに違いない，という自然言語のクラスについての素朴な信仰をわれわれは生きている。よく考えてみると，必ずしもそううまくはいっていないのであるが。一方，象徴的分類に関しては，この考え方は最初からうまくいかない。男と右手と太陽が1つのクラスに属し，女と左手と月がもう1つのクラスに属する，などといった具合である。男と右手と太陽に共通した特徴などあるだろうか。R.ニーダムはこうした分類が，共通特性に基づいてではなく，それぞれのクラスに属する要素が他のクラスに属する要素との間に持つ関係の類似性に基づく「類比的な」分類であることを明らかにしている。男と右手が同じクラスに属しているとすれば，それは男の女に対する関係と，右手の左手に対する関係の間に類似性が認められているからであり，男と右手そのものの間に似たところがあるからではない。もちろん分類のこの2つの原理を極端に相反するものだと考える必要はないが，両者の関係を理論的につなぎあわせる仕事はまだ残されている。

❖分類をめぐる問題点

分類とは世界の上にかぶされた理論的な網の目のようなものであり，それが秩序を目に見えるものにする。しかしまさに分類するという行為が，分類から外れた存在や分類不能な存在を出現させもする。人間の秩序は，こうして常に不安定で，動的なものとならざるをえない。

⇒ ***11, 12, 49, 51***　参照文献　150, 173, 191, 245　　　　　　　（浜本）

45 時間——文化としての「時間」、そのさまざまな表象のされ方と歴史の問題

❖時間の表象

　文化人類学において、時間に関してはこれまでさまざまな方面からのアプローチがなされてきた。

　まず、さまざまな言語における「時間表現」のあり方、時制の問題などの議論がある。それは、英語の現在完了形を初めて学ぶときに、多くの日本人が感じるであろう、英語と日本語の時間の区切り方の相違のような例である。また、B. L. ウォーフは、アメリカ先住民のホピ人の言語を取り上げ、物理学者の使う数学的時間をホピの人々は知らず、「私は5日間滞在した」と言うべきところを「私は5日目に去った」という表現をするので、ホピ語は「無時間的言語」ということができると論じた。一方、J. ムビティは、黒アフリカの伝統的時間観念にふれて、自分の母語であるバンツー語系のカンバ語などでは、時間は「長い過去」と「現在」という2領域に分けられ、事実上「未来」という領域は存在しないと述べる。

❖繰り返す時間と繰り返さない時間

　E. R. リーチによれば、現代イギリス人は、時間は繰り返すという概念と繰り返さないという概念を持つが、それは論理的に矛盾すらする2つの異なった経験に基づいて成立したものである。前者は、太陽の出入りや四季の繰り返しといった経験に、そして後者は、ヒトは生まれ成長し、そして衰弱して死を迎えるという経験に基づいている。しかし、最も原初的かつ基本的な時間概念は、あたかも振り子運動のように、昼と夜、熱と冷、湿と乾とが交代するという経験、つまり「繰り返す対立物の断絶性」といった観念によるものであろう。それは聖なる祭りの時間と世俗的な日常生活の時間との交代という形で、人々が経験するものでもある。いうまでもなく、このような時間概念は、創造から終末へと向かうという、アブラハム的一神教の「直線的な」それなどとは本質的に異なるものである。

❖生態学的時間と構造的時間

　繰り返しの有無という時間概念の相違とある程度対応すると思えるが、

E. E. エヴァンズ-プリチャードによれば，20世紀初頭の南スーダンのヌアー社会では，自然環境を反映した生態学的時間と社会的出来事に準拠した構造的時間という2種類の時間が併存していた。前者は雨季と乾季，それに対応した川の水位の増減，これら自然の推移と密接に連関したヌアー人の生業活動などの相違を反映した形で観念化されている時間であり，1年を周期として繰り返されるものである。一方，1年を越える過去の出来事は，洪水・疫病・飢饉などの自然の成り行き，自分の所属している集団が行った大きな儀式や襲撃といった記憶されるべき事件，さらには年齢組や親族関係のあり方などに言及しながら，おおよその時代が確定される。この構造的時間は，個人にとっては繰り返すことなく，過去から未来に進行している時間概念のように思われるが，エヴァンズ-プリチャードによればそれは錯覚である。それというのもヌアー人にとって，出来事と出来事との間の関係を抽象的なクロノロジー（年代記）の中に位置づけ，数字で表現することはきわめて困難であるからである。

❖文字以外の手段で記録された過去

たしかに，無文字社会においては，出来事を文字で記録し，それをクロノロジーの中に位置づける歴史的意識は，定義からいっても成立し得なかった。だからといって，彼らが過去の出来事にまったく関心がなかったわけではないことは，ヌアーの例からもわかるであろう。実際，文字以外の素材を使った過去の「記憶」，歴史の再構成の方法は，さまざまな社会から報告されている。

例えば，福井勝義によれば，エチオピアのボディ社会では，牛の身体の色と模様に関する民俗遺伝学的知識および特定の牛からとれる酸乳の吹きかけ儀礼から，首長集団の征服活動を伴う歴史的移動の経路を推測することが可能になる。さらに，口頭伝承やそれ以外の音を用いた記憶の保持，また祭礼の行われる場所と行列の移動のあり方，身体技法，さらに博物館展示などから，過去に関する人々の意識を探る人類学的歴史研究も行われている。今後，歴史学と人類学の協力はいっそう促進されよう。

⇨ **2, 43, 46, 48, 49**　参照文献　37, 48, 69, 142, 244, 263, 294　　（大塚）

46 聖と俗——時間のリズムを生みだしているのは聖と俗の振り子運動であり，空間もまた聖と俗のいくつかの組合せからできている

　世界各地には天と地，昼と夜，東と西，右と左，男と女といった象徴的二元論がさまざまな組合せで見られる。聖と俗もその１つであるが，具体的なモノの対比でなく価値概念の二元論であること，また研究者の分析概念としても用いられてきた点で他とは異質である。日本語でいえばハレとケがこれに当たり，今でも晴着という言葉が日常的に使われている。

❖時間と空間

　聖と俗の関係を時間軸上で考えてみると，労働を中心にした日常の俗なる時間をその節目ごとに句読点のように区切るのが聖なる儀礼的時間である。年中行事を例にとると，節目だから儀礼を行うという面と，儀礼によって１年間という時間のリズムを作るという２つの面がある。このことに注目した E. デュルケーム，H. ユベール，M. モースらの聖俗論をふまえて，時間を生む装置として，聖・非日常・祭り／俗・日常・労働の振り子運動を考えたのが E. R. リーチだった。一口に行事や儀礼といっても，ローカルな地域の生態と生業に深くかかわる季節儀礼（狩猟儀礼・農耕儀礼・漁撈儀礼など）がまずあり，そこに脱地域的な宗教教団の儀礼がかぶさって意味づけを変えていく過程がある。例えばクリスマスは古代ローマの冬至祭にイエスの誕生というキリスト教的世界観を盛ったものである。また近代国家の成立とともにフランスの革命記念日（７月14日）や日本の憲法記念日（５月３日）のような，国家的記念行事が営まれることになる。

　空間もまた聖俗二分の対象となる。日常でも社寺の境内とその外部とは一定の境界によって区切られており，多少ともあらたまった雰囲気が内部を支配しているが，神社でいえば敷地―拝殿―神殿というようにさらにいく重かの聖の段階が見られる。これが祭りの日となると全体の聖性が引き上げられ，臨時の聖所があらたに設けられる。すなわち時間的ファクターによって空間的な分割が変化するのである。

❖さまざまな聖俗論

　E. タイラー以来の「霊的存在の信仰」や「神」観念によって宗教を定

義しようとすると，どうしても仏教的伝統が抜け落ちてしまう。より妥当な定義のためには脱キリスト教的な用語が必要であり，その模索の1つが聖俗論だった。まず，聖観念の心理的力学に注目すると，そこには魅惑と畏怖という両価性が見られる（R. オットー）。また W. ロバートソン-スミスは，セム族の供犠にみられる神聖なものと不浄なものの併存を聖の両価性ととらえた。聖のラテン語源であるサケルにこの両義があることは，語彙史の上でも明らかにされている。つぎに聖観念の社会的次元については，デュルケームがオーストラリア原住民のアランダ民族誌に基づいて，「宗教とは，分離され禁止された聖なるものにかかわる信仰と儀礼の体系である。それは教会と呼ばれる精神的共同体に信者たちを結合させる」と定義した。これによれば聖と俗は，禁忌によって分離された2つのカテゴリーであり，すべての二元論の根源にある価値秩序を集約している。また「信仰」は聖と俗とが結ぶ関係表象であり，「儀礼」は聖なるものに対する人のふるまい方を規定した行為基準ということになる。デュルケームはさらに，「宗教」と「呪術」の違いは教会（定期的に集団で集会する）と医者（必要に応じて個人的に訪れる）のようなものであり，宗教は集団性を，呪術は個人性を本質とすると考えた。こうした一連の聖俗論に対して，宗教の現場の分析者からは否定的な反応が出ている。ヌアーの供犠に聖俗の交流をみた E. E. エヴァンズ-プリチャードも，聖という用語があまりに茫漠としていて分析に役立たないという懸念を表明している。

　日本民俗学では，ハレとケをめぐって議論がなされたことがある（桜井徳太郎，宮田登）。ハレ＝聖，ケ＝俗という理解ではなく，ケシネ（日常食），ケカチ（飢饉）といった民俗語彙にみえるようにケは日常を支える食の力であり，より根源的には稲を生長させる霊力をさす。このケの枯れる状態がケ枯レ・ケガレであり，ハレの祭りはこれを回復する手だてである。すなわち，ハレとケという静態的二元論ではなく，ケ→ケガレ→ハレ→ケ…という循環を考えるのである。語源学的な正確さを含めてなお検討の余地のある説であるが，非日常ではなく日常を，静態ではなく動態を重視する視点には学ぶべきところが多い。

⇨ ***12, 44, 45, 49, 51, 56***　参照文献　49, 70, 114, 172, 259, 294, 312　（関）

47 儀礼──やり方の決まった行為の内部には根拠づけを拒む部分がある

❖儀礼とは何か

　何事を行うにも，それを行う何か決まった，「正しい」特定の仕方というものがあることが多い。そもそもどんな行為にせよ，「どんな仕方でもないような仕方」でそれを行うことなどできる訳がない。その都度何らかのやり方でそれを行うしかないのだが，多くの場合その「仕方」は一定しているものである。家に入るときには靴を脱ぐ。ただ「家に入る」だけなら，靴を履いたままでもよさそうなものだが，それは正しいやり方ではない。また，ある人は家から出るときに必ず右足から先に出ないと気が済まなかったりする。はっきりとした理由はないのだが，それがその人にとっての「家から外に出る」正しいやり方なのである。それが誰か特定の個人のみに関することであれば，それはその人の勝手であり，人類学がとくに関心を持つことではないかもしれない。しかし仮に，ある社会の人々がそろってそうだというのであれば，これは文化人類学の対象である。儀礼とは，こんなふうにある社会で何かを行う決まったやり方がある場合，そうしたやり方の一種を指してそう呼んでいるのだと言ってよいだろう。

❖儀礼の内的ギャップ

　もっとも文化人類学で「儀礼」という場合には，より限定された対象を指すのが普通であった。あるやり方で行うことが決まっており，またそのやり方が固執される行為でも，例えば，常日頃行われている行為であれば，それが「儀礼」だとされることはあまりない。またそのやり方の妥当性が，適当な目的や動機を補えば容易に理解できる場合にも，儀礼とは呼ばれない。それは単なる技術的な行為とされる。儀礼とされるものには，ある特別な状況である行為がなされねばならないとされ，しかもそれをある仕方でなすべきことが固執されていて，なおかつ，なぜその仕方でなされるべきなのかが，その行為の目的や状況からはすんなりとは理解できないような，そんな類いの行為が属することになる。これ自体は観察者にとっての区別である。行為とそれが置かれたコンテクストとの接合の特異性が，そ

の行為を「儀礼」に見せる。

　ケニアのドゥルマで，死の処理の最終日に行われる手続の一つに「巣立ち」と呼ばれるものがある。この日，夫の埋葬後数日間にわたって喪に服していた未亡人が，埋葬後初めて水浴びを行う。その帰り道，屋敷に着く手前で彼女は立ち止まる。屋敷から彼女の名を呼ぶ声が聞こえる。3回呼ばれるまでは返事をしてはならない。3度目の呼び掛けに返事をすると，今度は「マサイが来た！　マサイが来た！」と急き立てられ，彼女は一目散に走り出し，近くの木によじ登ろうとする。彼女には薬液が浴びせられ，木から引きずりおろされる。そして小屋に連れていかれ，ベッドに座らされる。ここまでが「巣立ち」である。この手続は彼女に服喪の間禁じられていたベッドと椅子の使用を許し，彼女が夫を忘れ「さびしさ」に捕らえられないようにし（彼女から「さびしさ」を取り除き），さらに他の男性との性関係を可能にするためのものである。

　この「巣立ち」は，行為とコンテクストとの接合の唐突さからいっても，一目瞭然「儀礼」である。亡夫の服喪明けに，未亡人を走りまわらせたり木に登せたりする必要がどこにあるというのだろう。彼女が「さびしさ」に捕らえられずにすむようにだ，という理由が与えられるが，この理由からして訳がわからない。これは外部の観察者にとってだけの問題ではない。未亡人から「さびしさ」を取り除くために「巣立ち」が必要だと力説する当のドゥルマの人々にとっても，ではなぜ未亡人を走りまわらせることが彼女を「巣立ち」させることになるのかという問いには，そうすることが「巣立ち」だから，という同語反復的な答え以上は返せないのであるから。しかし多くの「やり方の決まった」行為についてもそうだったのではないだろうか。ある行為Ａをなぜほかならぬそのやり方で行うのか，という問いは，しばしば「そうすることがＡすることだから」という形でしか答えようがない。結局「儀礼」は，多くの行為に内在する理屈を越えたギャップをはっきり目につかせるものであり，儀礼の解明は，人間の行為のシステムの基本特性の理解にもつながるのである。

⇨ **50, 51, 52**　参照文献　2, 206, 348　　　　　　　　　　（浜本）

48 神話──たんなるお話とみえるものも実は世界を説明しようとする基本原理なのだ

❖神話の研究史

　神話とは，いかにして世界と人類が今日の姿をとるようになったかを説明する語りである，と定義される。『古事記』や『日本書紀』などは神話を含んでいる。

　人類学における神話の古典的研究は，19世紀の後半から20世紀の前半にかけての人類学や民族学の巨匠たち，例えば，イギリスのE.タイラー，A.ラング，J.フレーザー，ドイツ・オーストリアのL.フロベニウス，W.シュミットらによって行われた。彼らは宗教の進化（歴史的再構成）や文化圏（文化複合）の設定といった枠組みにおいて，膨大な文献に基づいた世界的な規模での神話の比較研究を企てた。

　こうした文献中心的，壮大だが要素主義的な比較研究に反発して，1920年代にはA.R.ラドクリフ=ブラウンやB.マリノフスキーらが特定の社会での現地調査を踏まえた研究，いわゆる機能主義的な研究を提唱する。そこでは神話は当該社会の社会的・文化的なコンテクストの中で検討され，マリノフスキーは，ニューギニアのトロブリアンド諸島においては神話は一種の社会憲章として機能している，と論じた。

❖レヴィ=ストロースと構造主義的神話研究

　20世紀半ばからの神話研究の展開としてC.レヴィ=ストロースらによる構造主義的神話研究がある。レヴィ=ストロースは，神話とは，生と死，男と女，自然と文化などといった基本的な二項対立を調停（媒介）する文化装置だとし，『構造人類学』や北米北西海岸のチムシアン・インディアンの神話を分析した『アスディワル武勲詩』においてそれを見事に例証した。4巻からなる『神話論理』は，主に南米および北米のインディアン諸族の神話を素材にしてこの命題を例示しようとした大著である。このような視点から神話を検討してみると，そこに登場する神々，英雄，動物，植物，事物は文字どおりそれそのものではなく，なにかの象徴として機能して，単なるお話と見えたものも実は意味深い世界観を語っていることが

わかる。例えば，ある神話に登場する蛇は水界あるいは地下界の代表で女性原理を体現し，鳥は天界あるいは男性原理を表し，さらにある種の木は天と地を繋ぐ宇宙軸である，あるいは，ある種の動物が秩序と反秩序の間を縦横にかけめぐるトリックスターの役割を担っている，というようにである。

こうしたレヴィ=ストロースの神話の構造分析の手法は，人類学における象徴論的研究を活性化させたばかりでなく，文学，哲学など他の分野の研究者にも大きな影響を与えた。しかし，レヴィ=ストロースは神話の構造分析をとおして，確かに「人間精神」の基本原理をあらわにしたが，彼の構造分析がしばしば民族誌的な検証が不可能なレベルでなされているといった批判，また彼の関心があまりに主知主義的であるといった批判もなされている。

❖神話と歴史

神話と歴史の関係にも注意を喚起しておこう。M. サーリンズは，『歴史の島々』の中で，1779 年 2 月 14 日のキャプテン・クックのハワイでの殺害という歴史的出来事をマカヒキと呼ばれるハワイの新年祭の儀礼的・神話的コンテクストの中で検討している。すなわち，マカヒキにおいては，死んだ神にして伝説的な王であるロノが土地を奪い返すために戻ってくるとされるが，このロノは儀礼の中で殺害される。クックはこの死すべき神ロノと重ね合わされて殺害された，とサーリンズは分析する。ここでは通常考えられている神話と歴史の関係は逆転し，歴史がメタファーになり，神話が真実になる。このようにして，サーリンズは構造と歴史を統合しようとした。

もっとも，このサーリンズの議論は間違っており，クックを神とみなしたのはハワイ人ではなく，むしろ西洋植民地主義が作り出した神話なのだという G. オーベセカラの批判もある。いずれにせよ，レヴィ=ストロースが「歴史なき社会」に専念することによって扱わなかった神話と歴史のダイナミックなかかわりは，今日，きわめて実り豊かな研究領域である。

⇨ *10, 12, 49, 50, 51* 参照文献 64, 122, 254, 273, 302, 303, 306, 307, 357

(山下)

49 コスモロジー──世界観,あるいは世界についての語られない暗黙の理論

❖コスモロジーとは

　コスモロジーあるいは宇宙論について,長島信弘は次のように定義している。「広義の『宇宙論』というのは,任意の人間集団が全体として保有している,人間と事物,時間と空間,存在と力に関するさまざまな理論とそれに基づいた行動様式の集大成を意味する。それは『宗教』『哲学』『科学』『俗信』などといったことばで指示されるような理解と行動をすべて含むものとする」。また村武精一はそれを「それぞれの部族や民族が生成してきた,神話的・象徴的宇宙の解釈」としている。いずれにせよコスモロジーという言葉によって,人々が身の回りの世界や宇宙を対象化し包括的に捉えた,一種の理論や教義のようなものが思い浮かべられている。社会によっては,こうした理論的な言説そのものが,経典の形で,あるいは起源神話や,儀礼の場での宗教的職能者や長老の語りとして,明示的に提供されるという幸運なケースもあるかもしれない。しかし文化人類学者が対象とするすべての社会で,それを期待することはできない。

❖「教義」なき社会のコスモロジー

　このような場合人類学は,ある特定の社会で世界に対するこうした対象化的な認識を可能にする,客観的な条件の方をむしろ問題にすべきであったのかもしれない。しかし実際には,こうした理論が明示的に語られない社会に対して人類学が行ってきた「コスモロジー研究」とは,調査者が直面する資料の「ごちゃまぜの集合体」(E.R.リーチ)から人類学者自らが,そうした理論を組み立ててみせることであった。M.ダグラスの次のような発言は,多くの人類学者によって限りなく繰り返されてきた同様な発言のほんの一例にすぎない。「他の多くの未開民族と同様にレレ族には,それを通して彼らの宗教が研究できるような体系的な神学はおろか,なかば体系化されたと言える程度の教義の集まりすらない」。その代わりに彼女の前にあるのは,うんざりするほど多様な禁止規則であったり,些細な日常的な衛生上の規則であったりする。しかしまさにこれらが「レレ族にと

って宇宙がどのように組み立てられているのか（というコスモロジー）に合理的に結び付いたものであると判明する」というのである。多くの場合，特定の社会のコスモロジーとは，こうした形で人類学者によって取り出されたものであったのである。

　しかしこのようにして取り出されたものを，他の社会において世界や宇宙について理論的に（教義や神話などとして）語られるコスモロジーと，本当に同列に扱いうるかどうかは，いささか疑わしい。そもそも当の人々が明示的に語りえないものに，たとえ「暗黙」のという制限つきでではあれ，「理論」という位置づけを与えることができるだろうか。その性格についてより慎重な吟味がなされるべきであった。しかし人類学者たちはそれをコスモロジーと呼ぶことによって，語られることのない暗黙の理論という虚構をためらいもなく受け入れてきたのである。これには，コスモロジー研究の出発点である「ごちゃまぜの集合体」の構成要素の多くが「象徴」として扱われたことも大いに関係している。意味を伝える事物が象徴である。人類学者が扱う「ごちゃまぜの集合体」は，象徴によって書き記されたテキストとなり，それを解読することによってそれが伝えようとしている「理論」が取り出されるというわけである。

❖コスモロジー研究の功績と今後

　コスモロジー研究は人類学の重要な一分野であり，とりわけ構造主義の影響下にあった1970年代の人類学の最も生産的な部分の1つを代表していた。こうした研究は特定の社会のさまざまな規則や慣行が互いに関連しあっていること，その相互関係は単に機能的，因果的であるというよりは，むしろ意味論的な軸によって組織されたものであること，などを明らかにした。そこで扱われていたのは，たしかに世界の分節化にかかわる何かであった。それが世界をめぐる一種の擬似理論などではなかったのだとすれば，それが本当は何であったのかを再び明らかにする必要があるであろう。
⇨ ***44, 50, 51***　参照文献　182, 264, 293, 331　　　　　　　　　（浜本）

50 象徴と解釈——ある対象に象徴性を見出すことで見失うもの

❖象徴概念のいかがわしさ

　おそらく象徴という言葉は1960年代，70年代の文化人類学理論において牽引車の役割を果たしたキー概念の1つであろう。しかしその用いられ方に大いに問題があった。定義が曖昧であるとか，十分に煮詰められていないとかの問題ではない。問題は，象徴がいかに定義されているにせよ，この概念の使用が，分析対象の性格を言外に確定し，暗黙の問題系をそこに滑り込ませてしまう仕方の中にあった。普通には象徴という言葉は，「何かを代理したり，何かを意味するのに用いられる事物」を指すと考えられている。何かが表現や伝達を目的として使用されている際に，それを象徴と呼んで分析することには，何の問題もない。しかし人類学者は，時として逆に，あるものが何を意味しているかわからないときに，かえってそれを指して象徴であるとか，象徴的であるとか語る傾向にあった。ある人類学者が揶揄しているように，象徴として捉えられる基準は，極端な場合「おお，こいつは訳がわからない。きっと象徴に違いない」という言葉に要約できてしまう。単に，目的‐手段といった関係や，合理的な意味・機能連関によって理解できないものが象徴とされてしまうのである。いったんそれが象徴として捉えられると，今度は象徴の通常の定義が復活する。それが象徴であるとすれば，何かを意味しているに違いない，というわけである。こうして対象へのアプローチが，隠された意味の解読，解釈という方向に暗黙のうちに固定されてしまうことになる。

❖象徴概念の落とし穴

　これによって最も深刻な回り道を強いられたのが「儀礼」とりわけ呪術的と形容されるような儀礼行為についての研究である。例えば，ケニアのドゥルマでは夫が水甕に触れ，それを動かすことが禁じられている。もし誤って水甕を動かしてしまうと，それは「妻を引き抜く」行為であり，妻を死に追いやることになるという。われわれには一見して理解困難な因果連関が主張されているように見える。象徴について語ることは，この困難

をいともたやすく軽減してくれる。水甕は女性を，とりわけ妻を象徴しており，したがって水甕をその据えられた位置から動かすことは，妻を彼女が据えられている屋敷の秩序から引き抜くことを象徴する。それゆえにこの行為は禁じられる。しかしこうした解釈は当の行為の性格をいっそう訳のわからないものにしてしまうだろう。

　ある行為なり出来事なりＡが他のある行為なり出来事なりＢを「象徴している」と語ることは，ＡがＢを別の仕方で「実行する」ことだと語ることではもちろんないし，そもそも何かをすることであると語ることですらない。単にＢを別の仕方で「言い表している」のだと主張することにほかならない。単に「言い表す」ことがどうやって何らかの具体的な結果，不幸や災いを引き起こしうるというのだろう。「象徴的」行為として捉えられることによって，当の行為Ａから，行為なり出来事なりとしての実効性が奪い取られてしまう。それはとりわけ「呪術的」とされるような行為を特徴づける，世界に働きかけるという本来の姿を不可解なものにしてしまう。当の行為からその行為としての実効性を原理的に排除しておいて，その後でいかにその行為に現実的な効果が想定されうるかを説明しようとしたところで，もうあとの祭りである。なぜ屋敷から妻を引き抜くことを「象徴」しているだけの行為が，実際の妻の死をもたらしうるというのだろうか，というわけである。問題は「象徴」を持ち込むことによってかえって謎めいてしまう。

❖象徴概念の功罪

　さまざまな行為や慣行を「象徴」として，あるいはその「象徴的」な側面について分析する象徴論的アプローチは，粗雑な機能主義から，人類学理論を解き放つのに貢献した。しかし一方で，それは人々の実践行為の多くを一種の語りに類する行為に見せかけ，あたかも解読されるべきテクストででもあるかのようにしか人々の実践に対して向きあえない姿勢，他人の生をまるで観賞すべき作品ででもあるかのようにながめてしまう姿勢，を人類学者のあいだに広めてしまったことも，残念ながら確かである。

⇨ *12, 47, 52*　参照文献　84, 136, 321　　　　　　　　　　（浜本）

51 二項対立——観念の図式か,行為の図式か

❖思考の基本形態

　R. エルツは『右手の優越』の中で,世界の多くの地域で左手に対する右手の優越が認められているという事実を問題にした。左にはしばしば邪悪や汚れなどの観念が結び付けられ,これに対して右には名誉,公正,支配などの観念が結び付いている。エルツは,これが単に自然の中での身体の左右不均衡に基づくものではなく,「未開人の思考に内在する二元論」の現れであり,その結果であるととらえた。エルツは,対立する対(両極性)によって世界を組織し,秩序付けるやり方が,人間にとっての原初的で普遍的な原理であると主張した。その後の文化人類学的研究は,この認識をさらに深めていった。二元論,つまり二項対立による分類の様式が,実際多くの社会で見られる基本的な分類様式であることが確認されていったのである。人間の感覚器官は最も基本的なレベルでは,純粋に「差異」のみに反応するものであることが知られている。それはスイッチのオン／オフに相当するような二値的な対立をもとにしている。言語学者たちは,言語の音韻体系が二項対立によって組織されていることを示している。R. ニーダムが述べるように「対立する二項によって概念を構成することは,原初的で永続的な思考形態であると論ずることのできる論理的根拠がたしかにある」。

❖行為を組織する図式

　二項対立的な図式は行為の多様な局面に見てとれる。ケニア海岸地方のドゥルマでは,死者が出ると屋敷の人々には日常の諸活動が禁じられ,それに加えて椅子や寝台の使用が禁じられる。服喪の期間中彼らは「下で(photsi)」つまり地面の上で起居する。死者のみが寝台を使用している。埋葬の日,死体は逆さにした寝台に載せられ,高く掲げられて墓まで行進する。そして地中に奥深く埋葬される。数日間の服喪の最終日に,死者の親族に対して「巣立ち」と呼ばれる「彼らを上に上げる」手続が行われ,それによって人々に椅子と寝台の使用が解禁されるとともに,日常的な諸

活動が再開される。上／下の対立が死の状況を組織するきわめて重要な区別になっていることがわかる。生者は「上」から「下」への移動によって死の非日常性の中に入り，「下」から「上」への移動によって日常性を取り戻す。一方，死者の地位の変化は誇張された「上」から「下」への不可逆的な移動を伴う。死をめぐる諸々の手続きは，この上／下の対立だけでなく，内／外，屋敷／ブッシュ，沈黙／喧騒，不動／活発などのさまざまな対立を踏まえて，組織されている。いわゆる「儀礼的」な諸活動の中に顕著であるとはいえ，二項対立的な図式は，日常的な諸活動の組織化においても見られる。例えば，一人前の男性が地面に直接腰を下ろすのはみっともないことであり，たとえ直径10センチほどの座りごこちの悪い木の枝であっても，それを椅子代わりに用いるべきである。他方女性は椅子を用いることは稀で，地面に足を投げ出して座ることが多い。上／下は男／女の違いに平行している。

❖二項対立図式の正体？

二項対立における「対立」は意味論的な概念なので，これまでの人類学者たちが，二項対立をもっぱら観念的な図式と考える傾向にあったのは，無理のない話である。しかしこれは考えなおす必要がある。二項対立図式の多くは，われわれにとっての「内／外」の区別がそうであるように，幼い頃からいつのまにか身につけている区別である。それはまさに「身」についているのであって，単に「あたま」についているのでも，「肉体」についているのでもない。つまり二項対立は，命題的知識のような形で持たれているわけではないし，かといって単なる身体図式などでもない。私たちは，単に概念図式とも単に身体図式ともいえないこうした二項対立図式を，文字どおり「身につける」ことによって，自分たちの身の回りの世界を分節化し，そのなかで実践的に立ち振る舞うことができているのである。P. ブルデューは，こうした二項対立の図式のあり方を，行為であると同時に認知としてもとらえられた「実践」（practice）にとっての生成的図式として分析する新しいアプローチの可能性を示している。

⇒ **10, 44, 47, 49**　参照文献　53, 191, 230　　　　　　　　（浜本）

52 呪術——呪術は技術か象徴か

❖呪術的行為の非合理性

　ある行為が呪術的であると呼ばれるとき，そこには常にある種の「非合理性」が含意されているようである。ある術者が白い磁器製の皿にサフランでグニャグニャしたアラビア文字風の模様を描き，それを薔薇香水で溶いてビンに詰め，朝夕の水浴びの際に用いると病気の治療に効果があると主張するとすれば，彼は明らかに「呪術的」治療を行っているのである。また盗みとった擦り切れた草履を密かに夜の間に唱えごととともにブッシュの中に投げ入れることによって，悪意ある者は自分の敵を放浪ばかりする人生の落伍者に変えることができるのだ，と話す人は明らかに「呪術的」な攻撃手段の１つについて語っているのだ。こんな具合にある行為を「呪術」と見る際に，われわれが暗黙のうちに自分たちにとっての合理性の基準を適用してしまっていることは，明らかであろう。サフランと薔薇香水の混合液にはなんの薬効成分もない。それはそのサフランがアラビア文字風の模様を描くのに使われたからといっても違いはない。擦り切れた草履と人の運命の間にも，おそらく何の関係もないであろう。しかしその「非合理性」は，単なる錯誤とも異なっている。単なる錯誤は呪術とは普通呼ばない。頭痛の患者が来るたびに腹痛の薬を処方する医者が仮にいたとしても，彼は誤った知識に基づいた誤った医療行為を行っていることにはなっても，呪術的治療を行っていることにはならない。

❖呪術の２つの原理

　呪術的行為は技術的な行為と同様，特定の対象に働きかけて望ましい結果を手に入れようとする行為である。しかし呪術的行為はその際に，いわゆる技術とは異なる原理に訴えかけているのだと，しばしば考えられてきた。それを最初に指摘したのは J. フレーザーである。呪術は，それが働きかけようとする対象やそれが求める結果に類似したもの，あるいはその対象と接触していたりその一部であったりしたものを，自らの企ての手段に用いる。擦り切れた草履は犠牲者と接触していただけでなく，彼の当て

のない彷徨を暗示する。薔薇香水に溶いた「アラビア文字」は、病気を引き起こしたイスラム起源の霊の世界の一部であり、患者はそれを文字どおり身体に浴び、摂取する。日本人にお馴染みの、犠牲者の髪の毛や爪を入れた藁人形を用いる呪術に見られるのも、類似と接触の原理である。フレーザーは類似の原理に基づくものを「類感呪術」、接触の原理に基づくものを「感染呪術」と呼んだ。彼によると、呪術師の誤りは、類似にせよ接触にせよ何れも観念の上で連想を引き起こす原理にすぎないものを、因果関係と取り違えているという点にある。呪術は「誤った科学」なのである。

❖呪術の理解

しかし呪術の実践者は、ほんとうに類似や接触を因果関係と取り違えたりしているのだろうか。そうだとすると、逆に説明できない点がある。あるものに類似したものが、類似というまさにその事実によって、それに何らかの影響を及ぼしうるのだと信じているにしては、呪術が訴える類似は、実物とあまり似ていないし、それがうちたてようとする接触も取るに足らないものなのである。その気になれば、呪術師は彼の用いる手段を、彼の術の対象や望んでいる結果にもっと似せることもできただろうに。類似は確かに存在する。だがそれを呪術実践の根拠と考えるのはナンセンスだ。フレーザーの呪術論の最も的確な批判者 L. ヴィトゲンシュタインはそう論じる。彼によると呪術の実践を特徴づけるのは、それが誤った理論によって根拠づけられていることではなく、そもそも根拠の問いそのものが排除されているという点なのだ。呪術は、人間の実践における規約性という問題領域に関係づけられる。これに対して人類学者たちは、具体的な目的を実現するための実践という呪術の側面には目をつぶり、類似と接触の問題を主題化する方向に進んだ。それによると類似性と接触の原理は、呪術を技術にするのではなく「象徴」にする。呪術は「象徴的」になにごとかを語る「コミュニケーション」として説明されることになった。これは、明らかに現実的実践でもある呪術の性格を誤認したものだ。ヴィトゲンシュタインの見解に添った新たな理解の方向が検討されねばならない。

⇒ ***12, 47, 50***　参照文献　33, 205, 232, 292　　　　　　　　　　　（浜本）

53 シャマニズム——「霊能者」たちの宗教？

❖シャマニズムという言葉

　北東シベリアのツングース人のあいだにサマンと呼ばれる一種の宗教的職能者がいた。ツングースの言葉で「興奮し感動する人」を意味し，神霊や動物霊などの憑依により共同体に役に立つ託宣や，病気治療を行うのがその役割であったらしい。18世紀にエカテリーナ女帝がシベリア奥地をヨーロッパ人の探検家に開放して以来，サマンに類似した宗教的職能者の存在は広く知られていたが，彼らが用いるさまざまなトリックの数々——腹話術，動物霊の声色の真似，仕掛けのある小部屋，姿を消したり現れてみせたりすること，患部から病気の原因を取り出してみせること，などなど——から，彼らは当初ジャグラー（魔術師，手品師）などといういささか不名誉な名前で紹介されていた。失神や，霊が取り憑いた様子を示す意識の変性状態（トランス）の制御も，彼らが用いる技法の1つであった。一部族での呼称にすぎないサマンが，シャマンという名前で，北アジア一帯のこうした宗教的職能者の総称として用いられるようになったのは後のことで，単なる偶然以上のものではなかった。しかし「ジャグラー」から「シャマン」への変化は，一見いかさまめいたトリックから，トランスというより精神的な能力への人々の関心の移行にも対応していた。

❖指示対象の拡散と固定イメージ

　シャマンという名称は，やがて地域を越えて北米や南米の類似した宗教的職能者に対しても用いられ，20世紀には世界各地の類似した職能者を広く意味する人類学用語となった。類似性の認識はしばしば厳密な基準を欠き，一方では例えばアフリカの同様な職能者はめったにシャマンと呼ばれることがないといった偏りを生む。拡大適用の過程で，この言葉にさまざまな雑多な要素が入り込んだのも無理からぬことだった。指示内容の多様化は，憑依型，脱魂型などの類型化の試みや，定義をめぐる多くの議論を促した。最も狭い定義と最も寛大な定義では，もはや同じものについて語っているとはいえないほどの違いがある。その一方で，現実とのつなが

りを欠いた固定的なシャマン像が流通した。経典宗教に先立つ「古代的な」形態であるとか，人間にとってより根源的な宗教経験に対応するとかの根拠のないイメージが広まっており，そこには異界と交流する精神的能力の実在をあたかも前提としたかのような物言いや，それらに対する奇妙な敬意もつきものである。

❖近代の想像力

　シャマン，およびシャマンを中心とした宗教体系を指すシャマニズムという概念が，特定の民族の現地語を世界各地に広く見られる現象や制度を指す言葉として流用した，トーテミズム，タブー，マナといった人類学上の諸概念の仲間であることは明らかである。非西洋（＝非近代でもあった）の言語からの借用によるこうした概念は，それによって語られる現象や制度を西洋にとっての他者である「未開」の，あるいは前近代の制度としてはっきり位置づけると同時に，そうした他者としての未開を一連の共通した諸制度によって特徴付けられる実体として思い描くという，未開幻想の精緻化にもつながった。C. レヴィ-ストロースがトーテミズム概念を解体することによって示したように，それらは具体的な他者について何かを明らかにするというよりは，むしろ未開の他者に対する西洋自身の想像力についてより多くを語る概念だったのである。20世紀初頭の人類学の負の遺産であるとすらいえる。

　シャマニズムの場合，トランスとその制御をめぐる宗教実践という形に特化することで，トーテミズムなどと比べて一応明確な研究対象の体裁を保っている。ただし，こうした宗教的職能者に当初からつきまとっていた，ともすればイカサマやトリックとみなされかねない要素から目をそむけ，逆に彼らの精神的能力を過大に評価するという奇妙なバイアスと引きかえに。他者の実践をイカサマとして軽蔑することも，その高い精神性に感嘆してみせることも，未開と文明という西洋近代固有の特殊な想像力の二項対立図式の裏表にすぎない。シャマンと呼び続けるにせよ，しないにせよ，さまざまな宗教的職能者について，近代の想像力の呪縛を離れて再び向き合ってみる必要がある。

⇒ *5, 16*　参照文献　52, 115, 249, 284　　　　　　　　　　（浜本）

54 アニミズム──人類の宗教の基層には，精霊が支配する不思議な世界がある

❖ E. タイラーのアニミズム説

　アニミズム（animism）という語は，イギリスの人類学者 E. タイラーが『原始文化』の中で「原始（未開）宗教」の特徴を表すのに用いた用語である。タイラーは宗教の原初的形態を「霊的存在への信仰」に求め，それをアニミズムと名づけた。ここでの霊的存在とは，霊魂，死霊，精霊，霊鬼，神までを含んでいる。彼は霊魂や精霊に対する信仰から多神教そして一神教にいたる宗教の進化を論じたが，同時にアニミズムを宗教発展の各段階を通じて存在するとも考えた。その意味では，タイラーの功績は，アニミズムという言葉を用いて彼の時代に支配的だったキリスト教的な宗教概念を拡張し，人類的な規模での宗教の比較研究を試みたところにある。

❖ アニミズムの世界

　アニミズムは唯心論的な世界観である。つまり，物体に生気と動きを与えるのは霊的存在だとされ，この物質的身体を持たず，目に見えない霊的存在の働きによって世界が説明される。マレーシア・サラワクのイバンではこの霊的存在はアントゥと呼ばれ，内堀基光によれば，その基本的性格は尋常の理解を超える不思議さや驚きをもたらすものとされる。それゆえ，異常に大きな果実，殺そうとしてもなかなか死なないで動き続けるニワトリなどはアントゥであって，場合によってはカメラやテープレコーダーもアントゥ的事物だという。岩田慶治は『草木虫魚の人類学』や『カミの人類学』の中で「不思議の場所」としてのアニミズムの世界をさまざまな角度から論じた。

　アニミズム的思考においては，人間は身体と霊魂からなると捉えられる。霊魂は自由に身体を出入りすることができ，夢をみているときや病気のときは霊魂が身体から離れた状態だとされる。それゆえ，この分離した霊魂を取り戻すために儀礼がもたれることがある。そして死とは霊魂が永遠に身体を離れ，宿るべき身体を失ってしまった状態である。

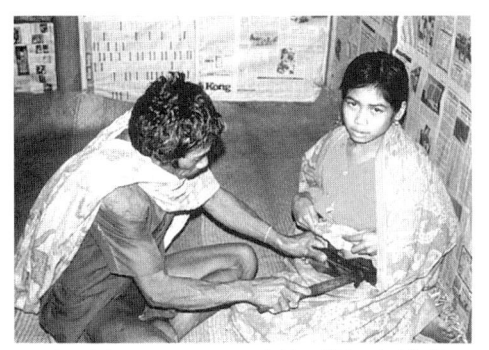

インドネシア・トラジャにおける呪医による治療

❖インドネシアのトラジャの事例

インドネシア・スラウェシのトラジャでは、この身体を失った霊魂はボンボと呼ばれる。ボンボは正しく祭らなければ、人々を苦しめる。例えば、ある少女が腹痛をうったえ、町の病院に行ったが治らなかった。呪医によると、祖母のボンボが怒り、彼女の体内に入って腹痛を起こしているという。つまり、彼女の父親が自分の母親の葬儀の義務を果たさぬうちにキリスト教に改宗したために、祖母のボンボが怒ったというのである。そこで呪医による治療が試みられ、少女は1週間ばかりで治癒した。

トラジャでは、名誉ある死者のボンボは最終的に天に上り、デアタつまり神となる。こうして死者は子孫に幸福をもたらす存在になる。しかし、これは理想的な場合であって、現実にはこのプロセスはしばしば中断されるので、死霊たちは怒って人々に災いをもたらすことになる。

❖アニミズムの現在

タイラーのアニミズム論は、その後マナ（呪的な力）に注目したR.マレットのプレアニミズム（アニマティズム）論、A.ラングによる原始一神教の指摘などにより修正と批判が加えられていったが、進化論の非実証性があらわにされていくにつれて輝きを失っていった。今日の人類学や民族学においてはこの概念を用いて議論されることは少なくなっている。アニミズムという概念が特定の宗教現象を捉えるにはあまりに包括的で、曖昧だからだ。にもかかわらず、この語は精霊や霊魂が宿る世界を語る際に依然として使われており、批判的な再定義が必要とされている。

⇒ **35, 52, 53** 参照文献　28, 29, 44, 148, 165　　　　　　　　　（山下）

55 トーテミズム──宗教の原初形態としてもてはやされた後,時代遅れになった概念をレヴィ=ストロースが一時的に甦らせた

　日本でもトーテミズムの一端に触れることができる。どこかの遊園地に行けば,大抵トーテム・ポールを見ることができるであろう。これは北米北西沿岸に住む先住民が家柱や墓柱に施す彫刻を真似て作られたものであるが,実はこのトーテムというのがトーテミズムの語源なのである。

　トーテミズムとは一般にある人間集団がある特定の動植物と特別な関係を持つとする信仰,およびそれに基づく制度と定義される。また,この特別な関係を持つとされている動植物がトーテムと呼ばれる。しかし,社会によっては,集団でなく個人に結び付いたトーテムが見られる場合もあるし,動植物以外の事物がトーテムとされる場合もある。実際,トーテムがトーテム集団の祖先であるとされたり,トーテムをその集団の者が殺したり,食べたりしてはならないとされたり,トーテムを崇拝対象とする儀礼が行われたりと,トーテミズムと総称される現象には実にさまざまな形態が存在する。これらすべてに共通するものを取り出すことは難しい。

❖トーテミズムの起源

　進化主義の時代には,トーテミズムを呪術や宗教の原初的な形態とする考え方が支配的であった。J. フレーザーはトーテミズムを呪術の一種とみなし,トーテミズムと外婚制は起源が同一であると論じ,L. レヴィ=ブリュールはトーテミズムにおいて人間が動植物と同一視されるのは前論理的な未開心性の表れとした。E. デュルケームはトーテミズムの基盤には非人格的な力に対する信仰があり,その力が事物に個別化して表れたものがトーテムであるとし,この聖なるトーテムが集団の連帯を保障する力を持つと論じた。また,精神分析学の S. フロイトはトーテムは父親の象徴であり,原初の父殺しに対する贖罪としてトーテムを殺してはならないというタブーが生まれたとして,トーテミズムをエディプス・コンプレックスと結び付けて考えた。文化圏説においても,さまざまな名称を与えられたトーテミズム文化圏なるものが古い文化層として考えられたが,起源を問題にすることがもはや文化人類学の主要課題ではないという機能主義の登

トーテミズム

従来のトーテミズム解釈
(異なったレベルにある要素と要素の関係を重視)

自然：	種 1 ≠ 種 2 ≠ 種 3 ≠ ‥‥ 種 n
	｜　　　｜　　　｜　　　　　｜
文化：	集団1 ≠ 集団2 ≠ 集団3 ≠ ‥‥ 集団n

レヴィ＝ストロースのトーテミズム解釈
(異なったレベルにある差異と差異の関係を重視)

自然：	種 1 ≠ 種 2 ≠ 種 3 ≠ ‥‥ 種 n
	｜　　　｜　　　｜
文化：	集団1 ≠ 集団2 ≠ 集団3 ≠ ‥‥ 集団n

場以降，トーテミズムという用語自体が時代遅れのものとなってしまった。

❖今日のトーテミズム

しかし，C.レヴィ＝ストロースの登場によって，再びトーテミズムは脚光を浴びることになる。機能主義の時代において，トーテミズムは実利的な観点から解釈された。B.マリノフスキーやA.R.ラドクリフ＝ブラウンによれば，特定の動植物がトーテムとして選ばれるのはその動植物が経済的に（主に食物として）重要な意味を持つからであり，そのためにその動植物に対して特定の宗教・儀礼的態度がとられるというわけである。しかし，この解釈では実利的でない動植物や事物がトーテムとなっている場合を説明することはできない。

レヴィ＝ストロースはこの点を乗り越えようとした。彼によれば，これまでの研究者たちが種と集団という要素間の関係ばかりを問題にしていた点に問題がある。そうではなく，種と種の差異と集団と集団との差異という自然と文化という異なったレベルにある差異相互の関係に注目しなければならない。すると，異なったレベルにある要素間の差異同士が結び付けられているということにトーテミズムの本質があることが明らかになる。したがって，特定の動植物がトーテムとして選ばれるのは，その動植物が「食べるのに適している」からではなく，社会の中で人間集団を区分するのに適している，つまり「考えるのに適している」からであるということになる。この解釈は抽象的な概念ではなく，具体的な事物によって考える「野生の思考」というレヴィ＝ストロースの思考様式論の中に組み込まれた。

⇨ ***10, 48, 54***　参照文献　172, 289, 300, 308　　　　　　　　　（栗田）

56 タブー——タブーがあるから不安が生まれるのか,不安を抑えるためにタブーがあるのか

❖世界に普及したポリネシア語

　タブーというポリネシア起源の言葉は,日本でも日常的に用いられる外来語の1つであり,触れてはならない・してはならないこと(禁忌)を意味する。1784年の第3回クック航海記は,タヒチ島の女たちが男と食事をともにせず,豚・亀などの食物が禁じられていることを不思議な慣習として伝えている。また首長の船の着く入江がタブーとなるなど,特定の「人」と「モノ」がある状況下でタブーとされる。これと対になる言葉に,価値と目的を持たない・特殊でないといった意味合いのノアがあるが,クック航海記によって19世紀初めにヨーロッパに広く浸透したのはタブーという語彙だけだった。このように現地語がそのまま人類学用語から日常語になった例には他にシャマンやトーテムなどがある。しかしタブーほど世界的に普及した例はなく,そこには次のいきさつがあった。19世紀のヴィクトリア朝時代のイギリスには,この語彙を受容する条件が揃っていた。1つは宗教の合理主義的説明という時代の趨勢があり,説明のつきにくいものを一定の理解カテゴリーに収める努力がなされた。供犠などの儀礼(「…をせよ」)や禁忌(「…をするな」)など,合理的説明の及びにくいものに「呪術」や「タブー」という語彙は恰好の見出しを与えた。もう1つは,この時代そのものが多くの禁忌を特徴としており,ズボンをわざわざ「言いがたいもの」といいかえることが礼儀であったように,とくに性と身体をめぐるタブーには著しいものがあった。

❖禁忌と不安

　祭事の忌み籠もりや断ち物(塩断ち,穀断ち),葬事の忌み(黒不浄)や産にかかわる禁忌(赤不浄)の考え方など,季節ならびに人生の節目には「…をするな」という命題が集中して現れてくる。これらは当事者のおかれた非日常的状況を示すものであり,浄と不浄,吉と不吉の両方にまたがって見られる。またより日常的にもわれわれは多くのタブーに包囲されている。夜に爪を切るな,髪を焼くな,割り箸をそのまま捨てるな,など断

片的な格言や諺の形をとることが多く,そのいわれは必ずしも明確でない。それでもあえてそのタブーを犯さないのは縁起をかつぐからであり,いかに合理的科学的思考がその力をましていても,禁が語り継がれるかぎりはこの縁起のよしあしが働く余地がある。この場合,当事者の立場を次のように代弁することができる。「それを合理的に説明できないことは分かっている,でもやはり…」。こうした経緯を「不安」とのかかわりで説明しようとしたのが機能主義人類学だった。B. マリノフスキーは「…をせよ」も「…をするな」も,一定のルールにそうことで当事者の心理的不安が解消されると考えた。一方 A. R. ラドクリフ-ブラウンは,むしろ守るべき規則があることでそれを犯しはすまいかという不安を生むから,心理的な機能よりも,その社会的統合のはたらきに注目すべきであると主張した。

❖近親相姦の禁止

「…をするな」という命題の中で多くの人類学者の関心を集めたものに近親相姦の禁止がある。この禁止は母子相姦や父娘相姦はもちろん,数世代をさかのぼる従兄弟や果てには同一氏族の全成員にまで課せられることがあり,近親交配に対する遺伝的な懸念といった生理的な理由も,生活感情の共有による性への忌避といった心理的な理由も,十分な説得力をもちえない。そこで C. レヴィ-ストロースは,婚姻を社会的交換の1つの形と考えることで近親相姦禁止の謎を解こうとした。すなわち,性的結合がその制度的な現れとしては婚姻という社会的結合に結び付くことに注目すると,一定の近親者同士の結合を禁ずることは,その枠を越えた他者との性的・社会的結合を促すことにほかならない。集団 AB の2つだけがある場合を考えると,AB 内部の結合の禁止はそのまま AB 相互の成員同士の結合を導く。これによって A と B はそれぞれが1集団であり,かつ互いに性的な財を交換しあう緊密な2集団であることを確認しあう。さらにまた,それぞれの集団の1集団たるゆえんがこうした近親相姦禁止をバネとしてはじめて発生しうるとすると,禁止のあることがすなわち社会と文化の存在条件にほかならない。レヴィ-ストロースはこれを,禁止を媒介とした「自然」から「文化」への移行と名づけた。

⇒ *8, 30, 47*　参照文献　128, 288, 305　　　　　　　　　　　　　　(関)

57 コミュニタス——境界状況（リミナリティ）から生まれた，反構造的な人と人との関係

❖コミュニタスの定義

コミュニタス（communitas）とは V. ターナーが提唱した概念であり，社会学や人類学の説く「社会構造」において見られる，秩序だったヒエラルキーに基づく人間関係とは対照的に，非差別的，平等的，直接的，現存的，非合理的，実存的，そして L. フォイエルバッハや M. ブーバーの言う我－汝関係などによって特徴づけられる人間関係が成立する場，もしくは社会形態を指す。その意味で，コミュニタスは「反構造」と呼ぶこともできる。

❖通過儀礼とリミナリティ

ターナーは，中部アフリカのンデンブ社会での儀礼の調査，および A. ファン・へネップの通過儀礼論から，この概念の着想を得たという。

通過儀礼とは一般に，誕生・結婚・死などの人生の節目に行われる人生儀礼，特定の場所から別の場所へ移動する際の移行儀礼，特定の教団・結社などへの入社式，王位などへの就任儀礼，これら個人の地位や身分，さらには状態を変更する際に行われる儀礼を指す。そしてそれには，儀礼以前の状態からの「分離」，両義的な「境界」，新たな状態になって社会に戻る「再統合」の 3 つの過程を経るという。

これら 3 過程のうちコミュニタスの議論にとって重要なのは，2 つの状態の中間点，どっちつかずの境界状況すなわちリミナリティ（liminality）である。そのような状況にある人々同士の間で取り結ばれる関係を基本として成り立つ社会形態が，コミュニタスなのである。ターナーによれば，社会とは，このようなコミュニタス，そして秩序づけられ階層化された地位・役割のセットすなわち社会構造という 2 つの異なった社会形態の双方を含み，両者の弁証法的過程として把握されるべきものとなる。

❖ 3 種類のコミュニタス

ターナーによれば，コミュニタスには 3 つの種類がある。まず，実存的ないしは自然発生的コミュニタスである。そこでは，人々は個人として，

直接的かつ全人格的に向かい合い，その結果，人類は同質的であり，構造化されていない自由な共同体であると考えられるようになる。例としては，ブーバーの言う我‐汝的な相互関係，1960年代のヒッピーたちが行っていた「ハプニング」で生まれる状態などがある。

さらに，規範的コミュニタスと呼ばれるものがある。これは，本来実存的であったコミュニタスが社会体系の中に組み入れられ，多少なりとも組織化されたものである。とはいっても，功利性を本来的な存在根拠とする「構造化」された集団とは異なり，規範的コミュニタスはあくまで同胞精神や仲間意識といった非功利的経験から出発している。ヨーロッパのフランシスコ修道会やインドのサハジーヤー派の発展史が，開祖を中心とした自然発生的コミュニタスから規範的なそれが生じてくる事例とされる。また，巡礼の経験は実存的コミュニタスの成立を促すが，巡礼者間の独特の社会的紐帯を作り出しているのは実は規範的なコミュニタスである。

最後にイデオロギー的コミュニタスは，実存的コミュニタスを実現するための最良の条件を提供する，社会のユートピア的モデルもしくは青写真につけられるラベルである。これまでに提唱されたさまざまな理想郷構想が含まれるが，ターナーが挙げているのは，シェイクスピアの『テンペスト』の中でゴンザーロの説く共和国の例である。

❖**コミュニタス・リミナリティ論の射程**

リミナリティに関してもターナーは，儀礼主体がより高い地位に移行するために行う「身分昇格の儀礼」におけるそれ，および社会構造上の優劣関係が儀礼の場で転倒する「身分逆転の儀礼」におけるそれとの2つがあると述べる。そして，構造的劣位すなわちリミナルな状況にある者たちの宗教活動が疑似的な階級組織，一種の「構造」を形成する例，その逆に構造的に優位にある者の創唱した「謙虚さの宗教」の例などを論じる。

コミュニタス論は，カウンター・カルチャーが栄えた1960年代後半から70年代にかけて人類学や宗教学で盛んに用いられた。アフリカの事例のみならず，ヒッピー，道化，千年王国など時代にマッチしたテーマを取り込んだところに，この議論が支持された1つの理由があると思われる。

⇨ ***12, 47, 58, 71***　参照文献　155, 156, 216　　　　　　　　　（大塚）

58 巡礼——日常生活から離れた聖地への旅は，共に試練を乗り越えた信者同士の連帯感を強める

❖巡礼の定義とその事例

　宗教の聖地・霊場を旅し，途中で出会うさまざまな試練を乗り越え，聖なるものからの功徳を得るとともに，信仰を強め信者間の連帯意識を高める行動を巡礼と呼ぶ。日本では西国33カ所巡礼や四国88カ所遍路などがよく知られている。キリスト教にはエルサレムやローマ，さらに聖ヤコブにちなむサンティアゴ・デ・コンポステラ（スペイン），19世紀に聖母の出現したルルド（フランス）巡礼などがある。また，イスラームのメッカ（サウディアラビア），仏教のキャンディ（スリランカ），ヒンドゥー教のワーラーナシ（旧名ベナレス，インド）などの聖地への巡礼も盛んである。

❖コミュニタスとしての巡礼

　巡礼に関して理論的考察をした人類学者として，V.ターナーがいる。彼は，秩序だった諸制度すなわち「構造」に組み込まれた社会関係と対照的な，非差別的・平等的・直接的な人間関係の成立する場を「コミュニタス」と名づけた。そして巡礼をその1つの例と考えた。ただし，実存的・自然発生的なコミュニタスやイデオロギー的なそれとは異なった，社会体系にある程度組み込まれ，成員同士を多少なりとも規制する組織化が行われている「規範的コミュニタス」の1つと巡礼を位置づけた。

　そのような観点からすると，巡礼には自発的つまりコミュニタス的側面と義務的つまり規範的な側面とがあり，どちらが強調されるかは個々のケースによって異なる。一般にはこの2つの側面が混り合っていることが多い。また，巡礼に参加する者同士は，社会構造によって規定された日常的地位・役割から離れ，同等の存在として相互の連帯感を強める（巡礼の包摂的特性）と同時に，巡礼に参加しない者さらには異教徒に対する差別の意識を高める（同じく排外的特性）場合もある。

❖イスラームの場合

　個別例としてイスラームをとれば，最も重要な巡礼はイスラーム暦12月上旬に行われるメッカ巡礼（ハッジ）である。巡礼者は全員がイフラー

ムと呼ばれる白い布のみを身につけるが，これは神の前での信者の平等性を象徴している。メッカのカアバ聖殿やその近郊において，アブラハムなどにちなんだ一連の儀礼を行った後，同月10日の朝に供犠を行い，巡礼の成功を神に感謝する。なお，その日はイスラーム世界では祝日（犠牲祭）であり，巡礼に参加しなかった者も各自の家庭でヒツジなどを屠り，ムスリムとしての連帯感を確認する。

ハッジは五行と呼ばれるムスリムの義務の1つであり，それを実行することができる経済的・身体的条件を満たす者は行わなければならない。それとは別に，随時行うことのできるメッカ巡礼もある。これはウムラ（小巡礼）と呼ばれており，イフラームを着る点などはハッジと同じだが，ハッジの際に実施される儀礼の一部が省略される。

メッカ巡礼を終えた者の多くは，メディナにある預言者の墓に詣でる。この行為も，外部から時として「巡礼」と記述されることがあるが，ハッジやウムラとはまったく別なものである。また，ムスリム世界各地にある聖者の墓廟への参詣も「巡礼」と呼ばれがちだが，この慣行はアラブではふつうズィヤーラ（訪問）と呼ばれ，ハッジ，ウムラとは明確に区別されている。しかし，民間信仰レベルでは，地元の聖者への何回かの参詣が，メッカ巡礼と同じ功徳を持つとみなされている場合もある。

❖世俗的巡礼

特定の聖地への巡礼圏は，その信仰の及んでいる宗教共同体の範域とほぼ重なり合う。ところで，ヨーロッパに絶対王政が生まれ，官僚機構が整備されだすと，役人たちは王国領内で転勤を繰り返しつつ昇進していく。類似の現象は，アメリカ大陸などの植民地でも見られた。B. アンダーソンはこの新たな世俗的旅を「巡礼」と呼び，その「巡礼圏」が後に勃興するナショナリズムの構成単位（ネーション）の枠組みを準備したと論じている。こうして巡礼というモデルは，「近代」の問題を探ろうとする文化人類学的研究にとっても，きわめて有効な視点を提供することになる。

⇨ **47, 57, 86** 参照文献 13, 56, 156, 237 　　　　　（大塚）

59 モノ，文化，芸術——モノとは文化・社会的存在である。しかし，博物館が扱う物質文化と美術館が扱う芸術とでは違いがあるのだろうか

❖文化的存在としてのモノ，社会的存在としてのモノ

　イギリス人類学の祖である E. タイラーは文化を「知識，信仰，芸術，道徳，法，慣習，そのほか，社会の成員としての人間によって獲得されたあらゆる能力や習慣の複合的な総体」と定義した。それは衣服，食べ物，住居，そしてそれらを作るための道具といった具合に，モノという目に見えて手でふれることのできる物質的な形をとることが少なくない。人類学では，これらを物質文化と呼ぶ。

　ただし，モノには，それが持つ物質的特性や与えられた形状などから生まれる機能，例えば道具としての用途にはとどまらない，さまざまな意味が与えられている。衣服は身を護るためだけに着ているわけではないし，住居建築物は狭義の家屋を越えて世界観を表している場合もある。モノは信仰や芸術，道徳といった精神文化を伝え，それに力を与えるものでもある。

　さらに，モノは誰かがそれを使用したり所有したりするし，贈与や交換の対象・手段にもなる。モノは，その使用や所有，贈与や交換にかかわる人々の社会関係と共にあり，それゆえ社会的意味を帯びた存在でもある。

❖「芸術＝文化システム」——芸術と文化を認定する権力

　モノを収集・整理・展示する場所に美術館や博物館がある。美術館に芸術作品が，博物館には物質文化が集められる。J. クリフォードは，美術館や博物館を支えるモノの分類制度を「芸術＝文化システム」と呼んでいる。

　芸術と物質文化は共に「真正」なホンモノだが，芸術が「オリジナル・唯一無二」なモノであるのに対して，物質文化は「伝統的・集合的」なモノだという。芸術は個々の芸術家が特定の文化的文脈を超えてオリジナルに美を追求するものだとされ，その普遍的価値なるものを評価し認定するのは欧米の芸術界（学芸員や画商）である。物質文化はあくまでも特定の民族や地域の人々が集合的に共有する文化的文脈の上で意味を与えられたものだとされ，それを大量生産されて市場で売買される非・文化から区別

【図】芸術＝文化システム：真正性を製造する機械

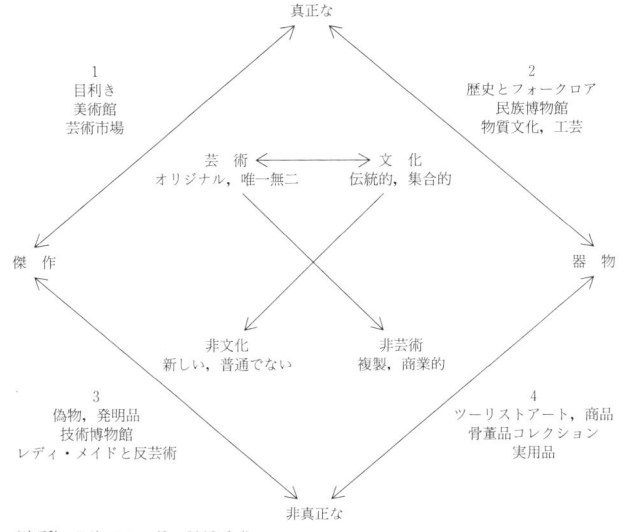

```
                          真正な
                            △
            1                              2
         目利き                        歴史とフォークロア
         美術館                         民族博物館
         芸術市場                      物質文化, 工芸

              芸術 ←――――→ 文化
          オリジナル, 唯一無二  伝統的, 集合的

       傑 作                              器 物

              非文化            非芸術
           新しい, 普通でない   複製, 商業的
            3                              4
       偽物, 発明品                  ツーリストアート, 商品
       技術博物館                   骨董品コレクション
       レディ・メイドと反芸術        実用品
                            ▽
                          非真正な
```

(出所) クリフォード，2003 より。

し，文化として評価し認定するのは欧米の人類学界や歴史学界などである。

❖ 文化という呪縛から離れて

　クリフォードの「芸術＝文化システム」論は，人類学にかかわる「民族誌リアリズム批判」（本質主義批判）という文脈の上にある。物質文化を特徴づけるという「伝統的」という概念は，時間の流れやそれに伴う文化・社会の変化に目をつぶろうとする「民族誌的現在」といった仕掛けと関係が深い。また，「集合的」という概念は，人々の個別性すなわち民族・地域内の多様性への無関心を支えかねない。

　近年，人類学がフィールドとしてきた地域の人々（例えば先住民族の人々）の間で，さまざまな芸術活動が盛んになってきている。しかし，その成果としてのモノは，いまだファイン・アートとは呼ばれず，エスニック・アートと呼ばれることが多い。そこには物質文化を見ようとする視線が強く働いている。人類学のモノ論が「伝統的」で「集合的」な文化的文脈を重視するあまり，人々の芸術活動が文化という呪縛から離陸してみようとする試みを阻害する力になってはならないだろう。

⇨ **17, 36, 37, 38, 39, 90, 100**　参照文献　43, 45, 95, 241　　　（葛野）

60 科学技術——「未開の科学」を描き出したエスノ・サイエンスは，現代の科学技術をもその視野におさめる

19世紀の進化主義の時代には，「未開人」は無知蒙昧な存在であり，非合理的な呪術や宗教の世界に生きているため，西欧世界で発達した科学とはまったく無縁な存在であると考えられていた。「未開社会」の呪術や宗教は単なる迷信にすぎず，科学的に見ればまったく誤ったものであるというわけである。しかし，20世紀に入り，文化相対主義が優勢になるにつれて，このような見方は大きく修正されることになる。西欧世界の科学と異なってはいるが，「未開人」も独自の科学を持つということが次第に明らかにされていったのである。

❖エスノ・サイエンス

この点で最も重要な役割を果たしたのは，アメリカで発達した認識人類学，とくにエスノ・サイエンスと呼ばれる分野である。言語が異なれば人間の認識の仕方も異なるという「サピア゠ウォーフの仮説」の影響の下，20世紀半ばから始まった初期の認識人類学的研究では，動植物などの自然界に関する知識，親族名称，色彩といった領域を中心に，主にアメリカ構造言語学の手法に基づいた語彙構造の分析が行われた。その結果，「未開社会」にも自然界に関する精緻な分類体系が存在することが明らかになり，このような自然界についての深い知識に支えられて，生業に関する技術，航海に関する技術，病気治療の技術など，独自の技術がさまざまな形で発達していることが広く知られるようになった。「未開人」は十分に知的であり，立派に独自の科学技術を発達させてきたのである。その後，認識人類学が扱った言語と認識というテーマは，認知言語学や認知心理学の分野に受け継がれていくことになるが，エスノ・サイエンスによる「未開の科学」の発見は，知的に劣るとされていた「未開人」像を修正するうえで大きな役割を果たしたといえる。また，このような認識人類学の成果を一部取り込みながら，C.レヴィ゠ストロースは「未開人」が独自の論理体系で思考する姿を「野生の思考」「具体の科学」と呼び，その論理性を正しく評価する必要性を訴えた。

❖クーンのパラダイム論

　このようにして，西欧の科学とは異なる「未開の科学」の存在が明らかにされ，同時に，中国文明やインド文明など，西欧以外の文明世界における科学技術の研究が進むにつれて，科学というものの複数性は広く認識されるようになった。しかし，西欧世界の科学のみが唯一絶対の正しい科学であり，科学が発展すればより真理に近付くことができるという（西欧）科学信仰は根深いものがあった。この信仰を大きく揺るがしたのがT.クーンのパラダイム論である。科学の理論は科学者集団によって社会的に構築されたものにすぎず，真理なるものは科学者集団に共有されているパラダイムにおいてのみ意味があるものであり，あるパラダイムが別のパラダイムに取って代わられるという形で科学は発展してきたにすぎないというクーンの議論は，西欧科学の唯一絶対性に大いなる疑問を突きつけた。科学的な真理は複数存在し，当然西欧科学も複数存在するのである。このような認識は，「未開の科学」だけでなく，現代の科学技術をも人類学の研究対象とする道を開いた。

❖科学を実践する場

　現代の科学技術を人類学が扱う場合，フィールドワークの場所は，科学理論が生まれる実験室であったり，科学技術が用いられる工場や病院であったり，科学が教えられる学校であったりする。科学が実践される場であればいかなる場であろうと，人類学者が活躍できる可能性がある。そのような場所には科学を実践する科学者や技術者が社会を形成している。この社会こそが，かつての「未開社会」と同じく，人類学者が民族誌的研究を進める対象となるのである。当然ながら，このようなフィールドを選んだ人類学者は，科学者や技術者の持つ科学的知識を身につけておかねばならない。また，科学の実践の場のフィールドワークに関する方法論も十分に確立しているとは言い難い。しかし，科学技術が原理的に科学者や技術者の実践の場と切り離すことができないという点を踏まえれば，まだまだ未開拓のフィールドが身近な所に広がっているのである。

⇨ **10, 11, 28**　参照文献　102, 246, 281, 288, 290　　　　　　（栗田）

61 土着主義運動——近代西洋の侵略に対する土着の人々の抵抗は，つねに挫折が運命づけられているのか

❖土着主義運動とは

土着主義運動（nativistic movements）という概念を提唱したのは，L. リントンである。彼の定義によれば，土着主義運動とは「ある社会の成員の一部が，自分たちの文化の中から選んだいくつかの側面を，再生もしくは永続化させようとして行う，意識的で組織だった試み」を指す。

ここで重要なことは，リントンがこの概念を，異なった文化を持つ集団同士が持続的かつ直接的な接触をした結果に生じる「文化変容」の1つと位置づけたことである。そして，彼が列挙する土着主義運動の事例の多くは，経済的・軍事的に優勢な西洋近代と遭遇することによって，社会的・文化的混乱に陥ってしまった，さまざまな「未開」社会に生まれた宗教的反抗運動なのである。

❖ゴースト・ダンスとカーゴ・カルト

土着主義運動のよく知られた例としては，19世紀末のアメリカ先住民（インディアン）におけるゴースト・ダンスや20世紀前半のメラネシアにおけるカーゴ・カルトなどがある。

19世紀後半，白人の西部「開拓」によってさまざまな圧迫を受けていた平原インディアンの一部に，既存の支配秩序の破壊と白人の追放，そして死んだ先祖の帰還とインディアンの幸せな生活の回復などを唱えた踊りが広まり，ゴースト・ダンスと呼ばれるようになった。パヴィオツォ人のウォズィウォブ，パイユート人のウォヴォカなどの「預言者」によって普及されたものだが，1890年のウーンデッド・ニーにおけるスー人の虐殺といった悲劇も生み出した。

一方，カーゴ・カルトは，ニューギニアやソロモン諸島などに広がった現象である。白人の経済力に圧倒されていた現地の人々が，自分たちの死んだ祖先たちが富を満載した船に乗って帰還し，その積み荷（カーゴ）を彼らに分配し，その結果，彼らは白人による支配から解放されるという信仰である。人々は白人支配者に反抗したり，積み荷の到着を待つために仕

事をサボタージュしたり，貯えを消費したりした。だがいずれにせよ，積み荷は到着せず，運動は次第に衰えていった。

❖メシアニズムと千年王国運動

土着主義運動として論じられてきた現象は，別の用語でも説明されうる場合が多い。例えば，終末論的気運の高まりを背景に，カリスマ的指導者が既存の秩序の転倒を叫び，彼に従う虐げられた者たちに至福の生活を約束する運動は，その指導者に着目すればメシアニズム（救世主運動）と呼ばれうるし，待望されている地上の楽園の面を強調すれば千年王国運動とも呼べるだろう。「千年王国」という用語は，元来キリスト教的終末論において，悪魔によって荒らされた地上にキリストが再臨し，悪を退けメシア王国を建設し，最後の審判までの至福の千年間を統治するという思想に基づいている。その後，非キリスト教的な伝統を持つ社会の類似の運動にも適用されるようになったもので，ゴースト・ダンスやカーゴ・カルトにもそのような側面を見出すことができる。

❖今日の「土着主義運動」

これまでに土着主義運動の例として挙げられてきた運動の多くは，19世紀後半から20世紀前半にかけて，西洋近代との遭遇の中で，その支配に対して宗教的に反抗した例であり，その結果はほとんどの場合，運動の側の敗北であった。だが，近年，このような通念の再検討を促すように思われる，いくつかの現象が生じてきている。

例えば，イラン革命を代表とするイスラーム主義運動，さらに宗教復興一般の潮流は，土着主義運動と呼ばれることは稀であるが，それでもかつてのそれらと共通した要素をいくつか持っている。また，先住民運動などにみられる権利回復運動，さらに環境問題とも絡んだ開発反対の動きも，支配的な勢力に対抗する草の根からの抵抗運動ともいえるものである。時として政治運動や観光事業などと結びつく民族文化復興の動向も広い意味での土着主義と呼ぶこともできよう。これらのさまざまな運動・潮流をも考慮した，新たな研究枠組みの設定が求められている。

⇒ **63, 86, 88, 89, 97**　参照文献　57, 262, 314, 349　　　　　　　（大塚）

62 新興宗教──新しい宗教運動には,現世へのプロテストや,生命への信頼感が見出される

❖日本の新宗教

　すべての宗教は発生時において「新興」だったという意味で「新興／既成」の対は普遍的にあてはまる。林達夫は,すべての宗教の出発点は「淫祠邪教」であったと述べ,今は落ちついて見えるキリスト教もその例外ではなかったと指摘している。このことは高橋和巳の『邪宗門』にも「ひのもと救霊会」という仮構の教団運動を通して描かれている。

　しかし現代日本の一般の用法では,キリスト教や仏教を新宗教とは呼ばない。仏教でいえば,南都六宗はもちろん,鎌倉時代の新宗教運動ともいえる新仏教も既成の成立宗教に入る。新宗教というのは,実際には幕末維新期に現れた天理教,金光教,黒住教など後の「教派神道13派」と,明治末から大正期に簇生した大本教,ひとのみち,生長の家などの「類似宗教」,さらには戦後成長著しかった創価学会や立正佼成会などの「新興宗教」を包括する言葉である。その主たる担い手たちは,僧侶や神官といった専門的知識と訓練を経た者たちではなく,俗人・在家の,多くは民衆層から出ているところに特徴がある。これら新宗教がいわゆる貧・病・争といった人生苦からの解放をバネとしているのに対して,日本の高度成長期以降の若者たちの心をつかんだのが,1970年代半ばから目立ってきた一群の新新宗教だった。呪術操作的要素を色濃くもち,生きがいや自己実現に焦点を合わせた点に特徴があり,オウム真理教はその1つである。こうした全体の流れを,病治しから心なおしと要約することもできる。

❖現世利益と現世救済

　新宗教は現世利益と結び付いて語られることが多かった。イメージの上では,キリスト教がその一面として持つ来世志向の精神主義と対比して,現世志向の物質主義という否定的な意味合いがこめられているが,現世があたかも低い価値を持つかのような考え方には,日本の近代知識人のある種の偏向がみられる。むしろそこには,対馬路人らが「生命主義的救済観」と呼ぶ根源的生命への信頼とそれに基づく現世肯定の人生観がよみと

れるのであり，現世利益とはその一面にすぎない。この見方は単に言葉の言いかえではない。日本神話の生命観と旧約創世記のそれを比較した丸山眞男は，生む／なる／つくるの語彙を抽出し，アシカビのごとき増殖への楽観が日本文化史の通奏低音としてあるという。新宗教としては例外的に神話をもつ天理教の『泥海古記』にも，海の生命体が寄せては返す波のように生と死をくりかえし，気の遠くなる年月の果てにいのちの進化をとげてサルに至る感動的なくだりがある。西洋キリスト教世界の動物型生命観に対して，日本のそれを植物型ということもできるだろう。

❖ ゴースト・ダンスとカーゴ・カルト

 日本を離れて近代の宗教運動を考えれば，①チャーチとセクト，②土着主義運動，再生運動，千年王国運動，などの用語で分析されてきた現象が含まれる。とりわけ後者は，西欧による植民統治下での被植民社会の反応が集約された出来事として注目される。19世紀末のアメリカ・インディアン・スー族の「ゴースト・ダンス」は，白人の西部進出の危機にあって先祖が甦り，この世に失われた楽園を回復するための熱狂的な踊りである。また20世紀はじめにメラネシアにみられた「カーゴ・カルト」には，祖先が白人から財を奪回し，積み荷を満載した宝船で帰ってくるという千年王国的な期待がこめられていた。これらは，植民統治下でそれまでの生活技術と知識の見直しを強いられた島民たちが，自分らのおかれた状況を「再定義」する試みだった。それは外来の文化要素を排した伝統的細部から，新たな儀礼や運動の形式を再構築するという面では土着主義・再生運動であり，未来のヴィジョンとしてはユートピア的な千年王国運動の性格を持つといえる。

❖ シンクレティズム

 互いに異なった宗教的伝統の複合状態をシンクレティズムと呼ぶことがある。植民地支配を含めた異文化接触の場に生ずる現象であり，土着的要素とキリスト教的伝統の複合からなるブラジルのカンドンブレやマクンバ，あるいは仏教・キリスト教・道教からなるベトナムのカオダイ教などがその例である。日本では，明治初年の神仏分離以前の状態を神仏習合と呼ぶ。
⇨ ***61, 63, 85***　参照文献　63, 125, 169, 186, 208, 256, 262, 314　　　　（関）

63 文化の変化——文化は絶えず変化する。その変化にはなんらかの法則があるのか

❖「冷たい社会」と「熱い社会」?

　C.レヴィ-ストロースは，激しく変化する近代社会に代表される「熱い社会」と変化の速度がゼロに近く，自らを不変の伝統に閉じこめようとする「冷たい社会」（未開社会）を対比的に捉えた。だが，この「歴史をもつ社会」と「歴史なき社会」という二分法を支持するわけにはいかないだろう。なぜならどのような社会も歴史と無縁ではないからだ。機能主義的な人類学においては「冷たい社会」の統合や均衡が強調され，変化に対する関心は低かったが，人類の社会は常に変化してきたのであって，文化は絶えざる創造の過程にある。

❖文化変化の理論

　では，文化の変化をどのように捉えたらよいのか。ここでは①文化変化はいかなる外的・内的要因によってもたらされるのか，②文化変化のプロセスはどのようなものか，③文化変化を研究するためのモデルはなにか，という3点についてみてみよう。

　まず，文化変化の要因としては，例えばマルクス主義者ならば，経済（下部構造）の変化が文化（上部構造）の変化を引き起こすと分析するであろう。だが逆に，M.ウェーバーのように，文化，とくに宗教の変化（プロテスタンティズムの勃興）が資本主義経済の発達を準備したと論ずることもできる。あるいは，L.ホワイトのように，1人当たりのエネルギーの摂取量が，さらにJ.スチュワードのように，環境への適応が，文化の変化をもたらすと強調する研究者もいる。しかし，なにが文化変化の決定要因なのか，まだ一般化できる段階には至っていない。

　次に，文化変化のプロセスについては，G.マードックが次の6つのタイプを挙げている。①発明などによる文化の刷新（innovation），②伝達や借用による文化要素の伝播（diffusion），③文化変化の浸透と社会的受容，④変化した文化要素の再統合，⑤ある文化要素の選択的排除，⑥教育や社会化による新しい文化様式の世代を越えた伝達。また，C.ギアツは1950

年代のインドネシア・ジャワでの調査から社会の変化の速度と文化（価値体系）の変化の速度との違いからくる社会的コンフリクトを分析した。

❖文化変化の研究モデル

文化変化の研究モデルには，長期の時間を視野に入れたマクロモデルと人類学者が現地調査において観察可能なミクロモデルがある。

マクロモデルとしては，19世紀後半のL.モルガンやE.タイラーの進化論が代表的である。進化論は20世紀に入りB.マリノフスキーやA.R.ラドクリフ-ブラウンらの機能主義人類学によってその実証性を批判されたが，人類社会をマクロなタイムスケールの中で進化の図式で捉える試みは，20世紀半ばの米国において，ホワイトやスチュワード，その弟子であるE.サーヴィス，M.サーリンズらによって行われた。そして19世紀的な単系進化論に対して多系進化論が環境適応を重視したスチュワードによって提唱され，サーヴィスやサーリンズは一般進化と特殊進化を区別した。

ミクロなレベルにおける文化の変化は，しばしば西欧近代との接触による文化変容（acculturation）や同化（assimilation）の問題として論じられてきた。いわゆる近代化や欧米化の問題である。だが，文化の変化は近代化とか欧米化という言葉が含むように，必ずしも一方的な方向にのみ作用するわけではない。また文化接触や文化変容は，ある文化と別の文化が接触し，変化が起こるという機能主義的あるいは文化相対主義的な文化観に立っているのだが，こうした文化観に基づいた文化変化の捉え方が有効かどうかについては議論の余地がある。

❖多様な歴史生成

パプアニューギニアのある村長は「開発とは自らの親族を発展させ，メンズ・ハウスをつくり，豚を供犠することだ」と語ったという。サーリンズは，このように社会が変化する仕方はその社会の本来的な価値に結び付いているので，地球の近代化とは地域的な多様性を再生産することになる，と論じた。その意味では，今，地球上のあちこちで生成しつつある多様な歴史のありようこそ文化変化の問題として検討されるべきであろう。

⇒ *6, 7, 39*　参照文献　133, 356, 364, 369　　　　　　　　　（山下）

64 文明の衝突──文明同士は衝突するのか，または新たな文明／野蛮の対立の時代か？

❖「文明の衝突」論の登場

　米国の国際政治学者 S. ハンチントンは 1993 年に論文「文明の衝突？」を発表した（邦訳は同年，ただし疑問符なしで）。そこで彼は，冷戦終了後の国際紛争を「文明間の衝突」というキーワードで説明・分析した。さらに 1996 年には著作『文明の衝突と世界秩序の再構築』を刊行し（邦訳は 1998 年），より詳細に「文明の衝突」論を展開した。

　ハンチントンによれば，世界には 7 つか 8 つの主要文明がある。西欧，中国＝儒教，日本，ヒンドゥー，イスラーム，スラブ，ラテンアメリカ，そしてアフリカ（これが独立した 1 つの文明といえるかどうか，彼は慎重であるが）である。東西のイデオロギー対立が終焉した後，起こりうる国際紛争は，これらの諸文明間，特に異なった諸文明が地理的に接している「断層線」において生じる可能性が高い。とりわけハンチントン自身も属している西欧文明の価値観・世界観は，中国＝儒教文明やイスラーム文明とはかなり異なっており，そこでこれらの文明間に衝突が起きやすい。

　彼の議論は，学界，政界，マスメディアなどからさまざまな評価や批判が提出された。文化人類学的視点から 1 つのコメントを加えたい。

❖複数の文明とそれらの関係

　ハンチントンは文明を「最も高次の文化的集団化，最も広いレベルでの文化的アイデンティティ」と定めている。つまり，文化と文明の質的差異を認めていない。そこで彼の文明概念は，人類学的文化概念といくつかの特徴を共有している。とりわけ，異文化間の理解と対話の可能性を閉ざしてしまうという「文化相対主義」の悪しき特徴が見られ，そこからの論理的必然として諸文明間の衝突が容易に導き出される。また文明の衝突論への批判として，イランのハータミー元大統領は「文明間の対話」の必要性を提起した。だが，ある文明の本質的特徴は不変であり，他の文明との境界線は明確に確定できるといった「本質主義的」文明（文化）概念に基づいている限り，対話の呼びかけも限界があることになる。

また，ハンチントンの議論は，文明論のように見えながら，実際には冷戦後の国際政治経済的現状，特に米国の国際戦略と密接に関連している。そこで，中国やイスラーム世界といった米国批判勢力との対立を根拠づける論理として，文明の衝突論が受容されている傾向がある。

　それでも，政治・経済的利害の側面に関心を集中してきた国際政治分析に，文明という価値観・世界観的側面を導入した点は重要である。だが，その文明概念はかなり皮相的である。例えば，西欧文明に対立するイスラーム文明という文脈で，イラン革命の指導者ホメイニーとモロッコの世俗主義的女性社会学者F.メルニーシを米国批判という側面に着目して，同列に並べて議論するところなど，政治分析としてあまりにも雑である。

❖もう1つの文明概念

　文明論的観点からハンチントンを批判することは容易である。だが，現実に世界各地でさまざまな紛争が生じており，紛争当事者の一部では文明の衝突的発想に基づいて事態を説明していることも事実である。もちろん，実際の紛争は，文明，宗教，民族意識などといった観念的側面だけでなく，当事者たちが置かれている政治経済状況などが決定的に重要な役割を果している。それでも文明の衝突論が盛んに議論されるのは，紛争当事者たちの認識をある程度反映しているところがあるからではないかと思われる。

　9.11事件もその例の1つである。西欧文明の民主主義に挑戦するイスラーム・テロリズムという言説は，今では世界中に流布している。アル＝カーイダ側に「十字軍とユダヤ人」を敵視するイデオロギーがあることは確かである。他方米国側にも，宗教や文明の対立をあおる気運が見られる。

　さらに重要なことは，米国首脳部がこの事件を「文明に対するテロ」であると特徴づけたことである。ここではハンチントン流の複数文明間の対立ではなく，単一の文明（欧米民主主義によって代表される）とそれを攻撃するテロリスト，すなわち野蛮人という対置が見られるのである。

　「未開と文明」というかつての人類学に馴染みの図式は，今ではもう時代遅れになっている。だが装いを変えながらその図式が，今日の国際政治の場面で活用されていることに，人類学者も注意を向けるべきだろう。

⇒ **39, 40, 41, 97, 98**　参照文献　59, 60, 200, 214, 215, 320　　　　（大塚）

4章▶社会のコンプレクシティ

この章では，集団が構成される原理，社会構造，王権から都市，国家に至る社会の複合的なメカニズムを学ぶ。

都市の祭りの中の民族パレード(インドネシア・ジャカルタ)

65 家族——家族が人間社会に普遍的に存在するという常識は本当に通用するのか

　家族というものが人間社会に普遍的に存在すると主張する学者もあれば，家族の存在しない社会があると主張する学者もある。どちらの意見が正しいのであろうか。まずは家族の概念を定義することから話を始めよう。

❖家族と世帯

　最初に，家族と世帯とを概念的に区別しておく必要がある。家族は親子関係や夫婦関係に基づいた親族的なつながりによって定義されるものである。したがって，必ずしも家族全員が一緒に暮らしている必要はない。別々に暮らしていても家族は家族である。他方，世帯とは一緒に暮らしていることを基準にした概念である。親族的なつながりのない者が居候として一緒に暮らしていれば，それは1つの世帯であるが1つの家族ではない。

❖家族の概念とさまざまな家族の形態

　さて，親族的なつながりに基づいた集団といっても，普通，家族とは呼ばないような規模や構成のものが見られる社会も多いし，家族と呼ばれるものでも，社会ごとにその規模や構成はきわめて多様である。そこで，どの社会にも通用する家族の概念が必要となる。イギリス流に言えば「基本家族」（elementary family）という概念がそれに当たり，アメリカ流に言えばG. マードックが提出した「核家族」（nuclear family）という概念がそれに当たる。どちらの概念でも，その家族構成は「1人の父親と1人の母親とその子供たち」として定義される。しかし，基本家族の概念は以上の構成員が何らかの形で1つの集団をなしていればいいとするだけなのに対し，核家族の概念はその集団が性・生殖・社会化（教育）・経済（消費）という4つの機能を果たしているものと，より厳密に定義される。

　このように基本的な，おそらく最小の家族の概念を定義しておけば，一般に家族と呼ばれる，世界のさまざまな規模や構成の集団も，この基本・核家族が複合したもの（複合家族あるいは複婚家族と呼ぶ）として考えることができるであろう。「拡大家族」（extended family）とか「大家族」という概念もよく使われるが，これは基本家族ないし核家族が拡大したものと

定義される。また，拡大家族の中で，1世代に1夫婦のみという原則に基づくものは直系家族と呼ばれ，日本ではよく見られる家族形態である。

❖家族の普遍性？

さて，さまざまな文化人類学者が基本家族ないし核家族は人間社会に普遍的に見られるものであると主張してきた。どの社会を見ても「1人の父親と1人の母親とその子供たち」は最も基本的な社会の最小単位となっているというわけである。しかし，その反例となるような事例が報告された。

1つはインド南西部ケーララ州のナーヤルというカーストの事例である。このカーストでは妻問婚が行われている。そのため，生殖・社会化・経済の機能を果たすタラヴァードという一見家族のように見える集団には父親は含まれてはいず，その代わりに母親の兄弟が重要な役割を果たしている。「1人の母親とその兄弟，母親の子供たち」が社会の基本単位となっているのである。もう1つはカリブ海地域の農場労働者やスラムの住民の事例である。彼らの間では「1人の母親とその子供たち」が生殖・経済・社会化の機能を果たす基本単位（母中心的家族と呼ばれる）となっている。父親はほとんど不在で，いわゆる父親として役割をまったく果たさない。いてもいなくても同じような存在なのである。

これらの事例が報告されると基本家族ないし核家族の普遍性の主張は壁に突き当たってしまった。性の機能を除いて「1人の母親とその子供たち」を基本単位にすれば問題は解決すると主張する者もあるが，この基本単位でさえ生殖・社会化・経済その他どの1つの機能をとってもすべての社会に共通するものはないということが明らかになっている。われわれ日本人にとってごく当たり前の家族というものも，文化人類学においてはその概念自体が崩壊してしまい，それを再建することはきわめて困難なのである。

さて，この家族概念の崩壊と現代社会における家族の解体という現象とを結び付けて考えたくなるかもしれないが，それは誤りである。家族の解体は，テクノロジーの発達により個人が親族に大して依存せず生きていくことが可能になったために発生した現代に特殊な現象にすぎないのである。

⇒ **66, 67, 70**　参照文献　126, 127, 184, 250, 275　　　　　　　　（栗田）

66 出自集団——祖先とのつながりをどうたどるかが重要な社会もある。祖先を起点とすると親族関係はどのようなものになるのか

　出自（descent）というのは耳慣れない言葉である。しかし，この概念を使わずには理解することが難しい社会が世界各地に存在する。文化人類学の親族論では，この概念をめぐって多くの議論が重ねられてきた。

❖ 出　　自

　出自の概念はさまざまに定義されるが，「個人とその祖先の間に認められたつながり」という漠然とした定義が最も一般的である。出自によって，個人の集団帰属，財産の相続，地位・姓・称号の継承など社会生活の基本的な部分が規定される社会は多い。しかし，どのように祖先とのつながりをたどるかという点になると，その方法はさまざまである。

❖ さまざまな出自の様式

　ここでは代表的な出自様式のみを取り上げることにしよう。祖先とのつながりを父子関係の連鎖によってのみ，つまり男性を介してのみたどる様式を父系（男系）出自，母子関係の連鎖によってのみ，つまり女性を介してのみたどる様式を母系（女系）出自と呼ぶ。この2つの様式は，男女いずれか一方のみを介してたどるということで，単系（unilineal）出自と総称される。これに対し，父子関係でも母子関係でも親子関係さえあればとにかくたどっていくという様式を双系（共系）出自と呼ぶ。

❖ 出自集団

　1人の祖先と父系・母系・双系的に出自をたどることができる者同士は互いに父系・母系・双系親族であると呼ばれる。この父系・母系・双系親族が集団を形成する場合，その集団は出自集団と呼ばれる。この出自集団が外婚単位となったり，財産共有の単位となったり，政治的な単位となったりするなど，重要な意味を持つ社会は世界各地に見られる。

　さて，出自集団の形成に関して，単系出自を原理とするか双系出自を原理とするかで事情がかなり異なってくる。2人の親族関係のないAとBという人がいたとしよう。この2人を始祖とする父系（以下，父系を母系と読みかえても同じである）親族を考えてみる。すると，Aを始祖とする父

出自集団

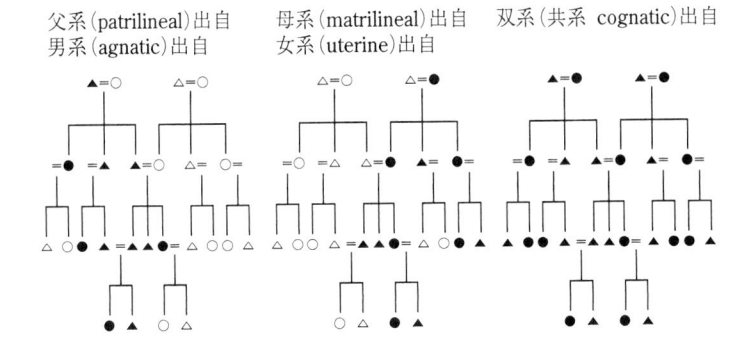

父系(patrilineal)出自　母系(matrilineal)出自　双系(共系 cognatic)出自
男系(agnatic)出自　　女系(uterine)出自

系親族とBを始祖とする父系親族は決して重なることはない。たとえ，両者の子孫同士が結婚してできた子供であっても，その子供は必ず父親を通して片方の始祖にだけつながるからである。この1個人1始祖が単系出自の特徴である。始祖を異にする父系親族というのは互いに排他的であるから，1人の始祖を共有する父系親族が1つの集団（父系出自集団）を形成するのは原理的にたやすいことがわかるであろう。しかし，これはあくまで始祖同士が父系的につながっていない場合の話であって，どの祖先を始祖と見るかによって1つの父系出自集団がさまざまなレベルで分節化しているような場合もある。一般に，出自集団内で互いの系譜関係がわかっている場合にはリネージ，わからなくなってしまっている場合には氏族という用語が用いられる。

一方，双系出自の場合には，このように簡単にはいかない。Aの息子とBの娘が結婚してできた子供の場合を考えてみよう。この子供はAにもBにも双系的に出自をたどることができる。つまり，双系出自の場合，原理的に1個人多始祖となってしまうのである。逆にいえば，Aを始祖とする双系親族とBを始祖とする双系親族とでは婚姻関係がどこかにあれば必ずダブってしまうことになるのである。双系出自を原理として出自集団が形成される社会の中には，個人が複数の双系出自集団に属するというやり方をとる社会もまれにある。しかし，父親の双系出自集団か母親の双系出自集団のどちらか一方を選ぶという形で個人が属する出自集団を1つに限定するという解決方法を取っている場合が多い。

⇒ **67, 68, 70**　参照文献　49, 90, 220, 221, 250　　　　　　　　（栗田）

67 母系制と母権制——女性の血筋で形成される社会。しかし，政治的実権は男性の手の中にある

❖母系社会の男性

　日本の家制度のもとでは，男たるもの「米糠三合あるなら婿に行くな」といわれた。しかし，近年は「逆玉の輿」をねらい妻の両親との同居や妻の姓を名乗ることをいとわない若者が多いという。インドネシアのミナンカバウ社会の夫は「水牛の尻に止まったハエ」にたとえられるし，パプアニューギニアのトロブリアンドでは「父親の手は子供の糞尿で汚れっぱなし」といわれたりする。いずれも母系社会における男の地位を表現している。妻一族にとっての夫は「風で吹き飛ばされてしまう」ほどの存在，また子供に気にいられようと育児に専念するけなげな父親の姿を物語っているのである。

❖母系社会の構造

　人間は生活を営むうえで，ある種の基本的な社会集団（家や家族）を編成している。そのような集団への帰属が，女の系譜関係に基づけば母系的な集団になり，男の血筋というものはまったく役に立たない。土地・財産の相続や地位の継承は女の血筋を通して行われる。男性は父親として子供を可愛いがり，欲しがるものを与え，愛情をもって育てたとしても，子供からは「他人」よくても「友人」として見られるにすぎない。子供の支配・監督権は，母系の血のつながった「母方のオジ」の手にゆだねられるからである。男性は夫として妻との関係においても頼りない存在である。妻一族の財産を処分したり，子供の進路や結婚などについて，妻が相談するのは夫ではなく，「兄弟」である。言い換えれば，男性は，夫，父親としての立場と，兄弟，母方オジとしての立場という矛盾する地位を持つことになる。このように，母系社会の男性は相反する地位をもち，身を処していかねばならないのである。

❖母系社会をコントロールするのは女性か

　男性の地位が分裂し，その権威や管理権が重層化する母系社会の仕組みは，父系社会にくらべ構造的に弱いとみなされてきた。それでは，母系社

父系出自（左図）と母系出自（右図）に基づく集団構成

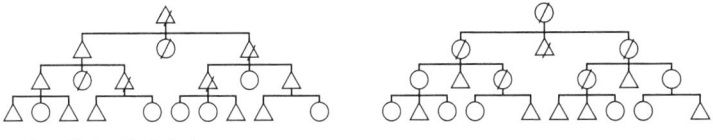

△，◯は死者を表す。

会の実権は女性の手中にあるのか。答えはノーである。母系社会は，現在赤道周辺を中心に世界に200余り存在する。いずれの社会においても，社会的・政治的リーダーシップは男性の手に掌握されている。男性と女性の地位関係は，夫と妻の間では妻優位の傾向が顕著である。ミクロネシアのチューク社会では，夫は妻のため子供のために粉骨砕身働いても，三行半を出すのは妻である。ところが，キョウダイ間では，女性は兄や弟には表敬行動で接し，兄弟の指示には服従する。つまり，地位のうえで男尊女卑のイデオロギーが確立されている。したがって，同世代間でのこの優劣関係は，どの世代にも適用されるので，母系出自集団（クラン，リネージ）の政治的リーダー（首長）は，最上世代の男性長老ということになる。そして，社会全体の統括者は，最上位のクランの首長があたる。

❖**母権制は空想的歴史観**

　J. バハオーフェンは古代ギリシャ神話に登場する女神の性格や活動を分析して母権社会の存在を示した。F. エンゲルスは，L. モルガンの社会組織論に依拠して，母系社会から父権社会への発展段階説を主唱した。しかしながら，人類学の調査研究の成果は，女性の権威と権力のもとに成り立つ社会の存在には否定的である。ただし，首長の選定に女性が力を発揮する社会はある。アメリカのイロクォイ諸族やミクロネシアのパラオ社会では，母系クランの女性長老が評議会を構成し，男性の中から，継承順位，伝統的知識の習得度，資質などを勘案して首長を任命する。この場合女性は影の力を行使するが，実際の公的分野での政治的権力は男性の手に握られるのである。したがって，古代の母権制社会論や母権先行説は，空想の域を出ない歴史観であるといえよう。

⇒ **6, 65, 66, 68**　参照文献　50, 135, 203　　　　　　　　　　（須藤）

68 外婚と内婚──結婚相手を決めるときには注意しなければならない。結婚してもいい相手もいれば，してはいけない相手もいる

　現代日本では結婚相手をかなり自由に選択することができる。しかし，社会によっては結婚していい相手と結婚してはいけない相手がかなり厳格に定められている。このような規則，配偶者の数に関する規定など，結婚に関して定められているさまざまな規則は一般に婚姻規制と呼ばれる。

❖乱婚は存在したか

　19世紀後半の進化主義全盛の時代には，原始状態において人類は乱婚を行っており，性交渉や婚姻に関する決まりは一切存在しなかったという主張がまかり通っていた。乱婚とは，特定の相手とのみ性交渉を持つのではなく，だれかれ構わず性交渉を持つという乱交状態のことである。しかし，この主張は実証的な資料に基づいたものではなく，間接的な資料から推測したものにすぎなかった。その後，インセスト・タブーが人間社会に普遍的に存在するらしいということが明らかになり，さらに人間社会に近いとされる霊長類社会の研究が進むにつれて，この乱婚説は誤ったものとして退けられていった。人間社会には，乱婚，それに伴う家族の不在，それに伴う原始共産制などは未だかつて存在したことがなかったと考えるのが現代文化人類学の常識である。

❖外婚（exogamy）と内婚（endogamy）

　インセスト・タブーの存在により親子や兄弟姉妹などの近親者間の性交渉や婚姻は一般に禁止されている。しかし，どの範囲までの近親者との婚姻を禁止するかは社会ごとに異なっている。このようにある一定の範囲内の個人間の婚姻を禁止する場合，外婚という用語が用いられる。単系出自を原理とする社会では，氏族などの単系出自集団が外婚単位となって，父系親族や母系親族同士の婚姻が禁止される場合が多い。そのような場合には氏族外婚という表現を用いる。しかし，外婚という場合，その単位は親族集団でなくても構わない。例えば，村落のような地域共同体内での婚姻が禁止されている場合には，村落外婚というような表現が使われる。

　これとは逆に，ある一定の範囲内の個人間の婚姻を規定・奨励する規則

は内婚と呼ばれる。例えば，氏族内や村落の内での結婚が規定・奨励される場合には，それぞれ氏族内婚，村落内婚という表現を用いるのである。外婚と内婚は一見両立しないように見えるが，その単位が異なっていれば問題なく両立する。インドのカースト制の場合を考えてみよう。カースト制では異なったカースト間の婚姻は禁止されている。この規則を守らない者はカーストから社会的に排除されてしまう。しかし，カースト内では，例えば氏族が単位となって外婚が定められているような場合がしばしば見られる。この場合，カースト内婚であり，同時に氏族外婚なのである。

❖ **単婚**（monogamy）**と複婚**（polygamy）

　単婚，つまり一夫一妻婚（一夫一婦制）を決まりとする社会もあれば，複婚，つまり一夫多妻婚や一妻多夫婚が許容されている社会もある。進化主義の時代にその存在が推定された集団婚，つまり複数の夫と複数の妻の婚姻が許容されているような社会は存在しない。複数の妻を持つことに対する漠然としたあこがれが男性の間にはあるらしいが，現実はそれ程甘くはないようである。財貨を妻方親族に支払う（婚資と呼ばれる）ことが婚姻成立の要件となっている社会では，経済的な理由からそう簡単に複数の妻を持つことができない。また，複数の妻を持ったとしても，その後妻方親族との姻戚関係を維持するのは大変である。そのうえ，妻同士の良い関係を維持するために，夫は多大な努力を払わねばならない。複数の妻を持つ夫は妻たちをできる限り平等に扱うことが要求されるのである。

　一夫多妻婚が許容されている社会は数多く知られている。他方，一妻多夫婚が行われている社会はきわめて少ない。女性差別の問題とされそうな現象であるが，どうも一妻多夫婚がまれな理由は別のところにあるらしい。姦通の可能性さえ考えなければ，一夫多妻婚では子供の父親と母親はすぐにわかる。一妻多夫婚では子供の母親は間違えようがないが，父親となるとその子供がどの夫の子供かを簡単には決められない。したがって，父親を形式的に決める手続きが決まっているような場合もある。子供の認知に関して，一夫多妻婚と一妻多夫婚は全く違った意味を持っているのである。

⇒ ***6, 30, 70***　参照文献　34, 220, 250　　　　　　　　　　　　（栗田）

69 交叉イトコ婚と縁組理論——社会的統合は親族関係を基礎に成り立つのか，婚姻関係を基礎に成り立つのか

　C. レヴィ-ストロースはインセスト・タブーに基づく集団間での女性の交換，つまり婚姻が集団間の連帯を促すと考えた。この考え方は，社会的統合が親族関係を基礎に成り立ち，出自や系譜関係で社会が構成されるという従来の親族論に革命的変化をもたらした。親族関係を中心に考える従来の親族論を出自理論（descent theory）と呼ぶのに対し，レヴィ-ストロースが展開した，婚姻関係を中心に考える親族論を縁組理論（alliance theory）と呼ぶ。レヴィ-ストロースの縁組理論の中核となるのは，交叉イトコ婚というイトコとの結婚を規定した婚姻規制である。

❖交叉イトコ（cross cousin）と平行イトコ（parallel cousin）

　イトコの中にもさまざまな続柄の者がいる。文化人類学では，自分の父親の兄弟の子供を父方平行イトコ，母親の姉妹の子供を母方平行イトコ，父親の姉妹の子供を父方交叉イトコ，母親の兄弟の子供を母方交叉イトコと呼ぶ。「平行」と「交叉」の違いは親同士が同性か異性かの違いである。

❖双方的交叉イトコ婚

　レヴィ-ストロースがまず注目したのが双方交叉イトコ婚である。双方交叉イトコとは，男性から見て自分の父親の姉妹の娘＝母親の兄弟の娘となる場合である。この双方交叉イトコと結婚するという規則が存在する場合，婚姻がどのように行われるかを論理的に考えると必然的に図に示したような形で，女性がAとBという集団の間で交換されることになる（限定交換と呼ばれる）。実際には，本当の双方交叉イトコとではなく，そのイトコと同じカテゴリーに分類される女性（類別上のイトコと呼ぶ）と結婚する場合がほとんどであるし，全男性がこの規則に従っているわけでもない。この図はあくまで論理上のものである。このような婚姻規制はアメリカの先住民やオーストラリアのアボリジニーなどに見られる。

❖母方交叉イトコ婚

　レヴィ-ストロースが次に注目したのが母方交叉イトコ婚である。男性から見て自分の母方交叉イトコと結婚するという規則が存在する場合，婚

交叉イトコ婚

双方交叉イトコ婚　　　　　母方交叉イトコ婚　　　　　父方交叉イトコ婚
（父系出自集団として図示してある）（父系出自集団として図示してある）（父系出自集団として図示してある）

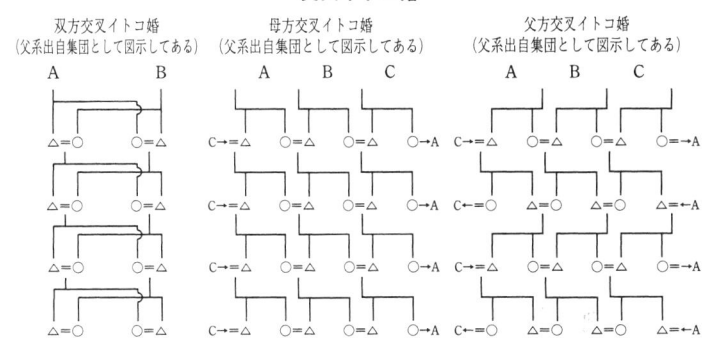

姻がどのように行われるかを論理的に考えると，必然的に図に示したような形で，女性がA→B→C→Aという順に集団の間で循環的に交換される（一般交換と呼ばれる）ことになる。ここでは仮に3つの集団で図示してあるが，集団の数は3つ以上ならいくつでもよい。この図があくまで論理上のものである点は双方交叉イトコ婚の場合と同じである。このような婚姻規制は東南アジア大陸山間部やインドネシアなどに見られる。

❖構造か，感情か

限定交換のモデルは社会が2つの半族からなる双分制の社会や，さらに複雑なセクション・システムの分析に威力を発揮した。また，一般交換のモデルは，なぜ母方交叉イトコ婚に比べ，父方交叉イトコ婚を規則とする社会が少ないのかに対する解答を与えたという点で高く評価されている。

感情の問題から，父系出自を原理とする社会では母方交叉イトコ婚が，母系出自を原理とする社会では父方交叉イトコ婚が規則となるという説が反論として出されたが，父方交叉イトコ婚を規則とすると女性が循環する方向が世代ごとに代わってしまい，母方交叉イトコ婚の場合に比べシステム全体が不安定になるので，父系出自・母系出自にかかわらず母方交叉イトコ婚を規則とする社会の方が多いとレヴィ-ストロースは主張した。これは民族誌的事実にうまく合致する。実際，この図は父系出自集団が析出しやすいように書かれているが，見方を変えれば母系出自集団を析出させることも簡単である。つまり，この規則に基づいてできあがった婚姻体系は出自集団の存在を前提としていないのである。

⇒ **10, 30, 71**　参照文献　147, 171, 190, 305　　　　　　　　（栗田）

70 親族名称——何人ものハハのいる社会と1人の母しかいない社会。親族名称は何を意味しているのだろうか

❖ 親族名称の類型

　日本語や英語は，チチとオジ，ハハとオバ，キョウダイとイトコとを区別する名称体系を持つ。しかし，ハワイ語ではそれらを区別せず同じ名称を用いる。このように社会によって親族を指す名称に差異があることを発見し，親族名称の類型研究を始めたのは L. H. モルガンである。彼は日本語のような体系を記述的，ハワイ語の体系を類別的と呼んだ。類別的体系をさらにマレー型（ハワイ語の体系）とトゥラノ・ガノワニア型（イトコ名称を区別する体系）とに分け，名称体系の3類型を提示した。モルガンは親族名称が系譜関係の認知様式であると同時に親族組織を表現すると考えた。例えばマレー型はかつて兄弟姉妹婚が行われていた証拠とみなし，親族名称と家族や婚姻制度を関連させた進化論を想定した。

❖ マードックの6類型

　モルガンの進化論的視点を批判した R. H. ローウィは名称体系の内的論理に注目し，4類型を提唱した。G. P. マードックはこの類型を引き継ぎ，膨大な民族誌資料を比較・分析し，表のようにイトコ名称に基づく6つのタイプに類型化した。彼はエスキモー型は双系社会，クロウ型は母系社会，オマハ型は父系社会に特徴的に見られることから，親族名称と社会組織との関連性についても示唆している。この類型は先行研究に比べてより精密である点で画期的ではあるが，イトコ名称だけを基準としており，名称体系の全体を見ると相容れないものをも包含するという欠点がある。

❖ 同等規則分析

　親族名称は，系譜上の位置関係を表す親族の認知方法であると位置付けた F. ラウンズベリーと H. シェフラーらは，親族名称全体を視野に入れた分析方法を発展させた。それが同等規則分析である。親族の分類は自己中心に展開され，名称語彙はそれ自体，言語の体系として分類されるという立場である。この分析によると，各名称は世代などの違う複数の人を指示するが，自己の最も近い親族型（名称で指示される F：父など）がその名

マードックのタイポロジー

	FZD=MBD	CC=PC	CC=Z	PC=Z	その他
エスキモー型	(+)	+	−	−	
ハワイ型	+	+	+	+	
イロクォイ型	+	−	−	(+)	
スーダン型	−	−	−	−	
オマハ型	−	−	−	φ	ただしFZD=ZD, MBD=MZ
クロウ型	−	−	−	φ	ただしFZD=FZ, MBD=BD

・FZD：father's sister's daughter, MBD：mother's brother's daughter, Z：sister
・CC：cross-cousin, PC：parallel-cousin
・＝：同一名称が適用されることを意味する
・＋：肯定，−：否定，(＋)：常に肯定されないが通常は肯定される場合
・φ：マードックが言及していない場合
・マードックは話者が男性である場合の名称を取り上げている

称の中心的意味を持ち，他の親族型はその中心から派生したものであるという視点に立つ。そして，派生したものを中心的意味に還元するためにいくつかの「基本原則」を規定していく。

例えば，トロブリアンド社会のタマという名称は，FZS（父の姉妹の息子），FB（父の兄弟），父（F）などを指す。このタマの中心的意味はFであるとみなす。そして，「斜行規則」によって父の姉妹は父の母と同じ名称［FZ → FM］で，そして「半キョウダイの規則」によって母の息子は兄弟と同じ名称［MS → B］という基本原則を設定すると，FZS → FMS → FB → F というようにFに還元されることになる。この分析法は，抽出された限られた数の諸原則を組み合わせたり，そのヴァリエーションを考慮したりすることで，個別社会の複雑な名称体系の記述を可能にする。

❖ **名称体系とカテゴリー論**

親族名称を個人間の系譜上の位置関係とする見方に批判的なE. R. リーチは，名称語彙が人間集団を分類する社会的カテゴリーであると位置づける。そのカテゴリーとは，居住や出自などによる集団編成，権利・義務などに基づく人間関係など，社会的基準によって規定されるという見方である。R. ニーダムも，名称体系は人々を分類しているもので，系譜関係を越えたカテゴリーを表すという視点に立つ。そして，規定的縁組における婚姻可能，不可能なカテゴリーと名称体系の分類基準との整合性を明らかにした。しかしながら，系譜関係重視か，カテゴリー重視かという対立は，今でもなお多様な個別社会の名称体系を前に決着がついていない。

⇒ **6, 44, 69** 　参照文献　250, 294, 315　　　　　　　　　　　（須藤）

71 社会構造——社会制度の基礎的骨組みか，それとも社会のシステムを作り出す見えないルールか

❖社会構造を建築物のように見ること

　社会について考えたとき，それが分解することなく存在し続けていること自体，驚くべきことかもしれない。社会の外側を広くとれば，何千万という人が1つの社会の中で，秩序を保ちながら，生活を繰り広げている。それが，何十年，何百年と連続性を持って存在するのだ。そこにある関係，ルール，制度の複雑さは私たちが現在生きているこの社会から，窺い知れる。それはたとえ数十人の村であっても，そこにある社会の約束ごとや組織といったものも，十分に複雑で精妙なものなのである。

　文化人類学者たちは，この巨大な複相性を持った社会というものを理解しようといろいろな面から取り組んでいる。その中で，A. R. ラドクリフ-ブラウンを中心とした構造機能主義者と呼ばれる人々は，小社会の生活を調査することから，親族関係を基本とする，法・政治，経済のいろいろな関係が作り出す社会の統合的機能関係を明らかにしようと努めた。統合的機能というのは，親族関係や，政治的また経済的関係などは社会を統合する方向に機能が働いていて，それぞれ独立して存在するのではない，という意味である。例えば，ある農産物の交換が，親族関係を持つ2人の間で行われるのだが，それは同時に政治的駆引きとしても行われている。しかしながら，その交換は同時にその社会における財物を平等に分配する機能も持っているというように，各要素がすべて社会を統合する機能として関連して働いているのである。

　このようにして捉えられる社会の基本は，内的連関機能を持つ「社会構造」として理解される。そして，この「社会構造」は社会の必要を満たし，その目的のために構造はまた社会によって維持されるため，ある部分の機能の乱れは関連する別の機能によって回復を促されると考えられ，社会構造は時間を越えて存続するものと捉えられる。

❖社会構造を見えない原則と見ること

　しかしこのような「社会構造」の捉え方からは，社会の変化というもの

は見えてこない。このモデルからは変化の兆しも単なる機能の乱れとみなされてしまうのである。それはかっちりできあがった機械のように，動き続ける限りは変わらないものとしてある。しかし現実の社会は変化する。

　このような批判は，さまざまな社会に関するモデルや理論を生み出した。1つの流れは，社会をより動態的なものとして捉えられないか，というものだった。例えば，社会の骨組みを明らかにするのではなく，社会の動きの面に目を向け，社会がどのような秩序構造を持っているかを見るのではなく，社会の組織が成員のどのような行為や選択からできあがっていくのかを明らかにするのである。

　もう1つの考え方は，C.レヴィ-ストロースをその主唱者の1人とする，社会の基本としての「社会構造」は，現実の社会を抽象化することで得られる「骨組み」のようなものではなく，人々の行為の背後に見えない原則として，人々の行為を促し，またコントロールするものだ，とするものである。これは，現実の社会の現れは歴史的に変わり得るものだという点で，構造機能主義者たちの静態的な「社会構造」の捉え方と異なるが，その社会の現れを作り出す「原則」というものは，ある意味で人類に普遍的かつ不変であるとする点で，奇妙にも決定論的な性格を免れていない。

❖**法律や制度としてではない社会の捉え方**

　「社会構造」というのは機能構造であれ，背後にひそむ原則であれ，社会を理解する上でのモデルである。例えば，立法，司法，行政の「三権分立」を三角形で図示しても，制度をわかりやすく見せただけであって，社会構造のモデルではない。現代の世界で人がどこに生きようと，その生きている社会は，十分に複雑である。それを理解するために，書かれた法律や経済活動の量と動きを理解したとしても，それは表面に現れた枠組みと社会活動の結果を示しているだけで，そのような枠組みが生まれている根拠や，活動の結果を生み出すメカニズムを明らかにしたことにはならない。ことに社会の変化というものを自分たちの手で作り出そうとするときは，社会の急所を捉える「社会構造」というモデルが必要となるだろう。

⇒ **8, *10, 66*** 　参照文献　289, 301　　　　　　　　　　　　（船曳）

72 冗談関係──孫は祖父母に甘えられる。親族の中でも親密さと遠慮深い態度で接する行動規範が多くの社会に共通する

❖冗談関係と忌避関係

ある親族や姻族などの人間関係において，相手を冷やかしたり，中傷したり，悪態をついたりしても，そうされた相手は立腹しないどころか，好意や愛情の表現としてそれを受け取るという2者間の関係を，文化人類学では冗談関係と呼ぶ。それに対し，相手との接触や同席を禁じられ，尊敬語で話しかけたり表敬行動をとることが義務づけられるなど，親密さよりも社会的距離を保つ2者間の関係を忌避関係という。アフリカのバンツー系社会では，それらの2関係がワンセットとなって人々の行動を規制している。

❖孫と祖父母の冗談関係

ケニアのグシイ族の間では，祖父と孫娘，祖母と孫息子がふざけて「私の夫」「私の妻」と呼び合ったり，孫が祖父に「割礼も終えていない青二才」とさげすみの言葉で呼びかけたりする。彼らは，お互いの家に気ままに出入りし，ベッドで同衾してもよい。親子間では厳しい禁止事項が，祖父母と孫の間では奨励される傾向は多くの社会に共通に見られる。ボツワナのクン社会では孫と祖父母は親しく性的な冗談を交わすことができる。ミクロネシアのポーンペイでも，孫が祖父母の頭に触れたり叩いたりすることが親しみの表現とされ，また最も悪い侮辱語である母とのインセストを表す言葉を吐いてもとがめられない。逆にそのような悪い言葉を使うことが期待され，親しさの表現とみなされている。それは，祖父母が孫の性教育や配偶者選びの指南役であることとも関係している。

❖二世代間の冗談関係

ポリネシアのトンガでは母の兄弟は「男のお母さん」と呼ばれ，姉妹の子供は「主人」とみなされ，甥・姪は母方オジにどんな勝手なことをしても許される。フィジーでも姉妹の息子は母方オジの前で自由にふるまい，オジの所有物を持ち去ることができる。このような姉妹の子供と母方オジの冗談関係は父系社会に広く見られる。バンツー系社会では儀礼の際に母

方オジが捧げた犠牲動物などの肉の一部を無断で奪うことが期待されている。ところが，義父母との関係には，父母より厳格な忌避関係が見られる。グシイ社会では，男性は義母との間で，互いに顔を直視してはいけないし，寝室をのぞくことも禁じられる。他方，母系社会においては，母方オジは尊敬・忌避すべき存在で，父方オジは甘えられ，何でも要求できる。ミクロネシアのサタワルでは，父方オジのカヌーを自由に使用したり，その作物を「盗む」ことが許される。

❖同世代間の冗談関係

　実の兄弟姉妹間には，同席，同食の禁止などの忌避関係を，義理のキョウダイに冗談関係を設定している社会は多い。アフリカのドゴン族では，男性は妻の兄弟姉妹には，悪い言葉を投げかけることができる。ミクロネシアのチューク社会では，男性は姉妹に対してはインセストとみなされ，禁止される性的しぐさを，妻の姉妹には気安く行うことができる。さらに，イトコ同士の間では，積極的な冗談が認められる社会もある。タンザニアのルグル族には，ワタニと呼ばれる冗談関係を指す言葉があり，これには交叉イトコも含まれる。交叉イトコは互いに性的能力をけなし合ったり，侮辱し合うばかりでなく，相手の家畜，農具，農作物を盗み出すことさえ許されている。

❖冗談関係の理論

　A. R. ラドクリフ-ブラウンは，「社会的接合」と「社会的分離」という概念で冗談と忌避を説明した。冗談＝接合，忌避＝分離の関係は，親族や姻族間の二律背反的な葛藤を避ける方法とみなしたのである。忌避と冗談は，親族間では隣接世代（親－子）と隔世代（祖父母－孫）の間，姻族間では異世代（夫と義父母）と同世代（夫と義兄弟）で見られるという。この説はあまりにも単純過ぎ，多様な行動様式をおさえられない。松園万亀雄は，冗談と忌避との行動基準の間には，「敬遠」「遠慮」「抑制」「気安さ」「友情」などの語で表現されるような行動があり，連続体としての社会的距離のあり方を詳細に研究する必要性を指摘している。

⇒ **30, 66, 69**　参照文献　247, 248, 289　　　　　　　　　　（須藤）

73 ネットワーク──集団よりも，個人の具体的な行為を重視し，行為者の生み出す非公式的人間関係の広がりに着目する

❖ネットワーク社会

マルチ・メディア時代の到来でコンピュータ・ネットワークの広がりとその活用が盛んに喧伝され，また形式性を重んじ硬直しがちな企業体や機構の壁を越えたより自由なネットワーク形成の必要性も説かれている。このようにネットワークは今日のはやり言葉の1つであり，それだけに論者によってさまざまな異なった意味合いで用いられている。しかし，人類学において問題となるネットワーク論とは，1970年代頃より，とくに都市人類学や政治人類学などの分野で唱えられるようになった1つの分析枠組みである。

❖集団 vs. ネットワーク

「未開」社会を論じる社会人類学において，最も重視されていた考察対象は，親子・兄弟姉妹などの親族関係や婚姻によって成立する姻戚関係であり，さらにはそのような関係に基づいて形成される親族集団およびそれらの相互関係であった。その集団内部においては，人々は自由な個人としてよりも，社会構造の中に占める自分の地位と役割に応じて，生活上の行動や感情表現などを行うものと考えられていた。いわば，「未開」社会の研究は，個々の具体的個人というよりも，特定の親族・姻族関係，そしてそれらによって構成された公式的な「集団」の構造とそれに由来する社会的規則・規範の分析が基本であるとみなされていた。

だが，1970年代頃から，親族集団を対象とした社会構造の分析の限界が，さまざまな方面から指摘されるようになってきた。そこでは，社会構造の中で特定の役割を演じている個というよりも，むしろ，公式的規則や規範にあまりとらわれず，インフォーマルな付き合いも積極的に活用し，自己中心的なネットワークを構成して自己の利益を追求していく個に焦点を当てた分析を進めようとする方法論が現れた。これが政治人類学やアフリカの都市人類学的研究の領域などで盛んに用いられるようになってきたことは興味深い。それというのも，政治こそ，自己利益の追求のために公

式的・非公式的コネクションを利用する個人の才覚がきわめて重視される活動領域であり，また都市こそ，共同体的な親族関係の枠組みが再編成され，むしろ非親族的な関係が積極的に活用される場であるからである。

❖ネットワークおよび個人に焦点を当てた分析

ネットワーク分析そのものは，1950年代末のE.ボットのイギリスの家族分析，60年代のJ.A.バーンズの政治分析などから発展してきた。アフリカの都市人類学的研究ではJ.C.ミッチェルの編集した論集があり，また，理論的考察としてはJ.ボアスヴェインの著作などもある。F.バースの提唱した社会関係の二分法，「共体（incorporation）関係」と「やり取り（transaction）関係」も，構造的＝集団中心的関係とネットワーク的＝個人中心的関係との対比とも読みうる。さらに近年では，ネットワーク論は主体や身体論との関係でも議論されている。

❖親族関係とネットワーク

親族研究においても，ネットワーク的な関係性がまったく無視されていたわけではない。キンドレッド（kindred）をめぐる議論などは，公式的な構造原理とは異なった，個人中心的なネットワークとそれに基づく組織化を論じたものである。なお，キンドレッドに関する議論の多くが，東南アジアやオセアニアのように，確固とした単系原理を欠き，個人の行動選択の幅をより認める双系的な社会の研究から生まれてきた点は興味深い。

さらに，親族関係そのものを，ネットワーク分析的な視点から捉え直していこうとする立場もある。モロッコを調査・研究したC.ギアツたちは，これまで父系出自集団の用語で説明されてきたモロッコの親族関係を，むしろ二者関係とその連鎖で説明していこうとする。D.アイケルマンによれば，モロッコの社会関係を説明する場合のキーワードであるカラーバという用語は，親族関係の他に，保護・被保護関係，同盟関係，隣人関係なども意味しうるものである。その点で，カラーバに基づく関係は，狭義の親族関係とみなすよりも，むしろネットワーク的な関係を表すと考えた方が適切であろう。

⇒ *8, 71, 72, 77, 81*　参照文献　1, 162, 249, 323, 326, 352　　　　（大塚）

74 法と慣習——六法全書に書かれていることが法だとすると、慣習は法ではないのだろうか

❖ 全体的社会事実

文化人類学者が頭を悩ませてきたのは、法と慣習の区別である。

メラネシアのトロブリアンド島周辺にはクラと呼ばれる財の交換がある。クラの財は独占されず、一定期間を経て次の所有者へと渡されて2年から10年かけて1周する。B.マリノフスキーは、この財は優勝杯のようだと考えた。一定期間の預かりものであること、実用性はないが、それを保有することが喜びであること、そしてこの財が人から人へとめぐる際に、儀礼的贈与とその義務的返礼として交換があり、所有するとはすなわち与えることだと考えたのである。M.モースの言葉によれば「全体的社会事実」であり、宗教・社会・経済・法の諸領域がクラという1つの現象に同時に埋めこまれている。より日常的な漁業用のカヌーについても、その所有権は私有でも共有でもなく、船長・舵主・見張りといった技能分担にかかわる権利と義務の網の目とからみあっている。漁獲物の配分もまた、野菜を供給する奥地の村と魚をもたらす海辺の村の間に相互依存の関係があり、それは経済的であると同時に儀礼的でもあり、義務の強制力において法的でもある。マリノフスキーはこれを互酬性（ギブ・アンド・テイクの鎖）と呼び、トロブリアンド社会では法と道徳と慣習に区別はつけられず、その意味では社会の全構造が法的だともいえると結論づけた。

この見方に対して、制裁の有無や種類によって法と慣習を区別すべきだという批判がある。矯正目的の実力行使が、中央の権威なり、社会一般の同意なりに基づいて現れる場合を法と呼び、そうした制裁を伴わないものを慣習と呼ぶべきだとする立場（S.ナデール）や、制裁には道徳的・儀礼的・刑罰的・報復的といった種類があるとして、これら全体系の比較研究を主張する立場（A.R.ラドクリフ-ブラウン）などである。

❖ ローカル・ノレッジ

法と慣習のはざまにあるいわゆる慣習法には、ハック（イスラム）、ダルマ（インド）、アダット（マレー）などがある。もう少し厳密にいうと、

これらはそれぞれ「真実」「義務」「慣習」などと訳されるが，C.ギアツによれば，いずれも西欧の「法」よりむしろ「正しさ」に近い概念である。例えばマレー化したアラビア語であるアダットを，村落生活にみられる土地固有の規則の寄せ集め（慣習）と捉えてしまうと，あたかも慣行がすべてを決するといった法以前の，あるいは法以外の状態を考えがちである。しかし，そもそも事実＝「である」と法＝「であるべき」の二分法を普遍的とするのが間違いであり，アダットはむしろ適切さの感覚に基づく生の形式である。すなわちある種の法感覚がそこには内在しており，慣習というよりはすでにその解釈を含みこんだ意味の網の目という方がよい。よってこれらをもし法と呼ぶとしたら，法はローカル・ノレッジ（土地の知識）にほかならず，その比較研究は法感覚とその前提をめぐる文化の翻訳にならざるをえないのである。

　ここから西欧的な法理念と土地ごとの法感覚（もしくは慣習と呼ばれるもの）の接触という問題が見えてくる。東南アジアのイスラム圏における近代国法とイスラム法（シャリーア）とアダットの多元的法体制はその一例であるし，また近代日本における民法の制定が婚姻とイエをめぐる旧来の慣行調査や，ムラの旧慣の担い手であった若者組の解体と民俗統制を伴っていたことも，法の近代化をめぐる史話の1つである。

❖紛争解決の方法

　法感覚が異なれば，紛争処理の方法もさまざまである。宮本勝はフィリピンのハヌノオ・マンヤン族の紛争処理を5つの方式に分けている。私的な手段として，①心理的処置（がまん，うわさ），②宗教的処置（邪術），③和解を求めた私的な話合い，などがあり，公的な手段として，④合意を求めた会合，⑤訴訟がある。このうち③は年寄りに相談して内々に和解するやり方だが，被害者の痛手が大きい場合は⑤裁判人に訴えでる。裁判人の条件は，慣習法の知識，記憶力，頭の回転，冷静，比喩表現の技巧などであり，被害者への慰謝料を定めることだけではなく，その独特の話芸によって紛争の背景となった妬みの感情を明らかにするとともに，演芸的楽しみと会食の交わりによって人々を融和するはたらきを持っている。

⇒ **5, 76**　参照文献　47, 87, 167, 260　　　　　　　　　　　　　（関）

75 贈与と互酬性──バレンタイン・デーの贈り物とホワイト・デーのお返し。なぜ貰いっぱなしではすまないのだろうか

❖ モースの『贈与論』

『贈与論』を著した M. モースは社会関係を維持するうえで,贈り物をし,贈られたものを受け取り,お返しをすることは「道徳的義務行為」であると述べている。この3つの義務が遂行されるのは,贈り主の超自然的な力と関連していることを,ニュージーランドのマオリ社会の贈与慣行から説明した。贈り物には贈り手の霊的本質(ハウ)が埋め込まれており,その霊がたえず「元の古巣」へ帰りたがっている,というものであった。したがって,貰い手はお返しの品物にその霊をのせて贈り返すのである。もし,返礼をしないと,貰い手は贈り主の霊によってマテ(病気・死)になると恐れられていた。

モースは,ポリネシアの伝統社会だけでなく,アメリカ北西海岸のインディアンのポトラッチ,古代ヒンドゥー法,ローマ法,ゲルマン法などとも比較し,贈与交換の法則は,人類社会の根源的な社会統合の原理であることを明らかにした。

❖ 互酬性とその類型

「自分が受けた贈り物,サービス行為,または損害に対して何らかの形でお返しをする」行為に,人類学では互酬性(reciprocity)の用語を当てている。モース以降,互酬性の研究においては,財,物,女性といった有形のモノから,労働,情報,愛情など無形のモノまでを対象に,社会関係のあり方が追求されてきた。贈与交換の性格の違いに注目した M. サーリンズは,互酬性を3つのタイプに分けている。すなわち,一般的互酬性,均衡的互酬性,否定的互酬性である。

一般的互酬性は,お返しを期待しないで相手に与える行為である。貰い手もお返しを義務と考えておらず,いつかできるときに返礼すればよいと感ずる性格のものである。この典型例は,親子や近親者間での贈り物,また「首長の責務」「高い身分に伴う義務」としての贈与である。つまり,親−子,首長−従者などの地位差が明確な2者(集団)間での「惜しみな

M. サーリンズの互酬性のタイプ

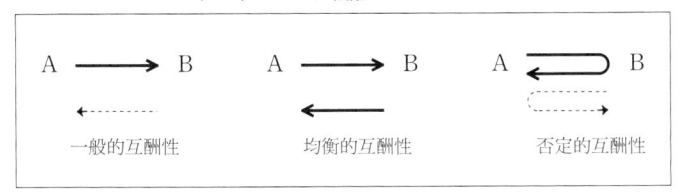

```
A ――――→ B     A ――――→ B     A ←―――― B
  ←----            ←――――           ----→
 一般的互酬性       均衡的互酬性       否定的互酬性
```

(出所) サーリンズ 1984。

い贈与」を特徴とし，その背景には「気前の良さこそ最高の美徳」という考えがある。均衡的互酬性は，友人，隣近所，遠い親族との間で行われる贈与交換である。受け取ったものと同等・同量の価値物をある期間内にお返しすることが前提となる。価値の低い物を贈り返したり，何も贈り返さなかったら，2人の関係は損なわれてしまう。この物のやり取りには，「汝与えるが故に我与う」という原則がある。最後の否定的互酬性は，他者との間で功利主義的に利益を得る目的で行う交換である。値切り，ごまかしなどが公然と認められる，市場原理に基づく売買行為が典型となる。これは，「非人格的」な性格で，一般的互酬性の対極をなす行為である。

❖主従関係を生み出す贈与

　贈与や互酬性は，2者間に友好的関係をきずき，その関係を確認し合ったり，対立する2者を仲直りさせたりする方法である半面，社会的な力関係を生じさせる手段ともなる。友だちとの飲み会で「割り勘」の支払いは，お互いに負い目を感じることはない。しかし，いつも多めの支払いをする人や，お返し不可能な贈り物をする友人に対しては，一目を置くことになり，ゆくゆくはその人の配下になるという関係ができてしまう。贈り物や報酬の提供に差が出ると，指導者／追従者，親分／子分の関係が生じるのである。このような贈与が持つ特質は，次の項目，ポトラッチが如実に表している。日本では義理と人情のしがらみという言葉で贈答慣行の非合理性を表現しているのである。

⇨ ***14, 76, 78***　参照文献　24, 121, 265, 271, 305　　　　　　　　（須藤）

76 クラとポトラッチ——贈り物は生涯の友好関係を生み出しもするし，相手の地位を奪う手段にもなる

❖クラ

　クラの舞台となるパプアニューギニア東部のマッシム地域の島々は地理的に円環状に連なっており，輪の中心に向かって右手の島の友人から首飾りを，左手の島の友人からは腕輪をもらう儀礼的交換が行われている。クラは「環」を意味し，赤いウミギク製の首飾り（ソウラヴァ）と白い巻貝製の腕輪（ムワリ）を交換することによって生涯の友好関係を維持する慣行である。それらの貝製品は，固有の名前を持ち，大きさ，色，光沢などでランクづけられているが，重要なのはその来歴である。高名なものを入手した男は人々から尊敬され，名声をうることができる。

　B.マリノフスキーが調査したトロブリアンドの男たちは，首飾りや腕輪を求めて命がけでクラ・パートナー（仲間）の住む島へ航海する。長い苦難の航海の末島に着くと，クラ仲間が歓待し，食料や宿舎を提供し，首飾りないし腕輪を贈ってくれる。たとえ南の島の相手が渡す首飾りの価値が低くても不満の感情をあらわにしてはならない。また，クラ仲間との間では，値切りなど経済的利益を伴う物々交換は禁じられる。次に，そのクラ仲間が自分の島を訪れたときには，暖かくもてなし最も有名な腕輪を贈らなければならない。北の島のクラ仲間から高名な腕輪を手に入れ，村の人々から尊敬されても，それを率先して南の島のクラ仲間に与えるのが規範になっている。つまり，長い間名声を独り占めできないのである。

❖クラの機能

　2人の男の間で交換される2種の貝製品は，クラ全体の流れを見ると，ソウラヴァは時計回り，ムワリは反時計回りの方向に，2～5年で島々を循環することになる。クラは言語や習慣を異にする島間での戦争を抑止し，友好関係にある島間で交易するための手段ということもできる。しかし，国家として独立し，貨幣経済の浸透で生活必需品の購入が容易になった今日でもクラは存続している。この現象は，クラが共同体内では親族関係によって身分が序列化される個人でも，共同体外のパートナーから自分の甲

斐性で象徴財を獲得し，威信や名声をあげられるという多元的価値体系をつくりあげているからである。

❖ ポトラッチ

ポトラッチはチヌーク語で「食物を供給する」という意味である。北米のクワクワカワクゥやトリンギットなどの社会のポトラッチは，誕生，結婚や一連の葬送儀礼などに，主催者集団とゲスト集団間で取り交わされる大量の食物と莫大な財の贈与をさす。祭宴の主催者はゲストに，食べ切れずに吐き出すほどのご馳走をふるまい，呪文・歌・舞踏を披露し，惜しみなく燻製のサケ，毛皮や毛布，銅板などを贈与する。祭宴は数日間に及び，招待者側が蓄えた食料は消費し尽くされ，貴重な財は底をつく。愛と寛容さを発揮し多くの贈り物をすることが，贈り主側の社会的威信を高め，ひいては社会のリーダーとしての地位の獲得につながる。贈り物を受け取りっぱなしでいると威信が下がるので，招待者は前回の主催者を招いてより盛大な祭宴を催すことで，主催者に挑戦する。このような贈与がエスカレートすると，主催者は相手からのお返しが不要とばかりに，相手の目の前で食料や毛布を焼いたり銅板を海へ投棄する。

貴重財を破棄し名誉を得るという競覇的な贈与は，西欧の商人に毛皮を売り，毛布や銅板を購入することが可能になった19世紀以降に起こった現象である。これらの社会は複数の母系集団で構成されているが，集団間の序列を決定する世襲的な規則が欠如している。ポトラッチは経済的富の争いではなく，名望，威信，誇りをめぐる競争であり，集団の地位上昇やリーダーの地位獲得に結び付く贈与慣行である。

⇒ **14, 55, 75, 89** 参照文献 252, 325, 346 （須藤）

77 分節リネージ・システム──中央政府を持たず，分散・自立した集団のネットワークで社会的統合をもたらす仕組みとは

❖政治的中心性を欠く社会の構造

　アフリカの伝統社会には，中央集権的政体がなくても，広大な領土に生活する数十万の人々が「われわれ意識」のもとに，1つの民族ないし部族としてまとまる集団の統合様式が存在する。スーダンの牧畜民ヌアーは，部族が神話などに基づいて一次セクションから三次セクションまでの3段階に分節化している。それらの分節は父系出自で貫徹されている。セクションの構造は，クラン，最大／大／小／最小のリネージというように，祖先との世代深度の度合い，つまり祖先が分かれた時期によっていくつもの集団に分かれている。

　人々が日常的な生活を共にする基本的単位は最小リネージのメンバーであり，これが，屋敷，耕作地，家畜，牧草地などの所有や，自治，宗教などの共同性に基づく団体であり，それ自体が基本的政治単位である。このような集団間には，序列や資源所有の格差がなく，また集団成員間にも性と年齢による地位・役割の他に身分差がなく，集団を統率するような役職もない。したがって，ヌアーの全体社会は，均質の分節構造と平等の地位からなるリネージによって構成されることになるのである。

❖社会的秩序の維持機構

　平等主義的な分節リネージ体系によって成り立つからといって，ヌアーは，争いのない平和な社会ではない。集団の秩序維持や病気，災害などの危機管理は，慣習を熟知した長老や呪術などの修得者によって処理される。貴重な財産であるウシの略奪，牧草地の侵略，さらには血讐などをめぐり，セクションや村・リネージの間で紛争が頻繁に起こる。しかし，それらを調停，解決する方法がある。リネージ間の紛争は，系譜関係において第三者的立場にあるリネージが当事者の間に入ることで終結する。村間やセクション間の対立においても，同様に系譜上の関係を利用して当事者から等距離にある集団が調停役を果たすのである。

　また，外敵が他部族である場合には，敵対関係にある内部のセクション

ヌアー族の分節リネージ体系

は一時的に和解し，一致団結して戦争に参加する。そのほか，祖先祭祀を行う場合にも，どのレベルの祖先を祭るかで参集するリネージの単位が決まる。このように生起する事件によってリネージはそれぞれ敵にもなるし，味方にもなるという，流動的・重層的関係を保ちながら，ヌアー社会は全体としての統合体を作り出すのである。

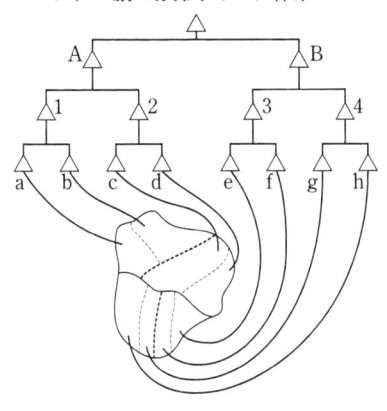

(出所) E.E.エヴァンズ-プリチャード，1978より作図

このように，親族関係を基礎としつつ，行政機構や特定の権力者を持たない政治体系を，E.E.エヴァンズ-プリチャードは，「秩序ある無政府状態」と表現した。

❖分節システムと社会的適応戦略

E.デュルケームは，原初的社会を「機械的連帯」と「有機的連帯」とに類型化した。分節システムは，同質で同じカテゴリーの成員の結びつきで社会を形成することから，機械的連帯にあたる。このシステムは，広大な土地に人間が進出し，そこを占有・開発するうえで有効な適応戦略となる。母集団から分節した人々は，母集団と支配・管理，搾取の関係を結ぶことなく，新たな集団を編成し，独自に資源を開発し，自立した集団運営が可能だからである。このような戦略は，企業経営にも見られるといってよいかもしれない。例えば，フランチャイズとかダウンサイジングの経営方法である。本社－支社－営業所と序列化され，本社（中央）の経営方針に従って，下部組織が活動する会社組織とは異なり，フランチャイズ制の場合，新たな進出先での営業と経営は，出先の経営体の独立採算性を最優先するからである。出先の経営体は相互に関係を保ちながら，全体として1つの組織を構成するが，個々の経営体に序列は存在しない。したがって，地方分権的体制の基盤が組織上の骨格をなしている。

⇒ **26, 66**　参照文献　48, 113, 222　　　　　　　　　　　（須藤）

78 ビッグマンと首長──リーダーシップの源泉とは，人間的魅力，カリスマ性や財力，世襲制など多様である

❖利己的狡猾さと富の操作による指導者

　パプアニューギニア，ソロモン，ヴァヌアツなどのメラネシア社会は，祖先との系譜関係に基づく出自集団が発達せず，また小規模な村落が孤立・分散する傾向が強い。このような社会の政治的リーダーは経済的手腕を発揮し，集めた富を人々に分け与えることによって，抜きん出た人である。これがビッグマン（bigman）と呼ばれる指導者である。ビッグマンを目指す男は，勤勉に働き，多くの妻をめとったり，また親族や姻族の協力を得て，食料，豚，貝貨などの財を蓄積する。その財力によって，儀礼や祭宴の場で人々に食事を振る舞ったり，他人の婚資や借財を肩代わりする。また，霊的力や秘儀知識を身につけることも要求される。

　彼はこのような施しによって相手に負債感を負わせ，超自然的力を発揮して威信を高め，政治的発言や行動の支持を取りつけて，人々を手下として取り込むのである。このようなビッグマンの政治的手腕は，日本のある政党の派閥の代表（領袖）にも相通ずる点がある。代表は，政治献金などの資金力を蓄え，選挙の際に分配するなど「面倒見の良さ」で多くの手下を抱えて覇権争いに勝ち，代表権を手に入れるからである。

❖ビッグマンとグレイトマン

　ニューギニア高地のメルパ族やエンガ族のビッグマンは，村落内だけでなく，さらに広範な影響力を発揮するために他の村落にも手を伸ばす。モカとかテーと呼ばれる他村のビッグマンとの儀礼的交換において，多くの財（豚）を相手に贈与し，交換に勝利することで，彼の名声は村落を越えて広まり，多くの交換パートナーをうることができるのである。しかし，村落や集団内では身内を犠牲にしてでも，従者にはものを与え続けなければならず，また他のビッグマンに贈り物をするためには膨大な財を集めなければならない。これらの財の蓄積ができなくなれば，つまり人々からの反発が強まればビッグマンとしての地位を失う。

　他方，政治的リーダーになるには，富の操作でなく，超自然的な力の修

得を重視する社会もある。バルヤ族の間では，「偉大な戦士」「シャマン」「ヒクイドリの狩猟者」とみなされる男性がリーダーとなる。偉大な戦士は，戦士クランに属し，強靭な肉体，勇敢な気性，戦術を占う能力，戦勝祈願の呪文や知識を持っている。このようなリーダーは，ビッグマンと区別され，「グレイトマン」(greatman) と定義されている。

❖世襲の地位を継承する指導者

　父系にしろ母系にしろ出自集団を統括する政治的リーダーの地位が，「首長」の職能ないし称号として制度化されている社会においては，その職能を継承する方法が決められている。系統の優劣，世代の上下，年長性，性別などの基準に基づいて，首長は「自動的」に選ばれる。つまり，生得的条件によってリーダーが決められるのである。しかし，有資格者であっても，首長として期待される人間像に適しない，あるいは首長としての才覚がないと長老から判断されると，首長にもなれないし，首長位を剝奪されることがある。

　ミクロネシアのチューク社会では，伝統知識を修得していること，弁が立つこと，寛容な精神の持ち主であること，などが首長の条件とされる。ポリネシアのトケラウ社会では，島の資源を管理し，人々に十分な食料を提供できることが首長としての責任である。飢饉が起こると首長は人々からすげ替えられる。つまり，首長位は世襲であるとはいえ，首長個人の資質や経済運営能力が問われるのである。また，ヴァヌアツの北部ラガでは，首長は多くの豚を殺して人々に分配し，6段階の階梯を上昇することで最上位の称号を獲得しなければならない。階梯を昇るには，財の消費だけでなく，秘儀知識を身につけ，歌，踊り，徽章などを個人的に手に入れることも不可欠である。

　このように，ビッグマンと首長は，獲得的・能力性／生得的・世襲性という対立する異質なリーダーシップの形態ではなく，個人的資質や手腕，経済的富の集積と分配，超自然的力や伝統的知識の修得，威信の表現などにおいては多くの共通性を持つ，連続した制度なのである。

⇒ **53, 66, 79**　参照文献　123, 283　　　　　　　　　　　　（須藤）

79 王権——「王国」という「くに」のかたちと「権力」の発生するメカニズム

❖王という頂点を持つ三角形

　私たちが今生きている国家も含めて「くに」というものを考えるとき，「王国」はその単純明快なモデルとして用いることができる。その理念的な姿を素描してみれば，頂点に王がいて，その城や王宮には貴族が詰め，戦士がそれを守り，そのまわりの町や村には臣民（平民）が暮らし，ある場合は奴隷もいる，という社会・政治体制である。そのような王国は，その王宮に権力や経済力が，武器，戦士，黄金，宝石といった形で具現化していることで，「くに」の根幹に何があるかを即物的につかませてくれる。また，その富や力が集中している頂点から離れていくにしたがって，富や力は希薄になり，人々の方も王，貴族，平民，奴隷と身分が低くなる階層を成していることで，「くに」の成り立ちというものを単純な形で見せてくれる。

　こうして王国は，私たちがその全体を実感で捉えにくい広がりと深さを持った「くに」というものを，模式的なイメージによって理解することを可能にしてくれる。つまり，王国のかたちが王を頂点や中心とする三角形や同心円として単純化，抽象化しやすいからである。

　そしてまた，王国が「くに」の1つの典型として私たちになじみやすいのは，現在の政治体制の1つ前に，その規模や組織の精密さを捨象して考えれば，多くの地域に王国が存在した，という事実も加えられるだろう。

❖王に権力が発生するメカニズム

　しかしここに表された「王国」のモデルからは，王国の姿は伝わるものの，王権のメカニズムは見えてこない。そもそも，王はなぜ王なのか。

　王は頂点に立つものとして，王国の誰よりも抜きん出たものでなくてはならない。しかし，もしその権威を保証するものが王国の内部にあるとしたら，王の権威はそのものと同等かそれ以下になってしまう。では，その権威の源泉を外部に求めるか。しかし，もし王が全くの外部の権威によってのみ保証されるのであれば，今度は王は王国の外にあることになってし

まい，その王国の民は，王を「自分たちの」王と認めない危険が出てくる。

この内部性と外部性を共に持たなければならないディレンマを解くために，王国の内部に共有されていながら，外部性を持った「権力のイデオロギー」が必要となる。それを一言でいえば，「神話」である。アフリカの王国が持つ王の由来を語る神話，ヨーロッパの王権を保証する教会の持つ宗教的世界観，そして日本の天皇制を疑似的な歴史として説く『古事記』などがその「神話」である。

❖王国と民主主義国家の連続性と非連続性

ではこれらの「神話」は私たちが歴史として通り過ぎてしまった「王国」のみに必要とされるものなのであろうか。王権を現代の日本の問題を考えるキーワードとして取り上げるには次の視点があるだろう。

その視点は，私たちが社会や「くに」を，頂点を持つ王国の三角形としてイメージしがちなところに向けられる。その三角形のイメージは，「代議制」というシステムが首相や政府を「代理の王」として社会の頂点に置いているという錯覚に適合的であるために，私たちの考えの中に根強く残っている。しかしそれは民主主義という「頂点」を持たぬはずの制度とは矛盾するのである。王の代わりに民が権力を握っているとすると，王権と同様な「神話」がそこには現れてくる。超自然的な神話の持つ危険を回避して「民主主義体制」を作っていくには，私たち「民」の関係の中の権力を明らかにしなければならない。

それを日本に当てはめれば，この国は依然として「天皇」という「王」を持つ政治・社会体制であり，それと民主主義体制との間には，「天皇は日本の象徴である」と言うだけでは解消できない矛盾がある，ということになろう。そこでは，「天皇」を外部から権威づける「神話」が何であるのか，ということが問いとなる。それがすでに『古事記』ではなくなっているとしたら，何によって肩代わりされているのか。それは外部ではなくむしろ日本の文化全体によって保証されているのか。王権は現代日本について考えるとき，依然として有効な視角である。

⇒ **48, 78, 82, 89** 参照文献 85, 236 （船曳）

80 秘密結社——広い意味での「知識」の共有と遮断によって，社会の内部に作られる集団

❖秘密結社の形態

秘密結社とは，ある社会の内部にあって，何らかの秘密を共有することでそのメンバーを限定している集団のことである。

メラネシアや西アフリカの諸社会には秘密結社が広く見いだされるが，中でも，ニューブリテン島のドゥクドゥク，リベリアのポロ，などはよく知られている。ヨーロッパでは，中世の石工のギルドから発達したフリー・メーソンが現在も存続しており，中国にも天地会などの秘密結社がある。また，秘密結社と考えられる集団には，政治的目的を持つものも多く，19世紀イタリアの炭焼党や，第2次大戦後のケニアの独立運動におけるマウマウ団，また現代のテロ組織も，最も広い意味で秘密結社といえよう。日本でも南西諸島の八重山群島にはアカマタ・クロマタと呼ばれる来訪神の儀礼を行う秘密結社がある。そして，これらとはやや性格を異にするような，マフィアのような犯罪組織も秘密結社にいれることが可能だ。

❖秘密はどこにあるのか

ではここでいう「秘密結社」の本質を成す秘密について考えてみよう。

秘密結社の「秘密」が何であるかについては，秘密結社によって異なる。誰がメンバーであるのか，ということ自体も秘密にされているもの，メンバーのリストは公表されているが，ある情報・知識が外部に対して秘密にされているもの，その情報・知識の中でも特に加入式に何が行われるのかが秘密にされているものなど，さまざまである。

いずれにせよ，どこかに組織や組織の由来に関わる秘密がある。そして，その秘密の保持がその結社内部のメンバーと部外者を隔てるものとなっている，そのことはすべての秘密結社に共通する特徴となっている。

メンバーが誰であるのかが秘密として保持されているのは，そのメンバーの秘匿が活動の自由度と結び付いている各種の政治的地下組織などに見られる。また，ある情報・知識がメンバーによって秘密として共有されているときは，さらにメンバー内部において，高度の秘密知識を持つものと

秘密結社・ニマンギ

持たないものとの間に，上下の地位の差が設定されている場合がある。メラネシアのヴァヌアツ国，マレクラ島のニマンギと呼ばれる儀礼秘密結社は，その内部に17のランクがあり，精霊についてのより高度な秘密の知識を得るごとに，メンバーはそのランクを1つずつ上がっていく。そしてニマンギがそうであるように，加入の時には新たなメンバーに少なくともある程度は秘密を明かさざるをえないという論理的必然もあって，加入式自体が秘密の知識の核となっている秘密結社は非常に広く見られる。

❖情報化と秘密

日本の現代社会における秘密結社を考えてみると，政治や宗教の分野，また犯罪集団に秘密結社や秘密結社的性格が見いだされる。しかし，特に宗教性や結社的性格を持たない現代日本の成人式においても，成人であることの意味が有識者の講演などで必ず示されることは，成人というカテゴリーへ加入するためには，成人としての振る舞いに関する，秘密ではないが，「知識」を持っているか否かが基準となっていることを示している。

さらに，秘密結社の秘密性に関わる問題を，知識という情報の共有と遮断の問題として捉えると，情報・通信ツールの進化と拡大は，新たにさまざまな形での秘密結社的現象を社会に持ち込むことだろう。なぜなら，現在インターネットに端的に表される情報の回路は，国家などを飛び越えて情報の共有を深化させる一方，その裏に秘匿された情報の価値を高めることも進めるだろうから。秘密結社において見られるように，秘密は，共有された知識を地の部分として，そのコントラストで価値を増すのである。

⇒ **33, 47, 56** 参照文献　12　　　　　　　　　　　　　　　　　（船曳）

81 都市──都市化は現代の趨勢である。人類学は都市をどのように研究するのか

❖都市人類学

　未開研究を主としてきた20世紀前半の人類学においては，都市はあまり注目されることはなかった。第2次世界大戦後，かつての植民地の独立，国民国家の形成，それに伴う工業化，都市の発展，都市への移住などといった展開の中で人類学者の関心も都市に向かわざるをえなくなった。

　こうした中で，M. グラックマンを代表とするイギリスのマンチェスター学派による中央アフリカの銅鉱山地帯の移住都市についての研究や米国のO. ルイスによるメキシコシティでの都市の下層民を対象にした「貧困の文化」に関する研究が行われた。1960年代には都市人類学（urban anthropology）という言葉が使われ始め，70年代には，都市人類学のリーディングスや概説書も刊行され，人類学の研究・教育メニューの中に定着していった。

❖都市の人類学的研究

　では，人類学は都市をどのように研究するのか。特に研究されてきたのは，部族民や農民たちの都市への移住と都市での生活の実態である。都市は「人種のるつぼ」といわれてきたが，移住民たちは1つの都市社会に融合されるのではなく，同じ部族や地域の出身者が互助や親睦のためのネットワークや部族結社（tribal association）や任意団体（voluntary association）を発達させることによって都市社会に適応してきた。その結果，都市の中の「村」や都市での再部族化と呼ばれる現象が起こり，多民族的に構成される都市においてこそエスニシティが強調されるという事実が明らかになった。

　こうして，都市に関する人類学的研究が強調してきたのは都市と村落の連続性である。特に第三世界の都市を考えるうえでこの視点は重要である。つまり，そこでは村落の世界と都市の世界が明確に分かれるのではなく，都市化とは都市の村落化でもある。この都市と村落の相互依存性は，例えば，インドネシア・スラウェシの地方都市ウジュンパンダン（現マカッサ

開発途上国の都市——表と裏（ジャカルタ）

ル）のトラジャの移住民社会についてもいえる。

❖**新中間層の出現**

　しかしながら，第三世界においても，めざましい経済発展を遂げたアジアの都市では，近年のグローバル化に伴い，新中間層といってよい社会層が出現し，都市文化の新たな展開が見られる。例えば，インドネシアでも，都市部では伝統的な市場（パサール）にかわってスーパーマーケットが一般的になり，ラジカセから流れてくるヒットソングに耳を傾け，トヨタやホンダに乗ってオフィスに出かけ，ディスコで踊るといったライフスタイルが現れた。しかしその一方で，経済発展のパイの配分の不平等から金持ちと貧乏人，エリートと大衆の間の経済的，社会的格差が広がった。1997年のアジア経済危機の中で，その不満が爆発し，民主化を求める人々により 1998 年にスハルト政権は崩壊した。そうした中でインドネシアの都市社会は新たな段階をむかえている。

❖**日本における都市人類学**

　日本における都市人類学は，米山俊直，中村孚美，松平誠らによって都市の祭礼の研究を中心に展開されてきた。神戸まつりなどの都市のイベントの研究，あるいは新大阪のような新しくつくられた都市の研究も行われてきた。さらに都市のフォークロアを明らかにしようとする民俗学者による都市研究も行われている。都市居住者が 7 割を超える現代日本社会の研究にとって，都市研究は応用問題というより基本問題となっている。

⇒ **88, 100**　参照文献　31, 187, 277, 286, 287, 296, 365　　　　　　（山下）

82 国家──近代とは異なる，そして近代を超えた国家のあり方を探る

❖国家なき社会と国家を持つ社会

人類学において国家という主題は，どちらかといえば副次的な扱いを受けてきた。それは，人類学がおもな対象としてきたのが，部族社会や未開社会と呼ばれていた，国家を持たない社会，あるいは国家形成以前の社会だったからである。

アメリカの新進化主義人類学では，最も単純な狩猟採集民のバンド社会から，部族社会，首長制社会へと発展し，最終的に国家に至る社会進化の諸段階が提唱されている。前の3つの社会類型が，国家を持たない社会である。国家の存在の有無による社会の二分法は，社会進化論的立場をとるか否かにかかわらず，広く受容されている。そして，政治権力が中央集権化されていない，すなわち一元的な支配と統治のシステムが存在しない社会で，法と秩序がどう維持されているのかは，人類学の中心的課題の1つであった。

さて，人類学が研究してきた国家として代表的なものは，ポリネシアやアフリカの諸王国である。これらはいずれも，文字を持たない無文字社会の国家である。文字を持ち，仏教，ヒンドゥー教，イスラームといった「大伝統」のあるアジアの国家の研究は，主として歴史学や考古学の領域である。この分業の構図に照らせば，マヤやアステカなど，ラテン・アメリカの諸国家は，ちょうど両者の中間に位置するといえる。

❖王国の構造

アフリカやポリネシアの諸王国では，王個人あるいは王権という観念に卓越した価値が付与されていた。この側面が絶対的になると，「神聖王権」と呼ばれるものになる。王の身体そのものが，宇宙論的な秩序の顕現とみなされる。神聖王権とは呼べなくとも，ほとんどの場合，王の神話的始祖をめぐる伝承があり，王は祭司である。そのためこれらの王国は，儀礼を中心に制度化された国家という性格が強い。

他方で，王の世俗的権力は，私たちが想像するほど強くはなく，王族内

部の競合や氏族長の評議会などによって，権力の過剰な行使や集中はたえずチェックされている。ところで，社会階層の分化は，国家の存立の前提条件である。王国でも，王族・貴族と平民との基本的な区別が存在する。ただし，ヨーロッパや日本の封建国家と異なり，支配階層が土地などの生産手段を独占しているのではないことを指摘しておかねばならない。この意味で，王国は領地を基盤にした領土国家というより，支配階層の権威を認める人々の集合体であるといえる。

人類学における王国の研究は，国家の発生論である「初期国家」の研究や，ヨーロッパやアジアの中世，近世における王権の研究に影響を与えた。また，国家は明確に画定された領土と国民に対して，唯一の絶対的な主権を有するという，近代的な国家観を相対化する役割も果たしたのである。

❖**王国，民族と国民国家**

王国の研究は，植民地化以前の状態を再構成することを目的としていた。植民地化によって解体させられた王国もあったが，多くは植民地国家というより大きな枠組みのもとで形を変えながらも存続し，さらに独立して国民国家体制になった現在でも存続している。その過程で，王が行政首長に任命されて統治機構の中に位置づけられ，王国の領域が行政上の単位として画定されるなどの現象が生じた。ヨーロッパの影響で，王権の儀礼やシンボルが再編されたり，新たに創造されることもあった。王国と王権の変容と持続性をめぐるこうした問題は，人類学的に興味深い課題である。

近年，国民国家の政治・文化的統合が揺らぎ始めた結果，人々の結節点としての王国の意義が再び浮上しつつある。共和制によって諸王国が廃止されたウガンダでは，あくまで国民国家の枠内ではあるが，「王政復古」が実現したほどである。また，先住民や少数民族が自決（自己決定）の獲得や自治権の拡大を求める運動もさかんになっている。かつては主権や自決権は国民国家の独占物であった。これらの動きは，国民国家に代わる新たな国家のモデルが必要とされていることを示唆しているといえよう。

⇨ ***77, 78, 79, 86***　参照文献　68, 85, 101, 185, 222, 309　　　　　（栗本）

83 戦争——人間はなぜ戦うのか。現代の内戦や民族紛争をどう捉えればよいのか

❖戦争とは何か

戦争を考える際，忘れてはならないのは，ヒトほど同じ種の中で大量の殺し合いをする動物はいないということと，実際に戦いに従事するのは，圧倒的に男性であるという事実である。戦争は，人間性および男性性と深く関連しているようだ。

人類の歴史は，戦争の歴史であるともいえる。戦いとともに歴史は進展してきた。戦争は，複合的で動態的な現象であり，人口や経済，科学技術，社会組織，政治権力，そして文化的イデオロギーといった要因がからまりあったなかで生じる。人類の過去，現在，未来にとって戦争は根本的な問題であり，社会・人文科学における永遠の研究課題である。しかし，文化人類学においては，戦争は主要なテーマであったとは言い難い。人間性の悪の側面が卓越する戦争は，異常で病的な状態として意識的・無意識的に忌避されてきたのだろう。

一般的に戦争は「政治集団間の組織的な武力紛争」と定義される。政治集団の規模と武力紛争の組織化の程度，さらには使用される武器や技術がさまざまであるため，多種多様な戦争がある。100名程度の出自集団や居住集団が，槍や弓矢で武装し，同様の敵と数時間戦うのも戦争であり，数十万規模の軍隊同士が数年間にわたって戦うのも戦争である。

❖未開の戦争

文化人類学がこれまで主として扱ってきたのは，いわゆる未開の社会と国家における戦争であった。ここでの未開社会とは，国家を形成していない首長制社会や部族社会のことである。さまざまなレベルの共同体間の戦いが研究されてきた。殺人の結果生じる復讐，敵を殺害することによって男性が武勇を誇示し，社会的威信を高めるための争い，あるいは土地，家畜，女性など生存にとって必須の資源をめぐる争いなどである。

文化人類学的な戦争研究は，戦争を個人が生まれながらに有している攻撃性や闘争本能に還元しない点に特徴があるが，その視点は多様である。

社会の進化と国家の発生との関連に力点を置く歴史的な立場，資源の再分配や人口の調整を強調する生態学的な立場，平和調停のメカニズムを探究する機能主義的な立場，戦いの持つ象徴的・儀礼的側面に注目する立場などがある。

未開の戦争に関する人類学的研究は，未開社会は平等主義的で平和であったというルソー的観点と，法と秩序を欠く「万人の万人に対する戦い」状態にあったというホッブス的観点のあいだを揺れ動いてきたといえる。

スーダン人民解放軍（SPLA）の兵士たち。SPLAは，スーダン政府と 22 年間にわたって内戦を戦った。この内戦は，民族紛争・宗教紛争とも呼ばれている。

❖ 現代の戦争

文明化したはずの近代人は，殺戮と破壊の規模において未開の戦争をはるかに凌駕する戦争を行ってきた。2 度の世界大戦を経験した 20 世紀は，戦争の世紀でもあった。国家対国家の戦争がふつうであった近代と対照的に，冷戦構造が崩壊し，グローバル化が進展する現代世界においては，主体が多様化した「新たな戦争」が主としてアジアとアフリカで横行している。こうした戦争は，内戦，民族紛争，部族紛争，宗教紛争，地域紛争などと呼ばれており，ローカルであると同時にトランスナショナルでグローバルな特性を持つ。「9.11」の同時多発テロは，先進諸国も「新たな戦争」とは無縁でないことを如実に示した。蔓延する暴力をどう理解し，抑制したらよいのか。下からの，当事者の視点に立ち，社会・文化・政治・歴史的に文脈化して現象を捉える人類学の認識論と方法論は，「新たな戦争」に対しても有効であると考えられる。

⇨ ***64, 77, 78, 79, 82, 95, 97, 98, 100***　参照文献　78, 98, 99, 151

(栗本)

5章▶現代のエスノグラフィー

この章では，これからの文化人類学で取り上げられることの多くなる，現代社会の変化の現場をフィールドワークするための視点を学ぶ。

儀礼の衣装を付けてビデオを撮る観光客(インドネシア・バリ島)

84 世界システム——近代主義的・マルクス主義的「発展主義」を批判し，フィールドをグローバルなシステムの中に位置づける

❖ウォーラーステインの「近代世界システム」論

　世界を1つのシステムとして捉える考え方は，さまざまな立場の人が提唱しているが，今日最も影響力を持っているのは，アフリカ社会学から出発した，I. ウォーラーステインの説く「近代世界システム」論である。

　アナール学派の F. ブローデルの歴史観および第三世界経済に関する「従属理論」の影響を受けたウォーラーステインは，近代世界の経済は，15, 16 世紀の西ヨーロッパに誕生し，そこから跛行的に世界に広がっていった1つのシステムとして捉えることができると論じた。その「近代世界システム」は，中心，半辺境，辺境の要素から構成され，それらの間では支配・搾取関係を伴う分業体制が成立している。そのような展望から，「国民経済」は「世界経済」の関数として理解されるべきであるという指摘や，低開発は世界経済の辺境地域に生まれた歴史的産物であるといった視点が提起された。これは，いかなる社会も未開から文明へ，伝統から近代へ，発展途上国から先進国へ移行するという，従来の人類学理論の多くが共有していた，「発展主義」的な史観に対する鋭い批判となっている。

❖世界システムと地域システム

　ウォーラーステインの理論は，きわめて壮大なものであり，それだけに細部の歴史的事実認識に関しては，さまざまな方面の専門家から批判がなされている。また，生産様式や資本形態に関してより精緻化した視点からの理論の修正も提起されている。

　しかし，調査地の小状況に閉じこもりがちな人類学者が，広い歴史的かつグローバルな視点を持つことの重要性を提起した点で，彼の議論はきわめて重要である。その成果として，プエルトリコでの調査を出発点にして，砂糖の生産・流通・消費の歴史人類学を構想した S. ミンツの著作があり，同書は個別事例の研究を通した「近代世界システム」の発展史ということができよう。また，「近代世界システム」に接合・包摂される以前の，地域的生産・流通・消費システムの解明に力をそそいでいる研究もあり，ナ

マコをめぐる鶴見良行の仕事などがその例である。

❖ フィールドの世界システムへの接合

閉鎖的共同体としてのフィールド，伝統的文化の近代化，などといった人類学の一般的な理論的前提を相対化する上でも，世界システム論的視点は有効である。例えば，エジプト農民は，古代から変わらない生活を続けてきていると論じられがちだが，現在のナイル川デルタ地域に見られる灌漑網の整備，ならびに代表作物とされる綿の栽培は，19世紀以来のエジプト経済のヨーロッパとりわけイギリスへの従属という要素によって成立したものである。また，その綿栽培が世界経済の枠組みに密接に取り込まれていたことは，エジプト綿の対イギリス輸出量が，アメリカからの原料綿供給が止まった南北戦争の期間に，それ以前の約4倍になったという事実からも指摘できる。この変化の過程で，タラーヒールなどと呼ばれる，新たな下層農業労働者層も誕生してきた。これらの現象は，エジプト経済が近代世界システムへより密接に取りこまれた結果とみなしうるのである。

また，スーダン西部，ダール・マサリト地域を研究したD. チューリーは，同地域が市場経済へ接合された結果，商品作物とりわけ輸出用ピーナッツなどの増産，都市化，出稼ぎの増加，輸入品購入の増大，資本力を持つ地域エリートの発展，という5つの変化が生じたと論じている。

さらに，特定地域の世界システムへの編入は，経済的な側面のみではなく，社会的・文化的変化をももたらす場合がある。その点で，資本主義的ビジネスの成否が，その文化の中でどのように解釈されているかといった問題などは興味深い。フィジー島では「敬虔で慈愛あふれる貧しいフィジー人」と「不信心で利己的な金持ちの西洋人」といった対比がみられ，そこからフィジー人の経済的成功者は，仲間を悪魔の犠牲にしてマナ（呪力）＝経済力を得た呪術師とみなす傾向がある。そこで，成功者は教会に多額の寄付をし，仲間に気前良く贈り物をするべきであるとされる。

グローバル化の進展と共に，世界システム論的視点は，今後の人類学にとってますます重要なものとなってくるだろう。

⇒ **14, 85, 98, 100** 参照文献 38, 39, 40, 75, 77, 181, 261, 367 （大塚）

85 植民地主義──植民地主義的イデオロギーとしての「オリエンタリズム」は，植民地が独立した後も消えていない

❖植民地主義と人類学

　人類学がその出発点において，西洋の植民地主義的な非西洋世界侵略の同伴者であったことは，否定することのできない歴史的事実である。実際，初期の人類学は，植民地行政官，キリスト教伝道師，探検家などのもたらす現地報告書を資料として成立したのであり，植民地政策に積極的に協力した民族誌学者や植民地官僚出身の人類学者も数多くいた。人類学者が論じていた「未開」社会の大半は，実は植民地でもあったのである。だが人類学者の多くは，その事実を意識的・無意識的に無視してきた。そして，没歴史的で閉じられた共同体の存在を前提とする「未開」社会なるものを，機能主義などのパラダイムを用いて調査・研究していたのである。

　20世紀の中葉になり，多くの植民地が「新興国家」として独立するようになった。それと共に，植民地主義の擁護者として人類学を批判する傾向が，学界の内外から強まってきた。近年では，植民地時代に人類学その他の学問が果たした役割を批判的に検討する研究も，次第に増えてきた。

　そのような植民地時代の歴史人類学的研究の中には，植民地政府の権力を用いた抑圧・弾圧とそれに対する人類学の共犯関係を指摘・告発するものなども含まれるが，そのほかに植民地政府の非暴力的な政策，とりわけ現地を「近代化」させようとする政策の中に潜む植民地主義といった微妙な問題も論じられている。

　例えば，N.トーマスは，フィジー島の事例によりながら，島民を伝染病から守り，死亡率を低下させるという名目で導入された衛生学的処置が，島民の生活を植民地政府の都合に合わせて再編成していく過程に貢献した事実を明らかにしている。また，T.ミッチェルは，エジプトにおけるモデル村建設，近代的都市計画，近代的学校教育などといった「近代化」を促進する政策が，エジプト社会を植民地化する動きと重なっていた事実を詳しく論じている。

❖ 植民地主義的イデオロギーとしての「オリエンタリズム」

今日にも残る植民地主義的発想を激しく告発した著作として，E. サイードの『オリエンタリズム』がある。同書の中でサイードは，東洋（オリエント）とりわけ中東・イスラーム世界に関して西洋（オクシデント）の人々の書いた小説，紀行文，研究書などのさまざまなテクストの中に，西洋と東洋とを対置させ，前者に優越，後者に劣等の価値判断をアプリオリに押しつけ，最終的に「オリエントを支配し再構成し威圧するための西洋の様式＝スタイル」を見出すことができるという。そのような「スタイル」を彼はオリエンタリズムと呼び，とりわけ19世紀以降のそれは，西洋列強がオリエントのさまざまな地域を植民地化する際に，その行為を正当化するイデオロギーを提供したと糾弾するのである。

サイードの議論は，古典的オリエンタリズム＝東洋学のみならず，人類学や地域研究の持つイデオロギー性に対する告発でもある。また，西洋と東洋という二元論的問題設定そのものにも根本的な疑義を提出しており，自文化と異文化を安易に対置させる人類学的発想への批判ともなっている。

❖ ポスト植民地主義的状況の問題

植民地が独立した後も，旧宗主国が隠然たる経済的・政治的影響力をふるい，前者を従属的な地位にとどめておく状況を，新興国のナショナリストなどは「新植民地主義」と呼び，非難・告発を繰り返した。また最近では，植民地主義的世界観・価値判断・行動様式などが，旧宗主国＝先進国のみならず，旧植民地に暮らす人々の間にも深く浸透している現状を「ポスト・コロニアリズム的状況」と呼び，それを批判していこうとする動きもある。その例として挙げられるのは，独立した国家内部で多数派民族が少数派民族を抑圧する際の人種差別主義的イデオロギー，また先に指摘したオリエンタリズム的発想をオリエントの人々がそのまま受け入れ，自分たちの世界観の一部にしているといったアイロニーなどである。

今日，地球上には植民地と呼びうる場所はほとんどなくなった。だが，新植民地主義やポスト・コロニアリズムはさまざまな地域に見出され，人類学者の調査や報告活動にも直接的・間接的な影響を及ぼしている。

⇨ ***17, 18, 84, 93, 100***　参照文献　55, 112, 178, 297, 319, 353, 366　（大塚）

86 ナショナリズム——国民国家の時代は終わりつつあるのか。いまこそナショナリズムを問おう

❖ナショナリズム

　E. ゲルナーによると，ナショナリズムとは政治的な単位と文化的な単位とが一致すべきだとする政治理論である。すなわち，ある地理的・政治的に定義された領土があり，その内部の人々はみな同じ文化を持つことで幸せに暮らせるとする考え方である。こうした考え方は18世紀末の西ヨーロッパに発し，産業革命による工業社会の展開とともに，過去2世紀にわたって中心的な政治思想として，世界中に広まっていった。

　この場合，政治的単位と文化的単位は一致しないことが普通だったので，ナショナリズムは，フランスの思想家 E. ルナンが見抜いたように，過去の記憶ではなくむしろアムネシア（忘却）を共有し，B. アンダーソンのいう「想像の共同体」としての「国民」(nation) を作り上げる運動として展開されてきた。この国民形成という問題は，第2次世界大戦後，植民地支配を受けた諸社会が次々と独立していく中で，人類学者も関心を持たざるをえなくなった。

❖国民文化の形成——インドネシアの事例

　国民文化の形成の1つの事例として，インドネシアの場合を取り上げよう。インドネシアは，17世紀以来オランダによる植民地支配を受け，1942年から45年にかけては日本による支配を受けた。日本の敗戦直後の1945年8月17日に独立を宣言し，独立闘争をたたかった後，1949年にハーグ協定によりインドネシア共和国が正式にスタートした。インドネシアは，250以上の言語集団，300以上の民族を擁するといわれる多民族・多言語国家である。インドネシアという単位は，オランダの植民地主義によって切り取られたものだが，ナショナリズムの展開の中でインドネシアは「1つの言語，1つの民族，1つの国家」を持つことを宣言した。とりわけ，商業語だったマレー語を国語，つまりインドネシア語とする運動が展開され，今日，インドネシア語は国語として定着している。

　しかし，インドネシア語は多くのインドネシア人にとって母国語であっ

ても母語ではなく，学校に入って初めて学ぶ「外国語」といってよいものである（もっとも，今日ではインドネシア語を母語とするインドネシア人も都市部を中心に育っている）。その意味で，インドネシア語によって作り上げられる国家とは，母語が通じる生活世界の外部にある人工的なものである。それゆえ，この外的・人工的な国家をいかに内化・自然化させていくかがインドネシアのような国家にとっては大きな課題となった。

❖**国家の中の民族文化**

国民文化を創出するプロセスで，人類学が従来研究の対象としてきた民族文化も当然大きな変化を被る。例えばインドネシア・スラウェシのトラジャの場合，彼らの独特な民族文化，とりわけ盛大に行われる死者儀礼は政府によって導入された観光開発の重要な焦点となった。こうして，かつては無意識の習慣であった民族文化は国家のまなざしの中で客体化され，意識化され，場合によっては観光商品として売られさえする。それゆえ，エスニシティと同様，民族文化も今や国家的なプロセスの中にある。逆に国家にとっては，民族文化を「飼育化」し，国民文化の一部として位置づけていくことが文化政策の基本的な課題となるのだ。

❖**国民国家は望ましいものか**

しかし，国民国家がこれからも望ましい政治の形態であるかどうかについては議論がある。とりわけ，東欧の旧ユーゴスラビアのように民族と文化が複雑なパッチワークのように入り組んだところではナショナリズムが有効に機能するかどうか，きわめて疑わしい。また，今日のように人，モノ，カネ，情報が国家を越えて移動するとき，国民国家という枠組みは障害にさえなる。もしゲルナーがいうように，ナショナリズムにみられるような政治的単位と文化的単位を一致させようという文化の使い方が工業社会に特徴的なものであれば，脱工業社会においては事態は異なってくるのかもしれない。

いずれにせよ，ボーダーレス化とかグローバル化などといわれる現代世界の動きの中で，民族と文化そして政治をめぐる新しい組合せが追求されていかなくてはならないだろう。

⇨ ***28, 82, 98, 100***　　参照文献　13, 104, 105, 146, 276, 336　　　　　（山下）

> **87 教育**——近代の教育は学校と結び付いているが，近代以前の村や町の生活に埋め込まれた教育もまた教育である

❖教育という概念

　教育のある人・ない人という形容は，現代日本では学校教育のあるなしを意味している。いわゆる教育がはたして学校固有の営みであるかという問いを，柳田國男は言葉の世界について述べている。教育という語彙は新語であるが，言語の習得は生活の一部であるから時代を越えて存在する。学校教育の時代になる前には，子守歌，遊ばせ唄，民謡，童言葉，遊戯，鞠つき唄，子供組での言葉の習得，語り物，世間噺，昔話…というように，成長の段階に合わせた群れの中での言葉のやりとりがあり，いわば生活の場でおのずと学ぶ教育がなされていた。柳田がこれを「前代の国語教育」と呼んで「学校の国語教育」と対比したのは，学校教育が生活の場から遊離しがちであること，声ではなく文字偏重の傾向を持つことへの反省からだった。よりメタレベルの立場から，I. イリイチもまた近代教育批判を試みている。あらかじめ教育されるべき存在としての人間観「ホモ・エードゥカンドゥス」がごく近代的な産物であることは，あたかも稀少性と功利性に基づいて行動する経済的人間像「ホモ・エコノミクス」が市場経済の出現以後であるのと同じである。それ以前のもしくはそれ以外の場面では経済が社会に埋め込まれているように，教育も社会生活から離床していないのである。

❖技芸・武道・修行

　それでは学校教育で教えてくれないこととは何だろうか。人の生き方や死に方という大きな主題を別にして，芸ごとや技といった実践に関わることがらや，武道をはじめとする道の教えは時間割の中には稀薄である。それらはクラブ活動かそれ専門の学校の領分であって，いわゆる教室での教育にはなじまない。日常的な生活態度そのものを見習う徒弟制に対して，学校は時間的にも空間的にも生活圏から区切られており，ローカルな知識よりも普遍的な知識に，身体的な知識よりも観念的な知識に比重をおく傾向がある。M. モースがいうように教育とは判断の遅延の別名だとすると，

それによって実るものと損なわれるものとがあり、身体的実践知は後者である。この場合、文字偏重というよりも言葉偏重の弊害というべきで、言葉化できない暗黙知の領域では「話せば分かる」というのは間違いである。同じ原理は宗教的修行の伝統にもあてはまる。回心や幻視を含む神秘的体験には、分析的な説明をゆるさぬものがあり、体験者は詩や劇という形式や比喩という手法でこれを表現しようとしてきた。しかし一方で、そうした言葉による直接的な説明ではなく、一定の修行手順を示すことでその体験へと近づく道を共有することもできる。体験そのものではないが、そこに至る道すじを教えるのである。こう考えてくると、芸ごとでも武道でも修行でも上達の手順と目的がはっきりしているのに対して学校教育ではともに曖昧であることが多い。何のための教育かと、くり返し世間から問われるゆえんである。

❖ 近代国家と学校教育

教わる者にとってはとらえにくい学校教育の目的や役割は、近代国家形成期の為政者の目からすればはっきりしていた。まず国家の版図をおおう共通言語の統一的普及が必要であり、公用語もしくは標準語の確定（これはふつう領土内の有力な民族の言語や首都圏の方言をもとに創出される）とともに全国の小中学校にこれを一律に広げていく。公用語もしくは標準語は一方で軍隊内部の意思疎通を可能にし、一方では書き文字の基礎となって公文書を可能にし、それによって官僚制の支えとなる。こうした制度的役割に加えて、言語的統一が「われわれ」という国民意識の醸成に果たす役割は大きかった。国語ばかりでなく歴史や地理までも中央発信の教科書を用いることは、それぞれの郷土色とそこに育まれる史観や世間観を小異として国家規模の大同につくことになり、これを国民化の過程と呼ぶことができる。非言葉の領域である身体も、授業にふさわしい姿勢の習得や、体育を通して学ぶ規律の身体化によって、全国的な近代化が図られる。それは近代以前には存在しなかった新しい身体と新しい生活時間を持つ新しい子供たちの誕生である。

⇨ ***31, 34, 42, 86***　参照文献　16, 25, 270　　　　　　　　　　（関）

88 開発——開発は誰のために行われ，その社会・文化的影響は何だろうか

❖開発の時代

開発は，現代世界の政治経済をめぐるキーワードの1つである。その意味範囲は広く，農業生産の増大と工業化，そしてそれを可能にするインフラストラクチャーや教育の整備などを含む。第2次世界大戦後，旧植民地を中心とする第三世界は，低開発諸国，次いで発展途上諸国と呼ばれるようになり，それらを開発・発展（どちらも英語のdevelopmentの訳語である）させることが，世界の課題とみなされるようになった。この意味での開発は，近代化とほとんど同義である。

1960年代以降，先進諸国は途上諸国に対して積極的に開発のための援助を開始し，特に1980年代には世界銀行とIMF（国際通貨基金）が，「構造調整」の名目で莫大な金額の融資を行った。その結果，東アジアや東南アジアの中には，経済的発展を達成した諸国が現れたが，ラテンアメリカやアフリカの諸国は，巨大な債務を抱えるとともに，貧富の差の拡大，政治家・官僚の腐敗，環境破壊などの問題に悩まされることになった。

❖開発の政治学

開発がもたらしたさまざまな矛盾が世界各地で露呈してくるにつれ，1980年代末には開発の理念の見直しが行われた。環境の破壊と自然資源の一方的な収奪を避ける「持続可能な開発」（sustainable development）や，住民のイニシアティブを重視する「参加型開発」が新たなスローガンになった。こうした視点の変革と関連して，政府や国際機関に代わって，NGO（非政府組織）が開発の重要な主体として登場してくる。NGOも多種多様であり，先進国の巨大組織から，開発の対象国のローカルなものまであるが，持続可能性や参加をスローガンに掲げ，必要としている人々に望ましい形で開発援助を行おうとする姿勢は共通している。

最も基本的な問題は，誰のための開発かということであろう。開発援助の資金の多くが先進国に還流すること，開発が独裁的で非民主的な政府の存続と強化を支えていることが指摘されている。スローガンにもかかわら

ず，地域の住民は開発の主体ではなく客体にとどまっている。また，NGOといっても，地域住民にとっては1つの強力な政治権力である。これらの問題が徹底的に議論される必要がある。

❖マイノリティと文化

開発の進展の結果，近年注目されるようになったのは，少数民族や先住民の問題である。従来，経済的に無価値とみなされていた辺境の地にも，鉱山開発，農業開発，移民の入植，ダム建設，森林の伐採などの開発の波が及ぶことになった。影響を直接的に受けることになったのは，辺境の住民である少数民族や先住民である。生活の基盤を奪われ，難民化，貧民化する危機に直面する一方で，アマゾンの先住民カヤポーや，フィリピンの山地民のように，自らの民族的意識に覚醒し，政治・文化的な運動に発展することもある。観光開発に伴う，商品としての民族文化の創造も，同様の問題のヴァリエーションの1つとみなすことができる。

❖開発問題と文化人類学

理論と応用両方の側面で，開発の問題に人類学が貢献できる点は多いと考えられる。人類学者は，開発の対象となる人々のローカルな状況に精通しているはずだからである。実際，外国では国際機関やNGOに参加して，開発計画の立案や実行，評価に関与する人類学者は多い。また，少数民族や先住民の側に立って，上から押しつけられ，彼らの社会と文化を破壊する開発に異議を唱える人類学者もいる。

日本では，こうした文化人類学者は現在のところそれほど多くない。この事実の評価は簡単ではない。開発は，調査対象の人々に大きな影響を与えるとともに，グローバル，ローカル両方の局面においてきわめて政治的な問題であるから，それとかかわるにはまず人類学者自身の明確な思想と立場が求められるからである。積極的に関与するか，批判的な立場をとるかのいずれにせよ，開発は人類学にとって重要な課題であることは確かである。

⇒ **15, 28, 41, 87, 91**　参照文献　67, 119, 164, 213, 318　　　　（栗本）

89 伝統の創造──伝統と思われているものの多くは近代において作り出されたものだ

❖「伝統の創造」

「伝統の創造」(invention of tradition) とは，イギリスの歴史家 E. ホブズボウムと T. レンジャーが彼らの編著書に冠したタイトルである。私たちが伝統と呼んでいるものの多くは太古から連綿と続いてきたものというより，むしろ近代の「発明」なのだ。このことを彼らは英国ヴィクトリア朝の王室儀礼からオーストリアの国歌に至るまでのヨーロッパの歴史から示した。いってみれば，ヨーロッパ近代という時代が成立するために伝統が作り出される必要があったのである。

❖バリにおける伝統芸能の創造

伝統の創造の1つの例をインドネシアのバリにみてみよう。バリは観光地として有名だが，バリ観光の歴史は伝統の創造というテーマに密接に関係している。観光地としてのバリの誕生は1920年代に遡る。当時バリはオランダの植民地体制下にあったが，キリスト教化されてしまった南太平洋とは異なり，土着の文化が色濃く残る南海の「最後の楽園」として発見されたのだ。

1930年代にはバリを訪れる西洋の芸術家，人類学者，観光客といった外部者との出会いの中でバリの文化は一種のルネッサンスともいうべき時代を迎えることになる。その中心にいたのは当時バリに住んでいたドイツ人画家 W. シュピースである。彼は今日バリの伝統芸能として有名なケチャを創造する。つまり，ケチャの原型はトランス（神憑り）儀礼の際に歌われるコーラスであったが，シュピースはバリの人々と共同でこれに新たな振りをつけ，（元来結び付きのなかった）ラーマヤナ物語と結び付け，観光客らにも退屈せずに鑑賞できる一個のスペクタクルに仕立て直したのである。

悪魔払いのための儀礼劇チャロナランを観光用に圧縮したバロン・ダンスやクリス・ダンスの上演も1930年代に始まっている。こうして私たちが今日目にするバリの民族芸能はバリの伝統に発しつつも，シュピースや

バリのクリス・ダンス

そのあとに続く観光客たちのまなざしを経由することによって新たに創造された伝統なのである。

観光客のまなざしを意識したこの種の旺盛な文化創造は今日でも積極的に展開されている。それは例えばスンドラ・タリと呼ばれる創作舞踊やバリのポップアートの生成と展開の中にみてとれる。このように，バリにおいては，過去の観光の歴史を通して，観光開発が伝統文化の（単なる保存というより）新たな創造にとってきわめて大きな役割を果たしてきた。バリの伝統芸能と呼ばれているものは，したがって，バリの風土が太古から培ってきた純粋な文化というより，バリと西洋近代との，とりわけ観光客との関わりの中で作り出されてきた「観光芸能」であり，その意味ではそれはクレオール（異種混交）文化といってよいものなのである。

❖ 伝統の操作

創造された伝統は，今日，国民文化の創出や地域おこしに用いられたり，観光開発に利用されたりする。それゆえ，伝統文化を太古から連綿として続いてきたとする本質主義（essentialism）的な文化の捉え方は事実として間違っている。同時にまた，伝統か近代かという二者選択的な問題の立て方も誤っている。伝統は今日，むしろ新たなコンテクストにおいて作り出され，消費され，意識的・戦略的に操作されるものとして存在しているのである。

⇨ **86, 90, 91**　参照文献　239, 278, 279　　　　　　　　　（山下）

90 民族文化の語り方——「消滅の語り」から「生成の語り」への転換を提案する

❖ テレビ番組における民族文化の語り方

NHK 教育テレビで「南島に消えた画家」という番組が放映されたことがある（1993 年 1 月 14 日）。これは、ニューヨークに長く暮らして西洋文明に行き詰まりを実感したある日本人作家が、その対極にあるインドネシアのバリ島を訪れ、W. シュピース（1930 年代にバリに住み込み、バリの文化を評価、紹介したばかりでなく、新しく創造することにも大きな功績のあったドイツ人画家）の見たバリの中に近代文明が失ってしまった本質的な世界を見出し、「宝石のような島」バリを称揚するというものであった。

このような見方からすると、観光客であふれるクタ・ビーチの生態を前にすると、絶句してしまうほかはなくなる。彼は語る。「バリ島の人たちが裸の欧米人旅行者のためにマッサージをしています。屈辱的な光景です。私たち、アジアの文化は結局このように西洋近代に敗れていくしかないのでしょうか。……それを思うと暗澹とした気持ちです」。これは、バリのすばらしい文化が観光客によって凌辱され、バリの人々が営々として築いてきた文化の伝統が観光開発によって破壊された、とでもいいたげな語り口である。

❖「消滅の語り」と「生成の語り」

ここで問題にしてみたいのは、この種の民族文化の語り方である。J. クリフォードによると、近代の民族誌の歴史は 2 つの語り方（metanarrative）のあいだを揺れ動いてきたという。すなわち、1 つは同質化の語りであり、もう 1 つは生成の語りである。1 つは消滅の語りであり、もう 1 つは創造の語りである。この見方によると、上で述べたような語り方は、民族文化を「失われゆく世界」「消滅」に向かう物語として捉える語り方の典型である。このタイプの語り方は、バリについてであれ、南米のインディオについてであれ、あるいは日本のアイヌ民族についてであれ、それなりにインパクトがあり、一般受けするところもある。

しかしながら、ここで異議を唱えたいのは、まさにこの種の民族文化の

語り方に対してである。バリに即していえば，バリの人々に自らの民族文化を意識させ，（イギリスの歴史家 E. ホブズボウムらがいう意味での）「伝統の創造」を行わせたのは，むしろ西洋近代との接触にほかならなかったのではないか。そしてシュピースこそこうしたバリの「新しい伝統文化」を創造する仕掛人だったのである。つまり，伝統文化を無批判に美化するような語り口は，一見バリを持ち上げているようでいながら，実はバリを本質的な世界へと閉じこめてしまう一種のオリエンタリズムにほかならないのだ。

❖バリ文化のダイナミズム

バリ文化の素晴らしさは，バリが西洋近代文明に毒されていない本質的世界を今日まで存続させてきたところにあるのではない。むしろ外界の刺激に対する柔軟で，したたかでダイナミックな対応の中にある。1930年代からはじまる観光客のまなざしを意識した旺盛な文化創造は，今日でも積極的に展開されており，創作ダンスやバリのポップアートの中にみてとれる。また，しばしば悪評の対象となるクタ・ビーチの観光地区においても，観光化によってクタの慣習はかえって強化されているという。ホテルのすぐ裏の中庭で激しいトランス儀礼が行われていることもある。また，儀礼の際のバリの人々の集中力というか，あるいは他者の存在を無視することの巧みさとでもいうべきものには舌をまいてしまう。バリはこわれやすい宝石というより商人のようにしたたかなのである。

❖「生成の語り」へ

西洋の近代文明と民族の伝統文化を相容れぬものとして対立的に語るのでは，バリ文化のダイナミズムを捉えることはできない。問題とされなければならないのは，民族文化という言葉の背後に「近代に汚されていない無垢の伝統」「オーセンティックな文化」「失われた原初の世界」を見ようとするイデオロギー的とさえいえる語り口の方である。今日，民族文化というものも国家的・国際的な政治経済システムの中に組み込まれてしか存在しえない以上，「消滅の語り」ではなく，「生成の語り」とでもいうべきものが必要とされているのである。

⇒ **89, 91**　参照文献　54, 95, 134, 279　　　　　　　　　　　　（山下）

91 観光──観光は伝統文化を破壊するとしばしばいわれるが、はたしてそうだろうか

❖観光という現象

さまざまな必要からしばしば苦痛を伴って行われる旅（travel）は古くからあるが、快楽や慰安を目的とした観光（tourism）は19世紀半ば以降、産業革命による生活様式の変化と交通技術の発達とともに誕生した。特に第2次世界大戦後は、欧米では「働くことはよいことだ」式の労働哲学が衰退し、余暇や遊びの中に自己実現や生きがいを見出す人々が出現した。エコノミックアニマルなどと揶揄されてきた日本人の間でも、労働時間の短縮化と休暇の長期化は明確なトレンドとなっている。

こうした中で、観光という余暇の利用形態がますます拡大してきている。世界観光機構（UNWTO）によると、2006年には世界で年間約8億4200万人が地球上を旅行し、その数は2010年には10億人、2020年には16億人に達すると予測されている。

❖観光の人類学

観光が人類学のまじめな研究テーマとして認知されたのは1970年以降である。それまでは先駆的な研究はあるものの、組織的な検討は行われてこなかった。1977年にV.スミスの編著『ホストとゲスト──観光の人類学』（邦訳1991年）が出版され、米国では1980年代をとおして観光は人類学の研究・教育の中に1つの地位を確立していった。

観光研究は、①観光を生み出すしかけ、②観光が当該社会に与える影響、③観光によって作り出される文化、の3つの分野に分けてみることができる。

①では観光を生み出す経済的・社会的・文化的メカニズムや観光客（ゲスト）の性格などを研究する。②では観光が観光客を受け入れる社会（ホスト）に与えるさまざまな影響を検討する。観光は伝統文化や環境を破壊するなどとしばしばネガティヴに語られることが多いのだが、インドネシアのバリやトラジャのように、観光開発が伝統文化を再創造するきっかけになっているケースも少なくないし、エコツーリズムでは特定のエコシステムの保存を目的とした観光が試みられている。③ではおみやげや観光用

観光用「伝統芸能」の上演案内板

の踊りのパフォーマンスなど観光用に作り出された文化,「観光文化」というべきものが研究の対象となる。観光文化はまがい物で,二流のものだと考えられがちであるが,F. ジェームソンは「模造品」(pastiche) こそ現代文化のキーワードだと論じている。

❖観光研究の現代的意義

グローバル化とかボーダーレス化といった今日の社会状況の中で,伝統的な文化表象は断片化され,しばしばノスタルジックなイメージのなかで再構成される。多くの日本人にとってのふるさとは単に「ふるさとは遠きにありて思ふもの」(室生犀星)というだけでなく,今や現実のふるさとがそのイメージに合わせて再構築される。1980年代半ばに竹下内閣において提唱された「ふるさと創生」がそれである。こうした中で,今日,多くの社会で民族衣装や民族ダンスのパフォーマンスは観光客を楽しませるために存在している。例えば,日本の昔話はいまや「民話のふるさと」を標榜する岩手県遠野市の「とおの昔話村」の中に息づいているとさえいえるのである。

こうして,今日の民族文化は無意識の慣習であることをやめ,しばしば観光というコンテクストの中で意識的に操作され,消費されている。このような文化状況を「ポストモダニズム」という用語で捉えるかどうかは別として,F. ジェームソンにならって後期資本主義の文化のありようだということもできよう。観光というテーマは,そうした「後期資本主義の文化論理」を明らかにするのに格好の素材なのである。

⇨ **88, 89, 90, 100**　参照文献　140, 276, 278, 279, 280, 344　　　　（山下）

> **92 スポーツ——伝統的競技が近代スポーツへと脱皮するためには，インターナショナルなルール作りのほかに，異人たちがチャンピオンになることを許容する精神を必要とする**

❖武道とスポーツ

　1964年の東京オリンピックで柔道がはじめて競技種目に取り入れられた際に，日本の武道という固有性の主張か，国際的なスポーツかという議論が起こった。国際試合となれば，重量別の組合せや，点数換算の判定方式などのスポーツ化はまぬがれず，柔よく剛を制す式の柔道の持つ文化性は背景に退くことになる。武道ではないが，日本の固有文化としてあげられる相撲にもまた高見山にはじまる異人の参加が続き，1993年には曙というハワイ出身の横綱が誕生した。もっとも相撲は，あくまで部屋制度を維持しながら異人の入門を許すのであるから，取組みの基本は変わらない。相撲はなお日本の「国技」であり，海外巡業などでまわしについての賛否が伝えられると，わかっていないなあなどと思うわけである。

　こうしてみると，スポーツという思想にはその種目が生まれた文化や地域を越えて普遍性に向かう志向が見られる。単にルールの共有だけではなく，その土地の生活様式や世界観，さらには国家を越えるという前提がある。日本の柔道や北欧のスキーを別にすれば，ほとんどの近代スポーツは19世紀イギリスに生まれ，大英帝国の力を背景に世界へと普及した。例えばフットボールはもともと村や街路で行われていた乱雑な試合から，パブリック・スクールや大学の対抗試合へと近代化し，暴力を抑制する統一ルールの確定に至った（1863年サッカー，1871年ラグビー）。N.エリアスはこれを「文明化の過程」ととらえ，戦争（軍隊）や処罰（警察，裁判）といった暴力を近代国家が独占するのと対応した過程だと述べている。

❖スポーツの祭典

　スポーツの条件は，ルールにそって規律化した身体と，競技としてのゲーム感覚の共有である。ボクシングやレスリングなどの格闘技においても，対戦相手を死に至らしめない前提のもとに，区切られた時間とルールの枠内でのほどよい興奮を味わう工夫が見られる。それは日常生活からの分離において祭りと似ており，その最たるものが近代オリンピックだった。第

1回大会は，フランスのクーベルタン男爵のかけ声のもとに，欧米13カ国295人の選手の参加を得て，1896年ギリシャで開かれた。脱欧米の一歩は第1次世界大戦後の第7回大会（1920年，アントワープ）で，日本の参加もこの年からである。スポーツの脱地域志向はすでにふれたが，オリンピックの国家対抗という形式はいやが応でも各地のナショナリズムと結びつき，その面で激しい競争を生むことになった。観客の目と興奮が祭りの一要素であるように，スポーツもまた見る者の意識をまきこむのである。

❖スポーツの文化人類学

スポーツには身体と規範，演者と観客，伝統と近代，地域と脱地域といった対立項が含まれていて，多くの問題がそこから派生する。ここでは，軍隊や学校などの規律化した身体とのかかわりや，身体技法をいかに習得するかについては別項にゆだね，次の2つの主題をあげておきたい。

①普遍志向のスポーツが，一方で土着化してローカル色を強める場合がある。イギリスのクリケットからアメリカの野球が生まれ（1845年），イギリスからカナダに渡ったラグビーとアメリカに渡ったサッカーからアメリカン・フットボールが誕生した（1876年）のはその例だが，よりローカルな一例としてフィリピンのネイティヴ・バレーボールがある。これは片手で握れる大きさの球で2対2の試合をし，ホールディングあり，賭けごとありの約束である。また日本では，村の学校の運動会が父兄の酩酊をふくめて，まるで村祭りの様相を呈することがあった。ふれーふれーという観客の応援は，憑依を促す呪的なかけ声に起源があるとする説もある。

②祝祭性という点でスポーツと祭りには確かに類似性があるが，C. レヴィ-ストロースはゲームと儀礼の違いを次のように述べている。ゲームは始まりにおいて平等だが終了するときには勝者と敗者に分かれる（離接的）。儀礼は聖と俗，生と死，司祭と一般者というようにあらかじめ不平等性を導入しながら，常に結果は参加者全員の勝利のシナリオへと進む（連接的）。ゲームが構造（ルール）から出来事（試合）を作り出すのに対して，儀礼は出来事の集合を組み立て直して構造的配列を作ろうとするのである（ブリコラージュ）。

⇒ **34, 47, 63, 86, 87**　参照文献　14, 51, 149, 157, 304　　　　　　　（関）

93 先住民——国際政治の舞台で先住民族問題が重要な課題となっている。アイヌの民族復権運動もその1つである

1982年，国連の差別防止・少数者保護小委員会のもとに先住民作業部会が設けられ（ジュネーブ），「先住民の権利に関する世界宣言」へ向けて討議を重ねてきた（2007年9月，世界宣言は採択された）。93年が「国際先住民年」に定められ，これが翌94年から「先住民の国際10年」，2005年からは「第2次先住民の国際10年」として拡大延長された。日本でも97年にようやくアイヌ新法（「アイヌ文化の振興並びにアイヌの伝統等に関する知識の普及及び啓発に関する法律」）が制定され，アイヌを日本人へ同化させることを目的とした「北海道旧土人保護法」(1899)は廃止されたが，新法は文化振興法に留まり，民族自決や土地・生業の権利などの「先住権」には触れていない。

❖先住民族とは——現代国家との関係

先住民族（indigenous peoples）とは，「別の地域からやって来た異文化・異民族的起源を持つ人々が形成し，運営している国家によって支配・抑圧されている民族とその子孫」である。問われているのは現存する国家と，その国家が成立する前から住んできた民族との関係であり，民族移動の歴史を現代国家の成立以前まで遡って行われる議論，例えば「アイヌは北海道の最初の住人であるか否か」といった議論は政治的に不必要である。

イヌイト（エスキモー），サーミ（ラップ），オーストラリア先住諸民族（アボリジニ），アメリカ大陸先住諸民族（インディアン，インディオ）など，世界の先住民族の人口は2億5000万人（世界銀行）から3億人（国連）と推計されている。

❖先住権とは——先住民族復権の動向

世界の先住民族が要求している権利（先住権）の主要なものを，復権の動向の具体例を通して紹介しよう。

①民族自決の権利：カナダでは1993年に「ヌナブト協定」が成立し，1999年にヌナブト準州ができた（ヌナブトとはイヌイト語で「われらの大地」）。ノルウェー，スウェーデン，フィンランドにはサーミ議会があり，

サーミやサーミが多く住むラップランド地域に関する国家政策に一定の影響力を発揮している。

②土地の権利:「アラスカ原住民要求解決法」(1971) はアラスカの8分の1の所有権を先住民族に認め、10億ドルの補償金を支払った。「ヌナブト協定」もイヌイトに3万6257 km²の全面的土地権原（地下資源を含む）と35万3610 km²の限定的土地権原（地上権）を認め、11億5000万ドルを支払う。オーストラリアでは、1992年に連邦最高裁が「無主地」の概念（イギリス人の到着以前、オーストラリアに土地の所有者はいなかった）を明確に否定し（マボ判決）、93年には「先住権原法」（マボ法）が成立した。

③開発に関する権利:「ヌナブト協定」や「先住権原法」は、土地権に連動した形で、先住民族が天然資源開発の決定に参加する権利と、開発の利益配当を受け取る権利とを持つことを規定している。

④生業の権利:イヌイトには捕鯨、アボリジニにはアオウミガメの捕獲が伝統的生業の権利として特別に認められている。ノルウェー、スウェーデンは、北部地域でトナカイを飼育する権利をサーミに限定している。

⑤言語の権利:ヌナブト準州ではイヌイト語が政治用語になる。ノルウェー、フィンランドの北部自治体ではサーミ語が公用語になっている。

その他、自由に国境を越える権利、公有地にキャンプを設営する権利、聖地を保護する権利、環境を維持する権利等が要求・議論されている。

❖第三世界と第四世界

先進国が発展途上国を搾取・抑圧する構造を「第三世界」の問題と呼ぶが、これに加えて、国家が先住民族を搾取・抑圧する構造を（先進国・発展途上国を問わず）「第四世界」という用語で呼ぶ。ただし、ここで紹介した先住民族復権の動向は、すべて先進諸国内の事例で、先住民族の大方を占める第三世界の先住民族の復権の兆しはまだ見えてきていない。

私たち日本人が抱える先住民族問題は、何も国内の、例えばアイヌ民族問題にとどまらない。私たち先進諸国のマジョリティの裕福な生活は、第三世界内の第四世界から奪い取られてくる資源（ボーキサイト、ウラン、石油、天然ガス、熱帯木材など）の上に成立しているのである。

⇨ **22, 88, 98**　参照文献　32, 35, 106, 197, 198, 241　　　　　　　　（葛野）

94 移民——トランスナショナルな動きは，人を国家の枠から解放するのだろうか

❖トランスナショナルの動き

　現在約2億7700万の人々が母国外で生活している（2017年ILO）。この国際移民は世界総人口75億人の2.7%にすぎないが，第二次世界大戦以降の移住が著しい。この中には政治・経済難民も含まれるが，ほとんどは発展途上国から先進国への労働力の移動である。日本においても，1980年代の経済好況期から外国人労働者が激増した。2018年6月末の日本の在留外国人は，中国人（73万人），韓国人（45万人），ベトナム人（26.2万人）など，総計263万人である（法務省2018）。この10年間で，ブラジル，ペルーなどの日系人は減少しているが，アジア系の人々の移動が著しい。

　しかし，在留外国人の数は日本の総人口の2%と，ドイツの6%，フランスの10%（帰化者を含む）に比べれば少ない。移民国家であるアメリカ，カナダ，オーストラリアは，現在でも毎年数十万人の外国人を受け入れている。他方移民送出国としては，国民人口の10%が海外移住しているフィリピンやメキシコ，国内人口を上回る国民が海外に居住するサモアやトンガ王国などの国もある。国境を越えるトランスナショナルな人の動きは大きくなってきているが，ホスト社会での移民の生活は多難である。

❖移民の社会適応

　ドイツは，1961年に外国人雇用政策を実施し，統一（1990年）直前には，トルコやユーゴスラヴィアなどから470万人の外国人を迎えた。うち160万人のトルコ人は，ベルリン，ハンブルクなど主要都市に「ゲットー」を作って生活している。そこにはモスクから墓地，新聞の発行所，トルコ食品・雑貨やビデオの販売店，レストラン，床屋などがあり，移住者は母国の生活から隔離されないで暮らすことができる。しかし，選挙権のない「外国人労働者」としてのトルコ人は，自らのアイデンティティを強めれば強めるほど，文化的同化を求めるドイツ人との軋轢を深め，排斥の対象となっている。

　移住当事者のホスト社会への適応は，長い時間と苦難がつきまとう。そ

の適応過程は，①若い労働者の一時的移民で海外送金と帰国志望が強い段階，②滞在の延長と親族，教会などの宗教や出身地などに基づく相互扶助を目指す社会的ネットワーク形成の段階，③家族呼び寄せ，長期定住意識の高まりと独自の機関（協会，店，飲食店，代理店，新聞発行など）を持つエスニック・コミュニティ出現の段階，そして④永住の段階となるが，受入国政府の政策や国民の意思如何で，永住権と市民権，安全な地位が与えられるか，政治的排除や社会経済的に周辺に追いやられ，永久にエスニック・マイノリティに閉じ込められるか，いずれかの道に分かれる。

❖ホスト国の移民政策

　欧米の旧宗主国は植民地からの移住者を多く受け入れている。フランスは，マグレブ3カ国から150万人の移民を受け入れてきた。しかし，1970年代から移民を規制し，最近では移民滞在資格の厳格化とフランスへの「統合契約」への同意を課している。イギリスにおいても，インドやパキスタン，アフリカからの移民の周辺化の動きが顕著になっている。アメリカはヒスパニック系などの不法移民の規制と排斥を強化している。そして，先進国の多くは，90年代から専門的技術者や起業家の移民を優先して，非熟練労働者を制限し，移民を「家族呼び寄せ」条項による受け入れに限定してきている。これは，ホスト国の経済動向，労働状況や治安問題，そして保守主義やナショナリズムの高まりなど，移民排斥の動きと関連している。

　南半球に「白人王国の建設」を目標に白豪主義を貫いてきたオーストラリアは，「有色人種」の移民に対しては同化政策を進めた。しかし，1970年代から，民族自決，人権擁護などの国際的潮流に押されて多文化主義政策に転換した。この政策は，移民の定住を支援して多くの「民族」と文化の共存を認めることで，教育・福祉など財政負担や国家の統合問題を引き起こしてきた。現在，多文化主義に懐疑的でアジア系移民を制限するなど，保守的意見が強まっている。移民としてのディアスポラは，移住当事者だけでなく世代を経ても，また混血が進んでも，ホスト（主流）社会への適応とエスニシティの維持という問題に直面し，社会的には多元的所属，文化的には重層的なアイデンティティを選択して生きる人が多い。

⇨ ***40, 41, 82, 84, 86, 93***　参照文献　76, 144, 193　　　　　　　　（須藤）

95 難民——近代の国民国家体制の矛盾の産物である難民を，人類学はどう捉えるべきか

❖難民とはだれか——国際法と定義

　難民は，グローバル化する人の移動の一形態であり，国民国家体制や貧困と紛争といった諸課題と密接にかかわっている。また，人道的援助の対象として，国連や国際社会に課せられた大きな課題でもある。

　難民とは，国際法的に規定される存在である。1951年に国連が採択した難民条約は，難民を「人種，宗教，国籍，政治的意見や特定の社会集団に属することを理由に，自国にいると迫害を受ける十分な恐れがあるために他国に逃れた」人々と定義している。

　2006年末の統計では，国連高等難民弁務官事務所（UNHCR）の保護を受けている援助対象者は，約3290万人に達する。このなかには，国際法で定義された難民のほかに，庇護希望者，国内避難民，帰還民，無国籍者などが含まれている。約440万人のパレスチナ難民は，UNHCRではなく国連パレスチナ難民救済事業機関（UNRWA）の保護下にある。両者の合計約3700万人が，国連がかかわる広義の難民といえる。100万人以上の広義の難民を生み出しているのは，上位から順にイラク，コロンビア，アフガニスタン，コンゴ民主共和国，スーダン，ウガンダであり，いずれも武力紛争が継続中の国である。

　国連の統計は，すべての難民的境遇にある人々を網羅しているわけではない。世界には，国連機関の保護の対象となっていない，おそらく数千万単位の人々がいる。難民という存在を最も広く解釈すると，「自らの意思に反して移動をよぎなくされた人々」になる。これには，貧困，開発計画，天災などを理由に故郷を追われた人々が含まれる。

❖難民と国民国家体制

　難民は生命の安全を求めて母国Ａを逃れ，他国Ｂで生活する人々である。Ａ国では国民としての正当な扱いを受けなかった。避難先のＢ国でも，国民になれるわけではない。難民とは，近代の国民国家体制の狭間に落ちこんだ，どの国家の国民でもない，したがって政府の発行する旅券な

どの身分証を所持しない人々であるといえる。

近代以前にも，天災や人災を逃れ，新天地を求めて移動する人たちはいた。現代の諸民族の分布は，こうした長年の移動と定住の繰り返しの結果形成されたものである。国境も旅券もない時代には，そもそも現在のような「難民」

ケニア北西部，カクマ難民キャンプにおける食料配給。配給センターは有刺鉄線付きの柵で囲われている。このキャンプにはスーダン，ソマリア，エチオピアなどの難民数万人が暮らしていた。

は存在せず，移動民たちは肩身の狭い思いをすることはなかった。移住先の社会も，他地域からの移住者の受容に関しては寛容であった。こうした開かれた柔軟な社会のあり方は，国民国家体制の下で大きく変容した。この意味で，難民とはまさに近代の産物であるといえる。

グローバル化の中で，国家間の境界の壁は，ますます意味を消失しつつあるといわれる。しかし，難民に関しては，国境はいまだに厳然と存在し，一部の国では境界の壁は高く厚いままなのである。

❖難民の文化人類学的研究

難民が人類学的な研究の対象になったのは比較的最近のことであり，日本では未発達の領域である。国際法や人道援助の研究とは異なり，人類学的難民研究は，下から，内側からの視点を重視する。難民化する以前の社会と文化をよく理解したうえで，難民が経験した故郷の喪失，家族の離散や死，掠奪，飢え，困難な旅などを記述し，分析することを第一の目的とする。第二の目的は，難民キャンプという空間の中で，彼らがいかに新たな環境に適応し，生活世界を再構築しているかを考察することである。こうして，悲惨な被害者というステレオタイプ的な受け身のイメージは打破され，難民の主体性が正当に認識されることになる。さらに難民に寄り添った視点に立つ人類学的研究は，国際人道主義にもとづく保護と管理の体制に対する建設的な批判にもつながるのである。

⇒ ***83, 86, 94, 99, 100***　参照文献　79, 100, 107, 350　　　　　（栗本）

96　国際結婚——多文化共生社会を推進するサポーターとなりうるか

❖国際結婚とは

20世紀末から，労働力移動，観光，留学，そして民族紛争や戦争による難民など，地球規模での人口移動により，国籍，民族，言語などを異にする人々の国際的な出会いの機会が増大してきている。それにもかかわらず，近年の日本においては国際結婚が減少の傾向にある。2006年には，日本の婚姻総数73万件のうち，国際結婚は4.4万件で総数の6%を示した。ところが，2018年では，婚姻総数60.6万件のうち国際結婚は2.1万件になり，総件数に占める割合も3.4%に減少した。2018年の国際結婚において，夫婦の一方が外国人の国別件数は，中国5.9万件，フィリピン3.8万件，韓国3.5万件とアジア諸国が多い（法務省2018）。

日本では，外国人ないし国籍を異にする人同士の結婚を「国際結婚」(intermarriage, mixed marriage) と呼んできた。しかし，最近の文化人類学の研究においては，国籍だけでなく，異なった言語，宗教，民族，人種，国家に所属する男女の結婚を「異文化結婚」(intercultural marriage ないし cross-cultural marriage) と位置づけて，個人から国家や国際レベルに至るより多様な結婚の実態を研究の対象としている。

❖配偶者選択と固定観念

結婚は2人の個人的な結び付きとはいえ，依然として家族，親族さらには社会や国家が大きく関連している。アメリカ社会の研究によると，配偶者を選ぶ際に固定観念が影響するという。例えばアフリカ系アメリカ人と白人の結婚の大多数は，白人女性とアフリカ系男性との間で行われる。白人女性はアフリカ系男性が性的に強く，音楽的にも創造的イメージを持っていると肯定的な固定観念を持つ傾向がある。それに対し，アフリカ系女性は白人男性を過去の奴隷制，政治的不安定性，セクシュアル・ハラスメントなど，否定的な固定観念を持ち，配偶者として敬遠するという。

人種，民族，集団に対する固定観念は，ドイツにおいては，国家が外国人配偶者の入国許可やビザ発給，婚姻許可の遅延と拒否，就業制限などの

処置に反映している。このように，国際結婚の環境には，否定的な状況が依然として存在していることは否めない。

❖ジェンダーとアイデンティティ

　現代の欧米社会では，宗教や階層の境界が低減し，教育と職業の共通性が国際結婚を促進させ，特に，低・中間地位層や高学歴者が，自らの集団外のものと結婚する傾向が顕著であるという報告もある。しかし，国際結婚を実践する人たちが，異なる言葉，慣習や役割，規範，観念に日常生活で遭遇して，いかに新しい家庭をつくり，社会に適応していくかが大きな問題となる。例えば日本人男性とデンマーク人女性の結婚について，デンマークで夫が職につけず，妻が仕事をすると，日本人男性がアイデンティティの危機に陥ることを明らかにしている。日本では女性が家事・育児，男性が扶養者としての役割が強く，デンマークでは，家事労働と雇用を男女平等で行うのが一般的であるからである。

❖国際結婚と多文化共生

　国際結婚は，文化的に同質な結婚よりもジェンダー役割，育児，家族制度，慣習，社会的地位などにおいてより「豊かな」経験をすることになる。移住社会の研究からは，移民一世は自らの集団メンバーと結婚するが，二世からは他集団との婚姻頻度が増加し，第三世代で特に高くなることが明らかにされている。移民間の結婚は，当事者同士においては多くの困難や差別を体験するが，次世代からは言語，食事，育児，ジェンダー役割，家族関係，エスニックグループ，国籍などを考慮して複数の選択肢から相手を主体的に選ぶことができる。

　21世紀は異文化理解を進め，多文化共生社会の実現が人類の課題といわれる。そのためには，文化の差異を認め尊重することが肝要であると耳にするが，国際結婚を行った2人は日常生活において言葉や習慣や文化の摩擦の解消なくしては「共存」が不可能である。近代の結婚は基本的には2人の情緒的・愛情的なつながりが強調されるが，国際結婚の進展と経験が多文化共生社会とどのようにかかわるか，文化人類学の研究対象である。

⇒ **68, 94, 98**　参照文献　153, 311　　　　　　　　　　　　　　（須藤）

97 ファンダメンタリズム——宗教の復活,それは時代錯誤の現象なのか,それともきたるべき時代の予兆なのか

　近年,マスコミなどで「原理主義」という言葉がよく使われる。最もひんぱんに用いられるのはイスラームの場合であるが,ヒンドゥー教やユダヤ教などにも用いられることがある。この語は英語の fundamentalism の訳語であるが,それが英語圏で一般に知られるようになったのは,20世紀前半のアメリカ合衆国で起きたある訴訟事件以降のことである。

❖キリスト教根本主義

　20世紀前半の合衆国南部では,当時勢いを強めていた自由主義神学や社会進化論に対抗し,聖書の記述を無謬とみなし,人類の始祖がアダムであることも歴史的事実であるといった立場を強調する神学潮流が生まれた。それが,キリスト教ファンダメンタリズム,わが国では「根本主義」と訳されてきた立場である。

　根本主義は合衆国南部で強い支持をえ,1920年代には多くの州で進化論を学校で教えることを禁じる法律が成立した。その風潮に反発したテネシー州のある高校教師はあえて教室で進化論を教え,そのため裁判にかけられ有罪となった。だが,全米から押し寄せたジャーナリストが,根本主義者は時代錯誤の思想であると書き立て,非難と嘲笑の的にしたため,それ以降根本主義は衰退傾向に向かった。「福音派」と自称する根本主義的傾向が復活してくるのは,1970年代以降のことである。

❖イスラームにおける「原理主義」

　キリスト教の用語であったファンダメンタリズムが,他の宗教にも用いられるようになるのも,やはり1970年代からである。とりわけイスラーム世界では,79年にイラン・イスラーム革命が成功して西洋諸国に大きな衝撃を与え,またイスラーム主義的武装集団の活動も活発化してきた。

　とはいっても,1970年代から活発化したイスラームの運動は,必ずしも反体制的なものとは限らない。パキスタンやスーダンのように,政府が積極的に国内法の中にイスラーム法的要素を導入する例も見られた。また,政治運動にまでは至らなくとも,自分たちのアイデンティティの根拠とし

て，イスラームを持ち出す人々も増え始めた。礼拝や断食といった義務の遵守やヴェール姿の女性の増加がそのことを端的に示している。このような穏健な宗教復興現象は，いわゆる原理主義すなわち過激なイスラーム主義的武装運動とは明確に区別されなければならない。

❖「ファンダメンタリズム」という語り方の問題

だが，実はイスラーム世界には「原理主義」は存在しない。というか，少なくとも「原理主義者」と自称している人々はいない。今日使われている「原理主義」なる語は，基本的に西側メディアによって，思想面では多様であり組織面でも統一的とはいえない，さまざまな急進的集団の運動を全般的に指す用語として外側からはりつけられたラベルなのである。

キリスト教の場合も，ファンダメンタリズムという言葉は，外部からつけられたラベルであり，また蔑称でもあった。1970年代以降，それがキリスト教以外の宗教にまでつけられるようになったときに，そのようなニュアンスがまったく消し去られたとは考え難い。実際，今日「原理主義」が語られるときには，科学技術の時代に宗教を持ち出して凶暴なテロリズムを正当化する，時代錯誤の反動的運動という意味合いが強い。

しかし，いわゆる原理主義の活動家の多くは，伝統的なムスリム知識人ではなく，むしろ近代的高等教育機関の出身者であり，その意味では「近代主義者」という側面も持っている。それは，ひと時代前にはナショナリストや社会主義者などを生み出した社会階層である。ここに今日のファンダメンタリズムの重要な特徴がある。つまり，さまざまな前近代的宗教的急進運動の継承という側面とともに，ナショナリズムが衰退した現代的状況における，政治＝社会的改革運動という側面も見られるのである。

ファンダメンタリズムを，反動的復古主義として切り捨てるよりも，むしろ，行きづまりが指摘されている「近代」を乗り越えようとする試みの1つとみる視点が必要であろう。ただし，宗教から科学への「進化」を前提とする「啓蒙主義」の子としての人類学に対する根本的批判の要素も，この潮流ははらんでいるように思われる。

⇒ *17, 61, 86, 89, 98*　参照文献　41, 59, 61, 111　　　　　　　（大塚）

98 エスニシティと民族問題——なぜ現代は「エスニックな時代, 民族問題の時代」といわれるのだろうか

❖「エスニシティ現象」の興隆

エスニシティというものが問題として浮上してきたのは, 1960年代のアメリカにおいてである。ベトナム反戦運動, 学生運動, 女性やゲイなどのマイノリティの運動と並行, あるいは連動して, アフリカ系アメリカ人や先住民（アメリカ・インディアン）の自己覚醒と権利主張の運動が勃興した。多種多様な移民, およびその子孫から構成されるアメリカという国において, 政治・経済・文化的なマジョリティである, アングロ-サクソン系白人以外の人々は, エスニック・マイノリティと呼ばれるようになった。いや,「呼ばれる」という受け身の表現は適当ではないだろう。さまざまなマイノリティの人々が, 意識的に自らのエスニシティを主張したからである。

従来の近代化論では, エスニックな集団は, 前近代的な存在とみなされ, 社会の発展にしたがって消滅し, 均質な国民, あるいは市民が誕生すると考えられていた。近代の象徴であるアメリカで生じたエスニシティの興隆は, 大きな衝撃を与えたのである。

エスニシティという用語は, 従来の人種, 民族, 部族といった用語にとって代わって, あるいは互換的に使用されるようになり, 世界中の同様の集団に適用されていったのである。国民国家の政治・経済的な統合力が相対的に弱体化し, 人, モノ, 情報の流れがグローバル化するなかで, エスニシティはますます重要な課題になりつつある。

❖エスニシティと社会階層

エスニシティは文化的であると同時に, 社会経済的な問題でもあり, そこに政治的な「民族問題」が発生する基盤もあるといえる。一般的に, エスニック・マイノリティは, 社会の中で周辺化された存在であり, 収入と教育程度も低く, 下位の社会階層を占めている。エスニシティに基づく階層化が極端になり, 上位の階層が政治権力も独占する体制は,「エスノクラシー」と呼ばれることがある。こうした状況下では, 先鋭化した激しい

民族問題が生じやすい。

エスニシティと階層は完全には一致しない事実も指摘しておく必要がある。そのため，特定のエスニシティが特定の階層と結び付いているというイメージの流布のほうが，現実の階層よりも社会的な意味を持つということもできる。こうしたイメージは，エスニシティに対する人々の認識を固定化し，政治的な操作の源泉になるからである。

❖**エスニシティとナショナリズム**

国民国家の形成を目指すナショナリズムと，国家内部の現象であるエスニシティは，別のものと考えられてきた。しかし，現在では，エスニシティを基盤にして，自前の主権国家の独立や，連邦制，自治権の獲得を目指すエスノナショナリズムが世界各地で展開している。ボスニアの例を引くまでもなく，エスノナショナリズムは，しばしば排他的で暴力的な形態をとる。

この新たなナショナリズムを，従来のものと同列に論じてよいのか，ナショナリズムの方向には発展しないエスニシティとの違いをどう捉えるかは，興味深い今後の課題であるといえる。

❖**政治化され操作されるエスニシティ**

客観的にみれば，そもそもエスニシティは，明確に定義できる集団を基盤にしているわけではない。その境界は常に曖昧であり，メンバーの主観的な意識が帰属の決定的要因である。それは，全体社会（国家）と個別のエスニシティとの，および異なるエスニシティ間の，相互作用の中で形成されるものであるといえる。

エスニシティは，誕生したときから政治化された存在であり，その内部，外部の両方からさまざまな目的のために政治的に操作される。こうした操作によって人々が動員され，民族問題が生じるのは，構築・再創造されたものであるにしても，宗教，言語，出自，生活様式など，リアリティのある「文化」が，エスニシティの基盤にあるからである。そこにこの問題の本質と同時にやっかいさがあるといえよう。

⇒ ***22, 86, 93, 94***　参照文献　10, 42, 83, 105, 138, 338　　　　　　（栗本）

99 人権——普遍主義的な人権の捉え方は文化相対主義的な考え方とどのような関係にあるのか

❖人権という思想

　人権という思想は 17-18 世紀の西欧啓蒙期の自然法思想に由来するとされる。人間は生まれながらにして自由であり，平等であるとする思想で，アメリカ独立宣言やフランス革命における人権宣言にも大きな影響を与えた。この思想の背後にはフランスの哲学者 J.-J. ルソー（C. レヴィ‐ストロースにより「人類学の創始者」とされた）が『人間不平等起源論』（1755 年）の冒頭で提起した「自然が人びとのあいだにおいた平等と人間たちが設けた不平等」という問題がある。20 世紀においては，ナチスのホロコーストや日本軍のアジアでの虐殺などへの反省から，1948 年に国連により世界人権宣言が出された。その第 2 条第 1 項には，「すべての人は，人種，皮膚の色，性，言語，宗教，政治上その他の意見，国民的若しくは社会的出身，財産，門地，その他の地位又はこれに類するいかなる事由によるいかなる差別をも受けることなく，この宣言に掲げる権利と自由とを享有することができる」と述べられている。

❖人権と文化相対主義

　しかし，「すべての人は」という普遍主義的な人間の捉え方は，文化相対主義を標榜してきた人類学者を困惑させもする。事実，世界人権宣言が準備される過程で，アメリカ人類学会理事会は，1947 年に人間（文化）の多様性（相対性）の観点から普遍的人権についての批判的な見解を表明していた。しかしながら，重要なのは，普遍的人権に対して文化相対主義の立場から反論を加えることではない。浜本満が論じたように，普遍主義と相対主義は必ずしも対立するものではない。というのも，相対主義が可能なのは，ある種の普遍主義を前提にすることによってであるからだ。逆に，普遍的人間観は，人種，ナショナリティ，エスニシティ，ジェンダーなど人間の多様な現実を前提にして成立しており，多様であるからこそ普遍が求められもするのである。その意味で，人権思想の普遍主義と相対主義は二者択一の関係ではなく，補完の関係にあるというべきだろう。アメリカ

人類学会も 1995 年には人権委員会を設置し，1999 年には「人類学と人権に関する宣言」を出し，人権の問題に積極的に取り組んでいる。

❖人権の民族誌

E. メッサーは，人類学は 2 つの点で人権の問題に貢献してきたと指摘している。1 つは，権利とは何か，人間とは誰かという問いをめぐって通文化的な比較研究を行ってきたこと，もう 1 つは，人権の遵守や違反について監視し，批判してきたことによってである。今日では人権の観念は文化的に相対的であることを多くの専門家も政策決定者も受け入れるようになっているとメッサーは述べ，アフリカ，アジア，ラテンアメリカにおける多様な人権実践の例を挙げている。

多様な人権実践という点は，A. アパデュライのいう「グローバル・イデオスケープ」の中で大きな位置を占めている民主主義を考えるうえでも重要である。例えば，T. モーリス‐スズキは，多文化主義を標榜するオーストラリアを念頭におきつつ，「一人一票」や富の再配分にかかわるものだけがデモクラシーではありえない，いかに文化資源を獲得し，それを表現するか，さらにその文化資源を文化資本へどのように転換するか，それこそ，現在のデモクラシーの主要素だ，と述べている。こうして，文化は民主主義の問題となり，民主主義の基礎にある人権思想はここにきわめて政治的・実践的な課題を抱え込むことになるのである。

❖公共人類学

こうした中で，近年，応用・実践人類学の新しい展開として公共人類学 (public anthropology) という分野が，立ち上がりつつある。これは公共領域において人類学を活用しようとするものである。ここには，人類学を社会の公共領域において再定義し，アカデミズムを越えて社会に貢献しようとする人類学の新たな試みがある。多様な文化と社会を研究しながら人間の理解に貢献しようとする人類学は，公共領域における実践的な課題に取り組みながら社会と結ばれることが必要なのである。人権という課題への人類学の関わりはそのようなかたちで行われるべきだろう。

⇨ ***15, 21, 40, 100***　参照文献　7, 192, 207, 267, 329, 350, 351, 360

(山下)

100 グローバリゼーション——人，モノ，カネ，情報が世界をかけめぐり，新しい文化が生まれている

❖グローバリゼーション

今日，モノ，カネ，情報の移動とともに，社会の境界は薄れ，文化は社会を越えて享受される。人々は生まれ故郷を離れ，都市へ向かい，そして国境を越える。その結果，ボーダーレス化とかグローバル化などといわれる事態が進行する。今日では，アマゾンの奥地でも，人々はTシャツを着て，コカコーラを飲み，ハリウッド映画をみているだろう。

こうした状況においては，人類学者は従来のように文化を伝統的な生活の様式や閉じた意味と象徴の体系として研究することはできない。U. ハナーツは，アフリカのナイジェリアでの経験をもとに「世界のクレオール（異種混交）化」について論じ，「文化のマクロ人類学」の必要性を説いている。つまり，地球規模の関連において文化を観察していく必要があるのだ。

もっとも，人の移動のグローバル化は，西欧による世界発見とそれに続く植民地主義とともに起こっている。そうした中で，人々は混血し，クレオール化した文化を作り出してきた。グローバリゼーションはそれゆえこうした近代世界システムの歴史的展開の中で理解されるべき現象である。

❖ポストモダニズム

こうした現代社会の変質の位相をモダニズムの終焉あるいはポストモダンという語で捉える見方もある。人類学においても，B. マリノフスキーに始まるモダニズムの衰退や死が語られ，ポストモダニズムへの関心を示す議論がある。そこでは，モダンとポストモダン，植民地状況と脱植民地状況が対比され，前者においては「1つの真実」と「1つの声（論理）」が特徴的だったが，後者は「複数の真実」と「複数の声（論理）」によって特徴づけられるとされる。

しかし，ポストモダンあるいはポストモダニズムという概念は，定義も評価も確立しているとは言い難い。ここではF. ジェームソンにならって，ポストモダニズムを「後期資本主義社会」における新しいタイプの社会生

活や新しい経済秩序(脱工業社会,消費社会,メディア社会,多国籍企業など)の出現とともに現れた新しい文化のありようとの関連で考えておこう。そこでは文化は,「グローバリゼーション」「脱地域化」「ディスプレイスメント」「脱中心化」「断片化」「クレオール化」「商品化」などといった現象とともに現れている。

❖ グローバル・エスノスケープ

A. アパデュライは「グローバル・エスノスケープ」という用語でボーダーレス化の中の人々の動態を表現している。今日,インドの村人はプーナやマドラスの町に出るだけではなく,ドバイやヒューストンにも行く。スリランカからの難民は南インドのみならずカナダにもいるし,インドシナのモンはロンドンやフィラデルフィアにも流れて行く。この地球上を流動する人々(観光客,移民,難民,亡命者,外国人労働者など)によって織りなされる風景を彼はグローバル・エスノスケープと呼ぶ。それはグローバルな文化のフローの1つの局面である。

こうした中で,ある地域にある人々がいて,ある文化があるという古典的民族誌の構図が崩れつつある。というより,古典的モデルでは民族誌を描けなくなりつつあるのだ。いってみれば,人々も文化も脱地域化されている。例えば,アメリカばかりでなく,日本でも中国でもインドネシアでも人々はケンタッキー・フライドチキンやマクドナルド・ハンバーガーを食べているわけだ。グローバル・カルチャーなるものが存在するかどうかは疑問だが,少なくともある文化要素がグローバルに流通し,共有されるという事実は存在する。

❖ グローバル・エスノグラフィー

こうしたことはこれからの民族誌的研究にとって重要なポイントである。かつて山下晋司は国家を視野に入れた動態的民族誌を提唱したが,今後は人々や文化のグローバルな移動を視野に入れた動態的民族誌,すなわちグローバル・エスノグラフィーが実践されていく必要があるだろう。これにより人類学自体もグローバル化していくだろう。

⇨ *84, 91, 94, 96, 99*　参照文献　96, 276, 333, 340, 341, 343　　　(山下)

参照文献一覧

☆ 日本語文献（五十音配列）

1. アイケルマン, D.（大塚和夫訳）1988(1981)『中東――人類学的考察』岩波書店
2. 青木保 1984『儀礼の象徴性』岩波書店
3. 青木保 1990『「日本文化論」の変容――戦後日本の文化とアイデンティティー』中央公論社
4. 青木保ほか 1996-1998『岩波講座 文化人類学』全13巻，岩波書店
5. 秋道智彌・市川光雄・大塚柳太郎(編) 1995『生態人類学を学ぶ人のために』世界思想社
6. アードナー, E./S. D. オートナー（山崎カヲル監訳）1987『男が文化で，女は自然か？――性差の文化人類学』晶文社
7. アパデュライ, A.（門田健一訳）2004(1996)『さまよえる近代――グローバル化の文化研究』平凡社
8. 阿部年晴 1982『アフリカ人の生活と伝統』（人間の世界歴史15）三省堂
9. 網野善彦 1993『日本論の視座――列島の社会と国家』小学館(ライブラリー)
10. 綾部恒雄 1993『現代世界とエスニシティ』弘文堂
11. アリエス, P.（杉山光信・杉山恵美子訳）1980(1960)『〈子供〉の誕生――アンシャン・レジーム期の子供と家族生活』みすず書房
12. アレン, M. R.（中山和芳訳）1978(1967)『メラネシアの秘儀とイニシエーション』弘文堂
13. アンダーソン, B.（白石隆・白石さや訳）2007(2006)『定本 想像の共同体――ナショナリズムの起源と流行』書籍工房早山（増補版, 1997〈1991〉, NTT出版)
14. 飯島吉晴 1985「子供の発見と児童遊戯の世界」『家と女性』（日本民俗文化大系10）小学館
15. イェンゼン, A. E. ほか(大林太良・鈴木満男訳) 1963(1960)『民族学入門――諸民族と諸文化』社会思想社(文庫)
16. 生田久美子 2007『「わざ」から知る〔新装版〕』（コレクション認知心理学6）東京大学出版会
17. 池見酉次郎 1963『心療内科』中央公論社(新書)
18. 石毛直道 1971『住居空間の人類学』鹿島出版会
19. 石毛直道(編) 1973『世界の食事文化』ドメス出版
20. 石毛直道 1982『食事の文明論』中央公論社(新書)
21. 石田英一郎・岡正雄・江上波夫・八幡一郎 1958『日本民族の起源――対談

と討論』平凡社
22．石田英一郎 1970-72『石田英一郎全集』全 8 巻，筑摩書房
23．泉靖一(編) 1971『住まいの原型』鹿島出版会
24．伊藤幹治 1995『贈与交換の人類学』筑摩書房
25．イリイチ, I. 1991(1984)（桜井直文監訳）「ホモ・エードゥカンドゥス」『生きる思想』藤原書店
26．イリイチ, I./B. サンダース（丸山真人訳）1991(1988)『ABC——民衆の知性のアルファベット化』岩波書店
27．医療人類学研究会(編) 1992『文化現象としての医療——「医と時代」を読み解くキーワード集』メディカ出版
28．岩田慶治 1973『草木虫魚の人類学——アニミズムの世界』淡交社
29．岩田慶治 1985『カミの人類学——不思議の場所をめぐって』講談社(文庫)
30．岩田慶治(編) 1985『子ども文化の原像——文化人類学的視点から』日本放送出版協会
31．岩本通弥・倉石忠彦・小林忠雄(編) 1989『都市民俗学へのいざない』Ⅰ・Ⅱ，雄山閣
32．インター・プレス・サービス(編)(清水知久訳) 1993(1992)『先住民族——地球環境の危機を語る』明石書店
33．ウィトゲンシュタイン, L.（杖下隆英訳）1975(1936)「フレーザー『金枝篇』について」『ウィトゲンシュタイン全集』第 6 巻，大修館書店
34．ウェスターマーク, E. A.（江守五夫訳）1970(1926)『人類婚姻史』社会思想社
35．上村英明 1992『世界と日本の先住民族』岩波書店（ブックレット 281）
36．ウェンナー・グレン財団　http://www.wennergren.org/
37．ウォーフ, B. L.（池上嘉彦訳）1993(1956)『言語・思考・現実』講談社(学術文庫)
38．ウォーラーステイン, I.（川北稔訳）1993(1980)『近代世界システム 1600〜1750——重商主義と「ヨーロッパ世界経済」の凝集』名古屋大学出版会
39．ウォーラーステイン, I.（川北稔訳）1997(1989)『近代世界システム 1730〜1840s——大西洋革命の時代』名古屋大学出版会
40．ウォーラーステイン, I.（川北稔訳）2006(1974)『近代世界システム——農業資本主義と「ヨーロッパ世界経済」の成立』Ⅰ・Ⅱ, 岩波書店（モダンクラシックス）
41．臼杵陽 1999『原理主義』岩波書店
42．内堀基光 1989「民族論メモランダム」田辺繁治(編)『人類学的認識の冒険——イデオロギーとプラクティス』同文舘, 27-43 頁
43．内堀基光(編) 1997『「もの」の人間世界』（岩波講座 文化人類学 3 ）岩波書

店
44．内堀基光・山下晋司 2006『死の人類学』講談社(文庫)
45．内堀基光・菅原和孝・印東道子(編) 2007『資源人類学』放送大学教育振興会
46．梅棹忠夫 1976『狩猟と遊牧の世界——自然社会の進化』講談社（学術文庫）
47．海野福寿・大島美津子(編) 1989『家と村』(日本近代思想大系 20) 岩波書店
48．エヴァンズ-プリチャード, E.E.（向井元子訳）1978(1940)『ヌアー族——ナイル系一民俗の生業形態と政治制度の調査記録』岩波書店
49．エヴァンズ-プリチャード, E.E.（長島信弘・向井元子訳）1985(1951)『ヌアー族の親族と結婚』岩波書店
50．江守五夫 1973『母権と父権—婚姻にみる女性の地位』弘文堂
51．エリアス, N./E. ダニング(大平章訳) 1995(1986)『スポーツと文明化——興奮の探求』法政大学出版局
52．エリアーデ, M.（堀一郎訳）2004(1964)『シャーマニズム——古代的エクスタシー技術』上・下，筑摩書房（学芸文庫）
53．エルツ, R.（吉田禎吾ほか訳）2001(1928)『右手の優越——宗教的両極性の研究』筑摩書房（学芸文庫）
54．太田好信 1993「文化の客体化——観光をとおした文化とアイデンティティの創造」『民族学研究』57 巻 4 号
55．太田好信 1998『トランスポジションの思想——文化人類学の再想像』世界思想社
56．大塚和夫 1989『異文化としてのイスラーム——社会人類学的視点から』同文館
57．大塚和夫 1995『テクストのマフディズム——スーダンの「土着主義運動」とその展開』東京大学出版会
58．大塚和夫 2000『近代・イスラームの人類学』東京大学出版会
59．大塚和夫 2000『イスラーム的——世界化時代の中で』日本放送出版協会
60．大塚和夫 2002『いまを生きる人類学——グローバル化の逆説とイスラーム世界』中央公論新社
61．大塚和夫 2004『イスラーム主義とは何か』岩波書店(新書)
62．大貫恵美子 1985『日本人の病気観——象徴人類学的考察』岩波書店
63．大濱徹也 1979「『淫祠邪教』と『類似宗教』」『歴史公論』44 号
64．大林太良 1966『神話学入門』中央公論社(新書)
65．大林太良 1990『東と西 海と山——日本の文化領域』小学館
66．岡正雄 1979『異人その他——日本民俗＝文化の源流と日本国家の形成』言叢社
67．岡本真佐子 1996『開発と文化』岩波書店（21 世紀問題群ブックス 16）

68．小川了 1998『可能性としての国家誌──現代アフリカ国家の人と宗教』世界思想社
69．落合一泰 1988「時間のかたち──記録・記憶・希求」伊藤幹治・米山俊直（編）『文化人類学へのアプローチ』ミネルヴァ書房
70．オットー, R.（山谷省吾訳）1968(1917)『聖なるもの』岩波書店（文庫）
71．オームス, H. 1987『祖先崇拝のシンボリズム』弘文堂
72．折口信夫 1995-2002『折口信夫全集』全37巻，中央公論社
73．オング, W. J.（桜井直文ほか訳）1991(1982)『声の文化と文字の文化』藤原書店
74．掛谷誠（編）2002『アフリカ農耕民の世界──その在来性と変容』（講座 生態人類学3）京都大学学術出版会
75．春日直樹 1995「経済Ⅰ──世界システムのなかの文化」米山俊直編『現代人類学を学ぶ人のために』世界思想社
76．カースルズ, S./M. J. ミラー（関根政美・関根薫訳）1996(1993)『国際移民の時代』名古屋大学出版会
77．ガフ, K. 1969「人類学と第三世界」『展望』129号
78．カルドー, M.（山本武彦・渡部正樹訳）2003(2001)『新戦争論──グローバル時代の組織的暴力』岩波書店
79．川上郁雄 2001『越境する家族──在日ベトナム系住民の生活世界』明石書店
80．川田順造 1989・91『未開概念の再検討』1・2，リブロポート
81．川田順造 1992『西の風・南の風──文明論の組みかえのために』河出書房新社
82．川田順造 1995「民族」松原正毅(代表)・NIRA(編)『世界民族問題事典』平凡社，1116-1119頁
83．川田順造・福井勝義（編）1988『民族とは何か』岩波書店
84．ギアツ, C.（吉田禎吾ほか訳）1987(1973)『文化の解釈学』Ⅰ・Ⅱ，岩波書店
85．ギアツ, C.（小泉潤二訳）1990(1980)『ヌガラ──19世紀バリの劇場国家』みすず書房
86．ギアツ, C.（小泉潤二訳）1991(1983)「『住民の視点から』──人類学的理解の性質について」『ローカル・ノレッジ──解釈人類学論集』第3章，岩波書店
87．ギアツ, C.（梶原景昭・小泉潤二・山下晋司・山下淑美訳）1991(1983)『ローカル・ノレッジ──解釈人類学論集』岩波書店
88．ギアツ, C.（森泉弘次訳）1996(1988)『文化の読み方/書き方』岩波書店
89．ギアツ, C.(小泉潤二編訳) 2002『解釈人類学と反＝反相対主義』みすず書房

90．キージング, R. M.（小川正恭・笠原政治・河合利光訳）1982(1975)『親族集団と社会構造』未来社
91．北山晴一 1985『おしゃれと権力（十九世紀パリの原風景1）』三省堂
92．ギルモア・D（前田俊子訳）1994(1990)『「男らしさ」の人類学』春秋社
93．グディ, J.（吉田禎吾訳）1986(1977)『未開と文明』岩波書店
94．クラインマン, A.（大橋英寿ほか訳）1992(1980)『臨床人類学——文化のなかの病者と治療者』弘文堂
95．クリフォード, J.（太田好信ほか訳）2003(1988)『文化の窮状——二十世紀の民族誌，文学，芸術』人文書院
96．クリフォード, J./G. E. マーカス(編)（春日直樹ほか訳）1996(1986)『文化を書く』紀伊國屋書店
97．栗本英世 1996「招かれざる人類学者の絶望と希望——エチオピアにおけるアニュワ人の調査」須藤健一(編)『フィールドワークを歩く——文化系研究者の知識と経験』嵯峨野書院
98．栗本英世 1999『未開の戦争，現代の戦争』岩波書店
99．栗本英世 2001「紛争研究と人類学の可能性」杉島敬志(編)『人類学的実践の再構築——ポストコロニアル転回以後』世界思想社
100．栗本英世 2004「越境の人類学——難民の生活世界」江渕一公・松園万亀雄(編)『新訂 文化人類学』放送大学教育振興会
101．クレーダー, L.（吉田禎吾・丸山孝一訳）1972(1968)『国家の形成』（現代文化人類学3），鹿島出版会
102．クーン, T.（中山茂訳）1971(1962)『科学革命の構造』みすず書房
103．ケペル, G.（中島ひかる訳）1992(1991)『宗教の復讐』晶文社
104．ゲルナー, E.（多和田裕司訳）1993「今日のナショナリズム」『思想』823号
105．ゲルナー, E.（加藤節監訳）2000(1983)『民族とナショナリズム』岩波書店
106．国立国会図書館調査立法考査局 1993『外国の立法(特集・先住民族)』32巻2・3号
107．国連難民高等弁務官事務所 2001『世界難民白書2000——人道行動の50年史』時事通信社
108．小杉泰 1994『現代中東とイスラーム政治』昭和堂
109．小杉泰編 2001『イスラームに何がおきているか〔増補版〕』平凡社
110．ゴドリエ, M.（山内昶訳）1976(1973)『人類学の地平と針路』紀伊國屋書店
111．小原克博・中田考・手島勲矢 2006『原理主義から世界の動きが見える——キリスト教・イスラーム・ユダヤ教の真実と虚像』PHP研究所(新書)
112．サイード, E.（板垣雄三・杉田英明監修，今沢紀子訳）1993(1978)『オリエ

ンタリズム』上・下，平凡社（ライブラリー）
113．サーヴィス, E. R.（松園万亀雄訳）1979(1971)『未開の社会組織——進化論的考察』（人類学ゼミナール12）弘文堂
114．桜井徳太郎 1975「結衆の原点——民俗学から追跡した小地域共同体構成のパラダイム」鶴見和子・市井三郎(編)『思想の冒険——社会と変化の新しいパラダイム』筑摩書房
115．佐々木宏幹 1983『憑霊とシャーマン——宗教人類学ノート』東京大学出版会
116．佐々木高明・大林太良(編) 1991『日本文化の源流——北からの道，南からの道』小学館
117．佐藤俊 1992『レンディーレ——北ケニアのラクダ遊牧民』弘文堂
118．佐藤俊(編) 2002『遊牧民の世界』（講座 生態人類学4）京都大学学術出版会
119．佐藤幸男 1989『開発の構造——第三世界の開発/発展の政治社会学』同文舘出版
120．サピア, E. ／B. L. ウォーフほか(池上嘉彦編訳) 1970『文化人類学と言語学』弘文堂
121．サーリンズ, M.（山内昶訳）1984(1972)『石器時代の経済学』法政大学出版局
122．サーリンズ, M.（山本真鳥訳）1993(1985)『歴史の島々』法政大学出版局
123．サーリンズ, M. ／E. サーヴィス(山田隆治訳) 1976(1960)『進化と文化』新泉社
124．サンカン, S. S. O.（佐藤俊訳）1989(1979)『我ら，マサイ族』どうぶつ社
125．島薗進 1992『現代救済宗教論』青弓社
126．清水昭俊 1987『家・身体・社会——家族の社会人類学』弘文堂
127．清水昭俊(編) 1989『家族の自然と文化』弘文堂
128．シュタイナー, F.（井上兼行訳）1970(1956)『タブー』せりか書房
129．シュミット, W. ／W. コッパース(大野俊一訳) 1969-70(1924)『民族と文化』上・下，河出書房新社
130．人類学会世界協議会（WCAA）http://www.wcaanet.org/
131．鈴木孝夫 1973『ことばと文化』岩波書店(新書)
132．スチュアート ヘンリ（編）1986『世界の農耕起源』雄山閣出版
133．スチュワード, J. H.（米山俊直・石田紝子訳）1979(1955)『文化変化の理論』弘文堂
134．スティア, P.（鏡味治也・中村潔訳）1994(1986)『プトゥ・スティアのバリ案内』木犀社
135．須藤健一 1989『母系社会の構造——サンゴ礁の島々の民族誌』紀伊國屋書

店
136．スペルベル, D.（菅野盾樹訳）1979(1974)『象徴表現とはなにか——一般象徴表現論の試み』紀伊國屋書店
137．スペルベル, D.（菅野盾樹訳）1984(1982)『人類学とはなにか——その知的枠組を問う』紀伊國屋書店
138．スミス, A. D.（巣山靖司ほか訳）1999(1986)『ネイションとエスニシティ——歴史社会学的考察』名古屋大学出版会
139．スミス, G. E.（西村朝日太郎訳）1953(1934)『文明の起源』角川書店(文庫)
140．スミス, V. L.（編）（三村浩史監訳）1991(1977)『観光・リゾート開発の人類学——ホスト＆ゲスト論でみる地域文化の対応』勁草書房
141．世界人類学ネットワーク（WAN）http://www.ram-wan.net/
142．関一敏（編）1986『人類学的歴史とは何か』海鳴社
143．関根政美 1994『エスニシティの政治社会学——民族紛争の制度化のために』名古屋大学出版会
144．関根政美 2000『多文化主義社会の到来』朝日新聞社
145．関本照夫 1988「フィールドワークの認識論」伊藤幹治・米山俊直（編）『文化人類学へのアプローチ』ミネルヴァ書房
146．関本照夫・船曳建夫編 1994『国民文化が生れる時——アジア・太平洋の現代とその伝統』リブロポート
147．祖父江孝男（訳編）1968『文化人類学リーディングス——文化・社会・行動』誠信書房
148．タイラー, E. B.（比屋根安定訳）1962(1873)『原始文化——神話・哲学・宗教・言語・芸能・風習に関する研究』誠信書房
149．多木浩二 1995『スポーツを考える——身体・資本・ナショナリズム』筑摩書房(新書)
150．ダグラス, M.（塚本利明訳）1972(1966)『汚穢と禁忌』思潮社
151．武内進一（編）2003『国家・暴力・政治——アジア・アフリカの紛争をめぐって』アジア経済研究所
152．竹沢泰子(編) 2005 『人種概念の普遍性を問う——西洋的パラダイムを超えて』人文書院
153．竹下修子 2004『国際結婚の諸相』学文社
154．立花隆 1991『サル学の現在』平凡社
155．ターナー, V. W.（冨倉光雄訳）1976(1969)『儀礼の過程』思索社
156．ターナー, V.（梶原景昭訳）1981(1974)『象徴と社会』紀伊國屋書店
157．ターナー, V. /山口昌男（編）1983『見世物の人類学』三省堂
158．田中二郎 1971『ブッシュマン』思索社

159．田中二郎 1994『最後の狩猟採集民——歴史の流れとブッシュマン』どうぶつ社
160．田中二郎・掛谷誠・市川光雄・太田至(編) 1996『続 自然社会の人類学——変貌するアフリカ』アカデミア出版会
161．田中二郎・佐藤俊・菅原和孝・太田至(編) 2004『遊動民(ノマッド)——アフリカの原野に生きる』昭和堂
162．田中雅一・松田素二(編) 2006『ミクロ人類学の実践——エイジェンシー／ネットワーク／身体』世界思想社
163．谷　泰 1997『神・人・家畜——牧畜文化と聖書世界』平凡社
164．玉置泰明 1995「開発と民族の未来——開発人類学は可能か」合田濤・大塚和夫(編)『民族誌の現在——近代・開発・他者』弘文堂
165．田村克己 1988「『物』と『霊』」伊藤幹治・米山俊直(編)『文化人類学へのアプローチ』ミネルヴァ書房
166．ターンブル, C. M.（太田至訳）1993(1983)『豚と精霊——ライフ・サイクルの人類学』どうぶつ社
167．千葉正士(編) 1974『法人類学入門』弘文堂
168．チャイルド, G.（ねずまさし訳）1951(1936)『文明の起源』上・下，岩波書店(新書)
169．対馬路人ほか 1979「新宗教における生命主義的救済観」『思想』665号
170．鶴見良行 1993『ナマコの眼』筑摩書房(学芸文庫)
171．デュモン, L.（渡辺公三訳）1977(1971)『社会人類学の二つの理論』弘文堂
172．デュルケーム, E.（古野清人訳）1975(1912)『宗教生活の原初形態』上・下，岩波書店(文庫)
173．デュルケーム, E.（小関藤一郎訳）1980(1902, 03)『分類の未開形態』法政大学出版局
174．寺嶋秀明・篠原徹(編) 2002『エスノ・サイエンス』(講座 生態人類学7)京都大学学術出版会
175．寺田和夫 1981(1975)『日本の人類学』角川書店(文庫)
176．鳥居龍蔵 1975-77『鳥居龍蔵全集』朝日新聞社
177．トレヴァー-ローパー, H. 1992(1983)「伝統の捏造——スコットランド高地の伝統」E. ホブズボウム／T. レンジャー（編）（前川啓治ほか訳）『創られた伝統』紀伊國屋書店
178．中生勝美(編) 2000『植民地人類学の展望』風響社
179．中尾佐助 1966『栽培植物と農耕の起源』岩波書店(新書)
180．中川米造 1996『医療の原点』岩波書店
181．長沢栄治 1991「世界綿業の展開とエジプト農村の労働者問題」柴田三千雄ほか（編）『世界の構造化』（シリーズ世界史への問い 9）岩波書店

182．長島信弘 1987『死と病いの民族誌——ケニア・テソ族の災因論』岩波書店
183．中薗英助 2005『鳥居龍蔵伝——アジアを走破した人類学者』岩波書店（現代文庫）
184．中根千枝 1970『家族の構造——社会人類学的分析』東京大学出版会
185．中林伸浩 1991『国家を生きる社会——西ケニア・イスハの氏族』世織書房
186．中牧弘允（編）1982『神々の相剋——文化接触と土着主義』新泉社
187．中村孚美（編）1984『都市人類学』（『現代のエスプリ』別冊現代の人類学2）至文堂
188．波平恵美子 1990『脳死・臓器移植・がん告知——死と医療の人類学』福武書店（文庫）
189．波平恵美子 1994『医療人類学入門』朝日新聞社
190．ニーダム, R.（三上暁子訳）1977(1962)『構造と感情』弘文堂
191．ニーダム, R.（吉田禎吾ほか訳）1993(1979)『象徴的分類』みすず書房
192．日本政府外務省　http://www.mofa.go.jp/mofaj/
193．野中恵子 1993『ドイツの中のトルコ——移民社会の証言』柘植書房
194．野村雅一 1983『しぐさの世界——身体表現の民族学』日本放送出版協会（NHKブックス）
195．ハーヴェイ, D.（本橋哲也訳）2007(2005)『ネオリベラリズムとは何か』青土社
196．橋爪大三郎 1988『はじめての構造主義』講談社（現代新書）
197．バージャー, J.（真実一美ほか訳）1992(1987)『世界の先住民族』明石書店
198．バージャー, J.（綾部恒雄監訳）1995(1990)『図説・世界の先住民族』明石書店
199．長谷川寿一 1994「人間相対論のすすめ」『無限大』（7月号）
200．ハタミ, M.（平野次郎訳）2001(2000)『文明の対話』共同通信社
201．バーチ, A.（スチュアート　ヘンリ訳）1991(1988)『図説・エスキモーの民族誌——極北に生きる人びとの歴史・生活・文化』原書房
202．埴原和郎（編）1990『日本人新起源論』角川書店（選書）
203．バハオーフェン, J. J.（吉原達也ほか訳）1992, 93(1861)『母権制——古代世界の女性支配——その宗教と法に関する研究』上・下，白水社
204．浜本満 1985「文化相対主義の代価」『理想』627号
205．浜本満 1985「呪術——ある非・科学の素描」『理想』628号
206．浜本満 1989「死を投げ棄てる方法——儀礼における日常性の再構築」田辺繁治（編）『人類学的認識の冒険——イデオロギーとプラクティス』同文舘
207．浜本満 1996「差異のとらえかた——相対主義と普遍主義」青木保ほか編『思想化される周辺世界』（岩波講座 文化人類学12）岩波書店
208．林達夫 2005「邪教問答——一女性の問いに答えて」『歴史の暮方 共産主

義的人間』中央公論新社(中公クラシックス)
209. 原ひろ子 1979「『原初社会』における子ども観」『子ども観と発達思想の展開(岩波講座 子どもの発達と教育2)』岩波書店
210. 原ひろ子 1989『ヘヤー・インディアンとその世界』平凡社
211. ハーラン, J. R.(熊田恭一・前田英三訳) 1984『作物の進化と農業・食糧』学会出版センター
212. ハリス, M.(長島信弘・鈴木洋一訳) 1987(1979)『文化唯物論——マテリアルから世界を読む新たな方法』上・下, 早川書房
213. ハンコック, G.(武藤一羊監訳) 1992(1989)『援助貴族は貧困に巣喰う』朝日新聞社
214. ハンチントン, S. 1993「文明の衝突」『中央公論』8月号
215. ハンチントン, S.(鈴木主税訳) 1998(1996)『文明の衝突』集英社
216. ファン・ヘネップ, A.(綾部恒雄・綾部裕子訳) 1977(1908)『通過儀礼』弘文堂
217. フィールドハウス, P.(和仁皓明訳) 1991(1986)『食と栄養の文化人類学——ヒトは何故それを食べるか』中央法規出版
218. フェーガー, T.(磯野義人訳) 1985(1979)『天幕——遊牧民と狩猟民のすまい』エス・ピー・エス出版
219. フォスター, G. M./B. G. アンダーソン(中川米造監訳) 1987(1978)『医療人類学』リブロポート
220. フォックス, R.(川中健二訳) 1977(1967)『親族と婚姻——社会人類学入門』思索社
221. フォーテス, M.(田中真砂子編訳) 1980『祖先崇拝の論理』ぺりかん社
222. フォーテス, M./E. E. エヴァンズ-プリチャード(編)(大森元吉ほか訳) 1972(1940)『アフリカの伝統的政治体系』みすず書房
223. 深作光貞 1983『「衣」の文化人類学——「下半身の装い」に探る人間の本性と変身への願望』PHP研究所
224. 福井勝義 1984「認識人類学」綾部恒雄(編)『文化人類学15の理論』中央公論社(新書)
225. 福井勝義 1991『認識と文化——色と模様の民族誌』東京大学出版会
226. 福井勝義・谷泰編 1987『牧畜文化の原像——生態・社会・歴史』日本放送出版協会
227. 福島真人(編) 1995『身体の構築学——社会的学習過程としての身体技法』ひつじ書房
228. 船曳建夫 2003『「日本人論」再考』日本放送出版協会
229. フラハティ, G.(野村美紀子訳) 2005(1988)『シャーマニズムと想像力——ディドロ, モーツァルト, ゲーテへの衝撃』工作舎

230．ブルデュ, P.（今村仁司ほか訳）2001(1980)『実践感覚〔新装版〕』1・2, みすず書房
231．フレイザー, D.（渡辺洋子訳）1984(1968)『未開社会の集落』井上書院
232．フレーザー, J. G.（永橋卓介訳）1951-52(1890)『金枝篇』全5冊, 岩波書店（文庫）
233．ベネディクト, R.（米山俊直訳）1973(1934)『文化の型』社会思想社
234．ベネディクト, R.（長谷川松治訳）1967(1946)『定訳・菊と刀――日本文化の型』社会思想社（文庫）
235．ベネディクト, R.（筒井清忠ほか訳）1997(1940)『人種主義――その批判的考察』名古屋大学出版会
236．ホカート, A. M.（橋本和也訳）1986(1927)『王権』人文書院
237．星野英紀 1981『巡礼――聖と俗の現象学』講談社（現代新書）
238．ホフスタッター, D. R. /D. C. デネット（坂本百大監訳）1992(1981)『マインズ・アイ――コンピュータ時代の「心」と「私」』上・下, TBSブリタニカ
239．ホブズボウム, E. /T. レンジャー（前川啓治ほか訳）1992(1983)『創られた伝統』紀伊國屋書店
240．ポランニー, K.（玉野井芳郎・栗本慎一郎・中野忠訳）1980(1977)『人間の経済』Ⅰ・Ⅱ, 岩波書店
241．本多俊和・大村敬一・葛野浩昭（編）2005『文化人類学研究――先住民の世界』放送大学教育振興会
242．本多勝一 1970「調査される者の眼――人類学入門以前」『思想の科学』102号
243．マーカス, G. /M. J. フィッシャー（永渕康之訳）1989(1986)『文化批判としての人類学――人間科学における実験的試み』紀伊國屋書店
244．真木悠介 1981『時間の比較社会学』岩波書店
245．松井健 1983『自然認識の人類学』どうぶつ社
246．松井健 1991『認識人類学論攷』昭和堂
247．松園万亀雄 1979「冗談と忌避の人類学」蒲生正男ほか（編）『文化人類学を学ぶ』有斐閣
248．松園万亀雄 1991『グシイ――ケニア農民のくらしと倫理』弘文堂（シリーズ 地球の人びと）
249．松田素二 1987「都市人類学」祖父江孝男ほか（編）『改訂文化人類学事典』ぎょうせい
250．マードック, G. P.（内藤莞爾監訳）1978(1949)『社会構造――核家族の社会人類学』新泉社
251．マネー, J. /P. タッカー（朝山新一ほか訳）1979(1975)『性の署名――問い直される男と女の意味』人文書院

252．マリノフスキー, B.（寺田和夫・増田義郎訳）1967(1922)「西太平洋の遠洋航海者」泉靖一（編）『世界の名著』59，中央公論社
253．マリノフスキー, B.（阿部年晴・真崎義博訳）1972(1927)『未開社会における性と抑圧』社会思想社
254．マリノフスキー, B.（宮地公夫・高橋巖雄訳）1997(1954)『呪術・科学・宗教・神話』人文書院
255．丸山圭三郎 1983『ソシュールを読む』岩波書店
256．丸山眞男 1998『忠誠と反逆──転形期日本の精神史的位相』筑摩書房（学芸文庫）
257．ミード, M.（田中寿美子・加藤秀俊訳）1961(1949)『男性と女性──移りゆく世界における両性の研究』上・下，創元社
258．ミード, M.（編）（松園万亀雄訳）1977(1974)『人類学者ルース・ベネディクト──その肖像と作品』社会思想社
259．宮田登 1979『神の民俗誌』岩波書店(新書)
260．宮本勝 1986『ハヌノオ・マンヤン族──フィリピン山地民の社会・宗教・法』（南島文化叢書 8），第一書房
261．ミンツ, S.（川北稔・和田光弘訳）1988(1985)『甘さと権力』平凡社
262．ムーニー, J.（荒井芳廣訳）1989(1896)『ゴースト・ダンス──アメリカ・インディアンの宗教運動と叛乱』紀伊國屋書店
263．ムビティ, J. S.（大森元吉訳）1970(1969)『アフリカの宗教と哲学』法政大学出版局
264．村武精一 1987「コスモロジー」石川栄吉ほか編『文化人類学事典』弘文堂
265．モース, M.（有地亨・伊藤昌司・山口俊夫訳）1973(1899)『社会学と人類学』Ⅰ，弘文堂
266．モース, M.（有地亨・山口俊夫訳）1976(1936)「身体技法」『社会学と人類学』Ⅱ，弘文堂
267．モーリス‐スズキ, T. 2002『批判的想像力のために──グローバル化時代の日本』平凡社
268．モルガン, L. H.（青山道夫訳）1958，61(1877)『古代社会』上・下，岩波書店(文庫)
269．柳田國男 1963-71『定本 柳田國男集』全31巻，別巻 5，筑摩書房
270．柳田國男 1990「昔の国語教育」「国語の将来」（『柳田國男全集』22），筑摩書房(文庫)
271．山内昶 1993『経済人類学の対位法』世界書院
272．山口昌男 1970「調査する者の眼──人類学批判の批判」『展望』142号
273．山口昌男 1971『アフリカの神話的世界』岩波書店(新書)
274．山口昌男 1975『文化と両義性』岩波書店

275．山路勝彦 1981『家族の社会学』世界思想社
276．山下晋司 1988『儀礼の政治学——インドネシア・トラジャの動態的民族誌』弘文堂
277．山下晋司 1990「都市のエコロジー——都市を視る，都市を聴く」坪内良博（編）『東南アジアの社会』（講座 東南アジア学３）弘文堂
278．山下晋司 1995「伝統の操作——インドネシア・トラジャにおける観光開発と『宗教の再生』」田辺繁治編『アジアにおける宗教の再生——宗教的経験のポリティクス』京都大学学術出版会
279．山下晋司 1999『バリ——観光人類学のレッスン』東京大学出版会
280．山下晋司（編） 2007『観光文化学』新曜社
281．山下晋司・福島真人（編） 2005『現代人類学のプラクシス——科学技術時代をみる視座』有斐閣
282．吉岡郁夫 1989『身体の文化人類学——身体変工と食人』雄山閣出版
283．吉岡政徳 1998『メラネシアの位階階梯制社会——北部ラガにおける親族・交換・リーダーシップ』風響社
284．吉田禎吾 1984『宗教人類学』東京大学出版会
285．吉田禎吾・板橋作美・浜本満 1991『レヴィ＝ストロース』（人と思想96），清水書院
286．米山俊直 1974『祇園祭——都市人類学ことはじめ』中央公論社（新書）
287．米山俊直 1986『都市と祭りの人類学』河出書房新社
288．ラトゥール，B.（川崎勝・高田紀代志訳） 1999(1987)『科学が作られているとき——人類学的考察』産業図書
289．ラドクリフ-ブラウン，A. R.（青柳まちこ訳） 1975(1952)『未開社会における構造と機能』新泉社
290．ラビノウ，P.（渡辺政隆訳） 1998(1996)『PCRの誕生——バイオテクノロジーのエスノグラフィー』みすず書房
291．リーチ, E. R.（吉田禎吾訳） 1971(1970)『レヴィ＝ストロース』新潮社
292．リーチ, E. R.（青木保・宮坂敬造訳） 1981(1976)『文化とコミュニケーション——構造人類学入門』紀伊國屋書店
293．リーチ, E. R.（長島信弘訳） 1985(1982)『社会人類学案内』岩波書店
294．リーチ, E. R.（青木保・井上兼行訳） 1990(1961)『人類学再考』新思索社
295．リップス，J.（大林太良・長島信弘訳） 1988(1947)『鍋と帽子と成人式——生活文化の発生』八坂書房
296．ルイス，O.（高山智博訳） 1970(1959)『貧困の文化』新潮社
297．ルクレール，G.（宮治一雄・宮治美江子訳） 1976(1972)『人類学と植民地主義』平凡社
298．ルリヤ, A. R.（森岡修一訳） 1976(1974)『認識の史的発達』明治図書出版

299．レイヴ, J.／E. ウェンガー（佐伯胖訳） 1993(1991)『状況に埋め込まれた学習——正統的周辺参加』産業図書
300．レヴィ-ストロース, C.（仲沢紀雄訳） 1970(1962)『今日のトーテミスム』みすず書房
301．レヴィ-ストロース, C.（荒川幾男ほか訳） 1972(1958)『構造人類学』みすず書房
302．レヴィ-ストロース, C.（荒川幾男ほか訳） 1972(1958)「神話の構造」『構造人類学』みすず書房
303．レヴィ-ストロース, C.（西沢文昭・内堀基光訳） 1974(1958)『アスディワル武勲詩』青土社．
304．レヴィ-ストロース, C.（大橋保夫訳） 1976(1962)『野生の思考』みすず書房
305．レヴィ-ストロース, C.（馬淵東一・田島節夫監訳） 1977, 78(1949)『親族の基本構造』上・下，番町書房
306．レヴィ-ストロース, C.（早水洋太郎訳） 2007(1964)『神話論理Ⅰ 生のものと火を通したもの』みすず書房
307．レヴィ-ストロース, C.（早水洋太郎訳） 2007(1966)『神話論理Ⅱ 蜜から灰へ』みすず書房
308．レヴィ-ブリュル, L.（山田吉彦訳） 1953(1910)『未開社会の思惟』上・下，岩波書店(文庫)
309．ローウィ, R. H.（古賀英三郎訳） 1973(1927)『国家の起源』法政大学出版局
310．ローウィ, R. H.（河村只雄・河村望訳） 1979(1920)『原始社会』未来社
311．ローズマリー, B./R. ヒル（編）（吉田正紀監訳） 2005(1998)『異文化結婚——境界を越える試み』新泉社
312．ロバートソン-スミス, W.（永橋卓介訳） 1941, 43(1923)『セム族の宗教』前・後，岩波書店(文庫)
313．ロマヌッチ-ロス, L. ほか（編）（波平恵美子監訳） 1989(1983)『医療の人類学——新しいパラダイムに向けて』海鳴社
314．ワースレイ, P.（吉田正紀訳） 1981(1957)『千年王国と未開社会——メラネシアのカーゴ・カルト運動』紀伊國屋書店
315．渡辺欣雄編 1982『親族の社会人類学』（『現代のエスプリ』別冊 現代の文化人類学 3）至文堂
316．和田祐一・崎山理(編) 1984『言語人類学』（『現代のエスプリ』別冊 現代の人類学 3）至文堂
317．ワトソン, J.（前川啓治ほか訳） 2003(1997)『マクドナルドはグローバルか——東アジアのファーストフード』新曜社

☆ **外国語文献**（アルファベット順）

318. Allen, T. and A. Thomas (eds.), 1992, *Poverty and Development in the 1990s*, Oxford University Press.
319. Asad, T. (ed.), 1973, *Anthropology and Colonial Encounter*, Ithaca Press.
320. Asad, T., 2007, *On Suicide Bombing,* Columbia University Press.
321. Barley, N., 1983, *Symbolic Structures: An Exploration of the Culture of the Dowayos*, Cambridge University Press.
322. Barry, H. III, L. Josephson, E. Lauer and C. Marshall, 1976, "Traits Inculcated in Childhood : Cross-Cultural Codes 5, " *Ethnology* 15 : 83-114.
323. Barth, F., 1966, *Models of Social Organization*, Royal Anthropological Institute of Great Britain and Ireland.
324. Bastide, R., 1973, *Applied Anthropology*, Harper and Row.
325. Boas, F., 1966, *Kwakiutl Ethnography*, H. Codere (ed.), The University of Chicago Press.
326. Boissevain, J., 1974, *Friends of Friends*: *Networks, Manipulators and Coalitions*, Basil Blackwell.
327. Campbell, B., 1983, *Human Ecology*: *the Story of Our Place in Nature from Prehistory to the Present*, Aldine de Gruyter.
328. Chambers, E., 1985, *Applied Anthropology: A Practical Guide*, Englewood Cliffs, Prentice-Hall.
329. Committee for Human Rights, American Anthropological Association, "Declaration on Anthropology and Human Rights." http://www.aaanet.org/stmts/humanrts.htm.
330. Dolgin, J. L., S. K. David and M. S. David (eds.), 1977, *Symbolic Anthropology: A Reader in the Study of Symbols and Meanings*, Columbia University Press.
331. Douglas, M., 1975, *Implicit Meanings: Essays in Anthropology*, Routledge and Kegan Paul.
332. Eddy, E. M. and W. L. Partridge, (eds.), 1987, *Applied Anthropology in America*, 2nd ed., Columbia University Press.
333. Featherstone, M. (ed.), 1992, *Global Culture*: *Nationalism, Globalization and Modernity*, Sage Publictions.
334. Ferguson, R. B. and N. L. Whitehead (eds.), 1992, *War in the Tribal Zone*: *Expanding States and Indigenous Warfare*, School of American Research Press.
335. Foster, G. M., 1969, *Applied Anthropology*, Little Brown.

336. Foster, R. J., 1991, "Making National Cultures in the Global Ecumene," *Annual Review of Anthropology* 20: 235–260.
337. Geertz, C., 1984, "Anti-Anti-Relativism," *American Anthropologist* 86(2):263–278.
338. Glazer, N. and D. P. Moynihan (eds.), 1975, *Ethnicity: Theory and Experience*, Harvard University Press.
339. Haas, J. (ed.), 1990, *The Anthropology of War*, Cambridge University Press.
340. Hannerz, U., 1987, "The World in Creolization," *Africa* 57: 546–559.
341. Hannerz, U., 1989, "Culture Between Center and Periphery: Toward a Macroanthropology," *Ethnos* 54 : 200–216.
342. Hart, C. W. M. , 1974, "Contrasts between Prepubertal and Postpubertal Education," G. D. Spindler(ed.), *Education and Cultural Process*, Holt Rinehart And Winston Inc.
343. Inda, J. X. and R. Rosaldo(eds.,), 2002, *The Anthropology of Globalization: A Reader*, Blackwell.
344. Jameson, F., 1991, *Postmodernism, or, the Cultural Logic of Late Capitalism*, Duke University Press.
345. Kan, S., 1989, *Symbolic Immortality: the Tlingit Potlatch of the Nineteenth Century*, Smithsonian Institution Press.
346. Leach, E. and J. Leach(eds.), 1983, *The Kula*, Cambridge University Press.
347. Lee, R. B. and I. DeVore, (eds.), 1968, *Man the Hunter: the First Intensive Survey of a Simple, Crucial Stage of Human Development-Man's Once Universal Hunting Way of Life*, Aldine.
348. Lewis, G., 1980, *Day of Shining Red: An Essay on Understanding Ritual*, Cambridge University Press.
349. Linton, R., 1943, "Nativistic Movements," *American Anthropologist*, 45(2):230–240.
350. Malkki, L.H., 1995, "Refugees and Exile: From 'Refugee Studies' to the National Order of Things," *Annual Review of Anthropology* 24: 495–523.
351. Messer, E., 1993, "Anthropology and Human Rights," *Annual Review of Anthropology* 22: 221–249.
352. Mitchell, J. C. (ed.), 1969, *Social Networks in Urban Situations*, Manchester Univerisity Press.
353. Mitchell, T., 1988, *Colonizing Egypt*, University of California Press.
354. Morgan, L. H., 1870, *Systems of Consanguinity and Affinity of the*

Human Family, Smithsonian Institution.
355. Murdock, G. P., 1949, *Social Structure*, Macmillan.
356. Murdock, G. P., 1965, *Culture and Society*, University of Pittsburgh Press.
357. Obeyesekere, G., 1992, *The Apotheosis of Captain Cook: European mythmaking in the Pacific,* Princeton University Press.
358. Pike, K. L., 1954, *Language in Relation to a United Theory of the Structure of Human Behavior*, Part 1, Summer Institute of Linguistics.
359. Plattner, S. (ed.), 1989, *Economic Anthropology*, Stanford University Press.
360. Public Anthropology http://www.publicanthropology.org.
361. Radcliffe-Brown, A. R., 1922, *The Andaman Islanders: A Study in Social Anthropology*, The Free Press.
362. Ribeiro, G. L., and A. Escobar (eds.), 2006, *World Anthropologies: Disciplinary Transformations within Systems of Power,* Berg.
363. Rosaldo, R., 1988, *Culture and Truth: the Remaking of Social Analysis*, Beacon Press.
364. Sahlins, M., 1994, "Goodbye to Tristes Tropes: Ethnography in the Context of Modern World History," R. Borofsky, (ed.), *Assessing Cultural Anthropology*, McGraw-Hill, Inc.
365. Southall, A. (ed.), 1973, *Urban Anthropology*, Oxford Uni-versity Press.
366. Thomas, Nicholas, 1994, *Colonialism's Culture: Anthropology, Travel and Government*, Polity Press.
367. Tully, D. 1988, *Culture and Context in Sudan: the Process of Market Incorporation in Dar Masalit*, State University of New York Press.
368. Van Willigen, J. 1986, *Applied Anthropology : An Introduction*, South Hadley, Bergin and Garvey Publishers, Inc.
369. Vogt, E., 1968, "Culture Change," *International Encychropedia of the Social Sciences*, Vol. 3, Macmillan Co. and Free Press.
370. Wilson, R. A., 2004, "Human Rights," D. Nugent and J. Vincent (eds.), *A Companion to the Anthropology of Politics*, Blackwell Publishing.

事項索引

ア 行

アイヌ　48, 49, 188
アイヌ新法　194
アジア的生産様式論　29
『アスディワル武勲詩』　100
アダット　155
熱い社会　86, 130
アナール派　64, 176
アニミズム　12, 112
アボリジニ　194
『甘えの構造』　50
アメリカ先住民　126
アラブ　121
アランダ　97
『アンダマン島民』　16
暗黙知　71, 183
安楽椅子学派　16, 34
衣　74
育児　65
移住　168
移住民社会　169
異人　68
イスラーム教　55, 120, 170
イスラーム主義　127
一妻多夫婚　143
一神教　12
一般交換　145
一般進化　13, 131
一夫一妻婚　78, 143
一夫多妻婚　78, 143
イデオロギー　24, 33
移動　208
移動民　68
イヌイト　52, 90, 194
イバン　112
異文化結婚　200
移民　47, 196
医療　30, 32
医療人類学　30, 32, 33
イロクォイ　141
インカ　75
インセスト　150
インセスト・タブー　62, 142, 144
インディオ　188
インフォーマント　2, 35
HRAF　10, 64
エスキモー　52
　──型体系　146
エスニシティ　168, 181, 197, 204
エスニック・アート　123
エスニック・コミュニティ　195
エスニック・マイノリティ　197, 204
エスノ・サイエンス　23, 124
エスノナショナリズム　205
エティック　8
エディプス・コンプレックス　62, 114
NGO　→非政府組織
エミック　8
『エミール』　65
エンガ　162
縁組理論　144
王　74, 164
王権　24, 164, 171
王国　171
応用・実践人類学　30, 33, 207
『応用人類学』　31
オマハ型体系　146
オリエンタリズム　3, 5, 35, 178, 189
『オリエンタリズム』　179
音韻論　20
音声学（フォネティック）　8
音素　90
音素論（フォネミック）　8

カ 行

外国人登録者 196
外婚 142
解釈人類学 24, 25, 31
開発 29-31, 37, 184
開発人類学 30
科学 24, 35
核家族 78, 136
カーゴ・カルト 126, 129
家族 136
『家族・私有財産および国家の起源』 12
家族呼び寄せ 197
割礼 66, 74
『カミの人類学』 112
カヤポー 185
観光 181, 185, 186, 190
　　──芸能 187
　　──文化 191
『観光・リゾート開発の人類学』 190
慣習 154
カンバ 94
記憶 95
『菊と刀』 18, 31, 50, 70
記号 6
記号論 7
季節儀礼 96
規定的縁組 147
機能主義 5, 15, 16, 25, 100, 173, 178
機能主義人類学 6, 131
機能分析 16
騎馬民族征服王朝説 49
忌避関係 150
基本家族 136
教育 30, 31
教育人類学 30
供犠 55
共時 6
漁撈儀礼 96
キリスト教 55, 120
儀礼 21, 24, 33, 98, 119

禁忌 6, 97
『金枝篇』 25
近親相姦 117
近代化 131
キンドレッド 153
グシイ 150
具体の科学 21, 124
クック 61
クラ 158
　　──交換 2
　　──・パートナー 158
クラン 141, 148, 160
グレイトマン 163
クレオール（異種混交） 187, 208
クロウ型体系 146
グローバリゼーション 191, 208
グローバル・エスノグラフィー 209
グローバル・エスノスケープ 209
グローバル化 59, 173, 198, 199, 204
グローバル・カルチャー 209
クワキウトル 18, 19, 159
クン 150
ケ 96
経済人類学 28
形質人類学 32, 48
芸術 122
芸術＝文化システム 122
ケガレ 97
ゲット 196
言語 22, 90
健康 32
言語人類学 22
研歯 74
『原始文化』 112
限定交換 144
交換 25, 117, 122, 154
高貴な野蛮人 65
工業社会 181
　　脱── 181, 209
公共人類学 207
交叉イトコ婚 144

構　造　6
構造機能主義　17, 148
構造主義　20, 25
『構造人類学』　100
構造分析　16
口頭伝承　95
声の文化　89
国際協力　30, 33
国際人類民族科学連合（IUAES）　38, 39
国民国家　47, 48, 171, 180, 181, 198, 204
国民文化　180
『古事記』　163
互酬制　29, 53, 154, 156
　　一般的――　156
　　均衡的――　156
　　否定的――　156
ゴースト・ダンス　126, 129
コスモロジー（宇宙論）　79, 102
『古代社会』　12
国　家　170
子　供　64
『〈子供〉の誕生』　64
コミュニタス　118, 120
コロボックル論争　48
婚姻規制　26, 144
根菜（農耕）文化　76

サ　行

在日外国人　200
再部族化　168
再分配　29
サタワル　151
雑穀（農耕）文化　76
サピア＝ウォーフの仮説　22, 91, 124
サーミ（ラップ）　74, 91, 194
サモア　196
サル　44
参加型開発　184
残　存　12, 16
参与観察　2, 16, 36
死　72
ジェンダー役割　201
時　間　94
資　源　71
市場経済　28, 29
市場交換　29
市場社会　28
死生観　73
自　然　117
氏　族　139
氏族外婚　142
持続可能な開発　184
氏族内婚　143
実　践　30, 31
実践の共同体　71
実体主義－形式主義論争　28, 29
自文化中心主義　85
資本主義　29
自民族中心主義　13
社会構造　16, 17, 33, 118, 148
社会進化論　58, 170
『邪宗門』　128
シャマニズム　110
シャマン　110, 116
呪　医　113
宗　教　12, 33, 74, 97
従属理論　176
呪　術　12, 72, 74, 97, 105, 108
　　感染――　109
　　類感――　109
首　長　13, 141, 163, 170
出　自　138
　　――理論　144
狩　猟　26, 54
狩猟採集民　26, 52, 76
巡　礼　119
冗談関係　6, 150
象　徴　24, 25, 33, 103, 104, 109
　　――的二元論　96
　　――的分類　93
象徴人類学　24, 25, 33
『象徴人類学』　24

消滅の語り　188
照葉樹林文化（論）　49
食　76
植民地　31, 129, 171, 184
植民地主義　3, 178
　　新——　179
植民地統治　36
食糧生産革命　56
女性婚　60
進化　26, 74
進化主義（論）　6, 10, 12, 15, 16, 131
　　新——　12, 170
シンクレティズム（混淆宗教）　129
新興宗教　128
人　種　46, 48, 204, 206
心身二元論　72
神聖王権　170
新石器革命　56
親　族　20, 24, 25
　　——名称　146
『親族の基本構造』　20
身　体　32, 33
身体技法　70
身体変工　74
新中間層　169
心理人類学　65
人類学会世界協議会（WCAA）　39
神　話　20, 24, 90, 100, 165
『神話論理』　100
スー　126
水稲耕作文化　49
頭蓋骨変形　74
ズ　ニ　18, 19
スポーツ　192
聖　96
生業形態　65
生成の語り　188
生態人類学　26
性同一性障害　60
成年式　67
生命倫理　72

世界観　33
世界システム　176
世界人類学　38
　　——ネットワーク　38
世　帯　136
セ　ム　97
先住民　37, 185, 194, 204
　　——運動　127
戦　争　172
全体的社会事実　154
千年王国（運動）　119, 127, 129
双系（共系）出自　138
想像の共同体　180
『草木虫魚の人類学』　112
贈　与　25, 122, 156
　　競覇的な——　159
『贈与論』　28, 156
ソウラヴァ　158
俗　96

タ　行

第三世界　184, 195
第四世界　195
多系進化（論）　13, 131
多元的医療体制　73
多神教　12
ダトーガ　77
ダ　ニ　61, 78
タブー　17, 67, 76, 114, 116
多文化主義政策　197
単系出自　138
単系進化（論）　13, 14, 131
単　婚　143
秩　序　92
チヌーク　159
チムシアン　100
チューク　61, 141, 151, 163
治　療　32, 33
通過儀礼　73, 118
通　時　6
通文化的比較　4, 10, 64, 67

冷たい社会　86, 130
テー　162
ディアスポラ　197
適　応　26, 74
テロリズム　133
伝　統　186
　　——と近代　193
　　——の創造　75, 186, 189
天　皇　165
伝　播　10, 14, 16
　　——主義　16
同　化　131
動態的民族誌　209
トウモロコシ（農耕）文化　76
トゥラノ・ガノワニア型体系　146
ドゥルマ　82, 99, 106
特殊進化　13, 131
トケラウ　163
ドゴン　151
都　市　168
都市社会　168
都市人類学　168
土着主義運動　126, 129
トーテミズム　76, 90, 111, 114
トーテム　114, 116
ドブ島民　18, 19
トラジャ　113, 169, 181
トランス（神憑り）　110, 186, 189
トランス・ジェンダー　61
トリックスター　101
トリンギット　52, 159
『泥海古記』　129
トロブリアンド（諸島）　2, 61, 100, 140, 147, 154, 158
トンガ　150, 196

ナ　行

内　婚　142
ナショナリズム　47, 58, 180, 193, 197, 205
なまはげ　69
ナーヤル　137

南北問題　59
難　民　185
二元論　93
二項対立　90, 100, 106
『西太平洋の遠洋航海者』　2, 16, 28
『日本人とユダヤ人』　50
日本人論　50
日本文化人類学会　40
日本民族学会　40
人　間　44
『人間不平等起源論』　206
認識人類学　22, 124
ヌアー　95, 97, 160
ネオリベラリズム　59
ネットワーク　152
年齢階梯制　66
年齢集団　66
農　耕　26, 54, 56, 76, 96

ハ　行

パイユート　126
ハウ　156
パヴィオツォ　126
『白鯨』　24
白豪主義　197
恥の文化　18
抜　歯　74
ハニース　61
ハヌノオ　22, 155
ハビトゥス　70
パラオ　141
バリ　186, 188
バルヤ　163
ハレ　96
パロール　7
反構造　118
瘢痕文身　74
バンツー　94, 150
バンド（社会）　13, 52, 53, 170
ヒジュラ　60
ヒスパニック　197

事項索引　233

非政府組織　184, 185
ビッグマン　162
秘密結社　166
病　気　32, 33, 72
ヒンドゥー教　55, 120, 170
ファンダメンタリズム　202
フィジー　150
フィールドワーク　2, 4, 16, 34-36, 49
風水思想　79
複合家族　136
複　婚　143
複数の人類学　38, 39
父系（男系）出自　138
父権制　12
『武士道』　50
部　族　46, 148, 170, 204
部族社会　13, 170
仏　教　120, 170
物質文化　122
ブッシュマン（サン）　27, 53, 65, 77, 78
普遍進化　13
ブリコラージュ　21
文　化　32, 84, 90, 117, 122, 132, 185
文化圏　10, 14, 100
文化資源　207
文化資本　207
文化相対主義　5, 19, 22, 29, 84, 88, 124, 131, 132, 206
文化とパーソナリティ研究　19, 33, 65
文化の型　18
『文化の型』　18
文化の変化　130, 131
文化唯物論　17
『文化を書く』　34
分節リネージ体系　160
文　明　12, 47, 86-88, 132, 173, 192
文明化　36
文明間の対話　132
文明の衝突　132
『文明の衝突』　132
分　類　92

平原インディアン　18
平行イトコ婚　144
ベドウィン　78
『ペニー・キャピタリズム（小銭の資本主義）』　28
ヘヤー・インディアン　65
ベルダーシュ　61
法　154
牧　畜　26, 54, 76
母系（女系）出自　138
母系制　140
母権制　12, 140
母　語　181
母国語　180
ポスト・コロニアリズム　179
ポストモダニズム　191, 208
ポストモダン　208
北海道旧土人保護法　194
ポトラッチ　156, 158, 159
ホピ　91, 94
ホモ・エコノミクス　182
『ポリネシアの原始経済』　28
本質主義　47, 132, 187
　　——批判　123
ポーンペイ　150

マ 行

マオリ　156
マグレブ　197
マサイ　66, 67
マナ（呪力）　113, 177
マーフ　61
マルクス主義　26
マレー型体系　146
曼陀羅　79
マンチェスター学派　17
マンヤン　155
未　開　12, 20, 36, 47, 86-88, 170
『右手の優越』　106
ミナンカバウ　140
民　族　46, 48, 49, 75, 197, 204

民俗衣装　75
民族科学　→エスノ・サイエンス
民族誌　2-4, 7, 31, 33-35, 85, 178
　　──的現在　123
　　──リアリズム批判　123
民族集団　46
民族主義　→ナショナリズム
民族文化　181, 188
民族紛争　37, 172, 173
民族分類学　23
民族問題　204
無文字社会　170
ムワリ　158
名称体系　146
メシアニズム（救世主運動）　127
メラネシア　126
メルパ　162
モカ　162
文字　88
モニ　78
モンゴル　54

ヤ　行

焼畑移動耕作　56

野生の思考　21, 23, 115
『野性の思考』　65
野蛮人　133
遊動　52, 78
ユダヤ教　55
ユネスコ　91

ラ　行

ライフサイクル　66
ライフステージ　66
ラガ　163
ラング　7
リネージ　139, 141, 160
リミナリティ　118
ルグル　151
『歴史の島々』　101
歴史民族学　15
ローカル・ノレッジ　155

ワ　行

若者　66
ンデンブ　118

事項索引　235

人名索引

ア 行

アイケルマン, D. (Eichelman, D.) 153
アサド, T. (Asad, T.) 34
アパドゥライ, A. (Appadurai, A.) 207, 209
アリエス, P. (Ariès, A.) 64
アンダーソン, B. (Anderson, B.) 121, 184, 197
石田英一郎 15, 41, 48
イリイチ, I. (Illich, I.) 182
岩田慶治 112
ヴィトゲンシュタイン, L. (Wittgenstein, L.) 109
ウェーバー, M. (Weber, M.) 130
ウェンガー, E. (Wenger, E.) 71
ウォーフ, B. (Whorf, B.) 22, 91, 94
ウォーラーステイン, I. (Wallerstein, I.) 59, 176
内堀基光 112
ウルフ, E. (Wolf, E.) 29
エヴァンズ-プリチャード, E. E. (Evans-Pritchard, E. E.) 95, 97, 161
江上波夫 48
エスコバル, A. (Escobar, A.) 38
エリアス, N. (Elias, N.) 192
エルツ, R. (Hertz, R.) 25, 106
エンゲルス, F. (Engels, F.) 12, 141
大林太良 15
岡正雄 15, 41, 48, 69
オットー, R. (Otto, R.) 97
オベセカラ, G. (Obeyesekere, G.) 101
折口信夫 69
オング, W. (Ong, W.) 89

カ 行

川田順造 11

ギアツ, C. (Geertz, C.) 24, 35, 130, 153, 155
グラックマン, M. (Gluckman, M.) 168
クラパンザーノ, V. (Crapanzano, V.) 34
クリフォード, J. (Clifford, J.) 34, 122, 188
グレープナー, F. (Graebner, F.) 14
クーン, T. (Kuhn, T.) 125
ゲルナー, E. (Gellner, E.) 58, 180
小金井良精 48
コッパース, W. (Koppers, W.) 14
ゴドリエ, M. (Godelier, M) 29
コンクリン, H. (Conklin, H.) 22

サ 行

サイード, E. (Said, E.) 179
サーヴィス, E. (Service, E.) 13, 131
桜井徳太郎 97
サピア, E. (Sapir, E.) 22, 91
サーリンズ, M. (Sahlins, M.) 13, 27, 101, 131, 157
シェフラー, H. (Scheffler, H.) 146
ジェームソン, F. (Jameson, F.) 191, 208
シーボルト, A. (Siebold, A.) 48
シュナイダー, D. (Schneider, D.) 25
シュピース, W. (Spies, W.) 188
シュミット, P. (Schmidt, P.) 100
シュミット, W. (Schmidt, W.) 14
シュッツ, A. (Schutz, A.) 24
スチュワード, J. (Steward, J.) 13, 130
スミス, E. (Smith, E) 14
スミス, V. (Smith, V.) 190
ソシュール, F. (Saussure, F.) 6, 20

タ 行

タイラー, E. (Tylor, E.) 10, 12, 96, 100,

112, 122, 131
タイラー, S.（Tylor, S.） 34
ダーウィン, C.（Darwin, C.） 12
タウシッグ, M.（Taussig, M.） 29
高橋和巳 128
ダグラス, M.（Douglas, M.） 25, 76, 102
タックス, S.（Tax, S.） 28
ターナー, V.（Turner, V.） 21, 24, 25, 118, 120
ターンブル, C.（Turnbull, C.） 67
チェインバース, E.（Chambers, E.） 31
チャイルド, G.（Childe, G.） 56
チューリー, D.（Tully, D.） 177
対馬路人 128
坪井正五郎 50
鶴見良行 177
デュモン, L.（Dumont, L.） 21
デュルケーム, E.（Durkheim, E.） 20, 25, 96, 114, 161
テンニエス, F.（Tönnies, F.） 58
トーマス, N.（Thomas, N.） 178
鳥居龍蔵 40
ドルギン, J.（Dolgin, J.） 24
トレヴァー＝ローパー, H.（Trevor-Roper, H.） 75

ナ　行

中尾佐助 49
長島信弘 102
中村孚美 169
ナデール, S.（Nadel, S.） 154
ニーダム, R.（Needham, R.） 21, 25, 92, 106, 147

ハ　行

パイク, K.（Pike, K.） 8
バース, F.（Barth, F.） 153
ハースコヴィッツ, M.（Herskovits, M.） 28
バスティード, R.（Bastide, R.） 31
バハオーフェン, J.（Bachofen, J.） 12, 141
ハータミー, M.（Khatami, M.） 132
ハート, C.（Hart, C.） 67
ハナーツ, U.（Hannerz, U.） 208
浜本満 206
林達夫 128
バリー, H.（Barry, H.） 64
パリー, M.（Parry, M.） 88
ハリス, M.（Harris, M.） 9
バーンズ, J.（Barnes, J.） 153
ヒベイロ, G. L.（Ribeiro, G. L.） 38
ファース, R.（Firth, R） 28
ファン・ヘネップ, A.（van Gennep, A.） 24, 25, 124
フィッシャー, M.（Fischer, M.） 34
フォイエルバッハ, L.（Feuerbach, L.） 118
フォスター, G.（Foster, G.） 32
福井勝義 95
ブーバー, M.（Buber, M.） 118
ブルデュー, P.（Bourdieu, P.） 107
フレーザー, J.（Frazer, J.） 12, 25, 100, 108, 114
フロイド, S.（Freud, S.） 25, 62, 129
ブローデル, F.（Braudel, F.） 176
フロベニウス, L.（Frobenius, L.） 14, 100
ベネディクト, R.（Benedict, R.） 18, 31, 50, 70
ペリー, W.（Perry, W.） 14
ベルツ, E.（Balz, E.） 48
ボアズ, F.（Boas, F.） 15
ボアスヴェイン, J.（Boissevain, J.） 153
ホカート, A.（Hocart, A） 25
ボット, E.（Bott, E.） 153
ホブズボウム, E.（Hobsbawm, E.） 186, 189
ポラニー, K.（Polanyi, K.） 24, 28, 29
ポラニー, M.（Polanyi, M.） 71
ホワイト, L.（White, L.） 13, 130

人名索引　　237

マ 行

マーカス, G.（Marcus, G.） 34
松園万亀雄 151
松平誠 169
マードック, G.（Murdock, G.） 10, 130, 146
マネー, J.（Manet, J.） 60
マリノフスキー, B.（Malinowski, B.） 2, 3, 16, 17, 28, 63, 100, 115, 117, 131, 154, 158, 208
マルクス, K.（Marx, K.） 24, 29
マルクーゼ, H.（Marcuse, H.） 24
丸山圭三郎 7
丸山眞男 129
マレット, R.（Marett, R.） 113
マン, N.（Mann, N.） 25
ミッチェル, J.C.（Mitchell, J.C.） 153
ミッチェル, T.（Mitchell, T.） 178
宮田登 97
宮本勝 155
ミンツ, S.（Mintz, S.） 176
ムビティ, J.（Mbiti, J.） 94
メイヤスー, C.（Meillassoux, C.） 29
メイン, H.（Maine, H.） 58
メッサー, E.（Messer, E.） 207
メルロ-ポンティ, M.（Merleau-Ponty, M.） 24
モース, E.（Morse, E）48
モース, M.（Mauss, M） 20, 25, 28, 70, 96, 154, 160, 182
モーリス-スズキ, T.（Morris-Suzuki, T）207
モルガン, L.（Morgan, L.） 10, 12, 62, 131, 141, 146

ヤ 行

ヤコブソン, R.（Jakobson, R.） 20
山下晋司 209
柳田國男 40, 72, 182
八幡一郎 48
ユベール, H.（Hubert, H.） 96
米山俊直 169

ラ 行

ラウンズベリー, F.（Lounsbury, F.） 146
ラドクリフ-ブラウン, A. R.（Radcliffe-Brown, A. R.） 6, 16, 17, 30, 100, 115, 117, 131, 148, 151, 154
ラビノー, P.（Rabinow, P.） 34
ランガー, S.（Langer, S.） 24
ラング, A.（Lang, A.） 100, 113
リヴァーズ, W.（Rivers, W.） 14
リーチ, E. R.（Leach, E. R.） 16, 21, 25, 94, 96, 102, 147
リントン, R.（Linton, R.） 126
ルイス, O.（Lewis, O.） 168
ルソー, J.-J.（Rousseau, J.-J.） 65, 206
ルフェーヴル, H.（Lefebvre, H.） 24
ルリヤ, A.（Luria, A.） 89
レイヴ, J.（Lave, J.） 71
レヴィ-ストロース, C.（Lévi-Strauss, C） 20, 25, 63, 65, 86, 90, 100, 111, 115, 117, 130, 146, 149, 193
レヴィ-ブリュール, L.（Lévy-Bruhl, L.） 31, 114
レンジャー, T.（Ranger, T.） 186
ローウィ, R. H.（Lowie, R. H.） 146
ロザルドウ, M.（Rosaldo, M.） 24
ロザルドウ, R.（Rosaldo, R.） 24, 34
ロード, A.（Rhodes, A.） 88
ロバートソン-スミス, W.（Robertson-Smith, W.） 97
ロマヌッチ-ロス, L.（Romannucci-Ross, L.） 32

編者紹介

山下晋司（やました　しんじ）

1948年山口県に生まれる。73年東京大学教養学部卒業。78年東京都立大学大学院社会科学研究科博士課程単位取得退学。87年文学博士。現在，東京大学名誉教授。主著に，『儀礼の政治学』，『バリ——観光人類学のレッスン』，『文化人類学入門』（編著），『現代人類学のプラクシス』（共編著），『観光文化学』（編著），『資源化する文化』（編著），『公共人類学』（編著）などがある。

船曳建夫（ふなびき　たけお）

1948年東京都に生まれる。72年東京大学教養学部卒業。77年東京大学大学院社会学研究科博士課程単位取得退学，82年ケンブリッジ大学大学院修了。Ph. D.。現在，東京大学名誉教授。主著に，『国民文化が生れる時』（編著），『知の技法』（編著），『「日本人論」再考』，『右であれ左であれ，わが祖国日本』などがある。

文化人類学キーワード［改訂版］
Keywords in Cultural Anthropology, 2nd ed.　　　　有斐閣双書

1997年9月30日	初　版第1刷発行
2008年3月25日	改訂版第1刷発行
2023年10月10日	改訂版第10刷発行

編　　者	山下晋司　船曳建夫
発行者	江草貞治
発行所	株式会社 有斐閣

郵便番号 101-0051
東京都千代田区神田神保町2-17
https://www.yuhikaku.co.jp/

印刷・図書印刷株式会社　／　製本・牧製本印刷株式会社
© 2008, S. Yamashita, T. Funabiki. Printed in Japan
落丁・乱丁本はお取替えいたします。
★定価はカバーに表示してあります。
ISBN 978-4-641-05886-6

Ⓡ 本書の全部または一部を無断で複写複製（コピー）することは，著作権法上での例外を除き，禁じられています。本書からの複写を希望される場合は，日本複製権センター（03-3401-2382）にご連絡ください。